신문 명칼럼 6

# 신문 명칼럼 6

편집부 엮음

문이당

## 책머리에

　신문의 가장 핵심적인 영역이라 할 수 있는 칼럼은 현재성, 시사성, 함축성, 논리성 때문에 오래전부터 학생이나 일반인 모두에게 논리력과 사고력 증진을 위한 최상의 자료로 활용되어 왔다. 특히 앞으로 시행될 대학 입시에서 통합형 논술 고사의 비중과 중요성이 높아지고 있지만, 이를 대비할 마땅한 수험서가 없는 상황에서, 주요 일간 신문에 실린 칼럼이야말로 우리 수험생들에게 통합형 논술을 대비하는 가장 시의 적절한 수험 준비 자료가 아닐 수 없다.
　논리적 사고력이란 많이 읽고 많이 생각하는 습관에서부터 길러진다. 또 지금은 원론적인 문제뿐만 아니라 전문성과 시사성, 주관적 가치 판단을 요하는 높은 수준의 문제를 해결할 수 있어야 논술의 관문을 통과할 수 있다. 그러므로 논술은 단순히 책 몇 권으로 해결되는 문제가 아니라 사회 현상에 대한 본질적인 이해와 통찰 능력, 그리고 객관성을 잃지 않으면서도 자신만의 견해를 논리적으로 전개할 수 있는 능력을 요구한다. 칼럼이 이러한 능력을 짧은 시간 안에 습득하는 데 큰 도움이 되는 것은 사회 각 분야의 전문가들이 특정 주제에 대해 날카롭고 분석적인 시각으로 설득력 있는 논리를 전개한 최상의 글이기 때문이다.
　『신문 명칼럼 6』는 2004년 1월부터 12월까지 국내 주요 일간 신문인 경향신문, 국민일보, 동아일보, 문화일보, 서울신문, 세계일보,

조선일보, 중앙일보, 한겨레신문, 한국일보에 실렸던 칼럼 중에서 95편의 칼럼만을 엄선한 것이다. 2004년 한 해 사회적 이슈가 되었던 사안들에 대해 폭넓은 식견·공정한 시각을 보여 주는 칼럼을 선별하고 일방적인 주장과 견해에 편중되지 않도록 필자의 중복은 가급적 피했다. 또 전문 분야의 지식과 설득력 있는 근거들을 통해 사안의 핵심을 통찰하고, 이에 자신의 의견을 개성적이면서도 소신 있게 피력한 칼럼을 싣고, 편향된 시각이나 특정 집단의 이해만을 대변하는 견해, 국민의 정서와는 동떨어진 내용의 것은 싣지 않았다. 이렇게 선정한 칼럼들은 정치, 경제, 사회, 문화, 교육, 환경 등 여섯 분야로 분류해 게재일 순으로 배치하여 1년 동안의 우리 사회 현안들을 한눈에 볼 수 있도록 구성하였다.

2004년 정치면에서는, 대내적으로 연초부터 나라를 들끓게 했던 사상 초유의 '대통령 탄핵' 정국이 가장 중요한 이슈였다. 시민들의 촛불 집회와 헌법 재판소의 탄핵안 부결로 일단락되긴 했지만 그 파장은 만만치 않았다.

대외적으로는 중국이 소수민족 분열의 소지를 없애고 다민족 통일국가를 안정적으로 유지하기 위해 추진한 소위 '동북 공정'이 핵심 이슈였다. 이는 고구려사의 중국사 편입 시도라는 좌시할 수 없는 문제를 발생시켰고, 일본의 독도 영유권 주장과 함께 우리가 해결해야 할 가장 심각한 외교 문제로 대두되었다.

경제면에서는 2003년에 이어 경기 침체가 지속되었는데, 이를 기업의 국내 투자 감소와 민간의 국내 소비 감소에서 찾는 의견이 많았다. 공장 등 생산 설비의 해외 이전은 기업의 국내 투자를 감소시켰고 이로 인해 '기업 공동화'를 가속시키지 않을까 하는 우려의 목소리가 높았다. 한편 개성 공단이 문을 열면서 남·북한 간의 경제 교류·협력에 큰 진전이 있었으며, 신행정 수도의 파급 효과에 대한 공방도 치열하였다. 그 밖에도 방카슈랑스 도입, 아파트 분양 원가 공개 논란, 고유가 시대의 대책, 참여 정부의 경제 정책에 대한 논란, IT산업의 경쟁력 확보를 위한 방안도 이슈로 등장하였다.

사회면에서는 종교적 이유로 병역을 거부한 사람들에게 무죄가 선고된 사건이 사회적 관심을 끌었고, 세계 최저 수준인 출산율 문제가 관심사가 되었으며, 사법개혁위원회의 2008년 로스쿨(law-school) 도입 계획이 발표되었다. 공무원 노조의 설립 법안이 국회에 제출되었고, 국민연금 고갈 가능성에 대한 우려의 목소리도 높았다. 그 외에도 주 5일 근무제의 시행, 해외 입양 문제, 장애우에 대한 지원 문제, 인구 고령화에 따른 노인 문제, 급격히 늘어나는 이혼율 등이 사회적 이슈가 되었다.

문화면에서는 일본에 한류 열풍을 일으킨 '겨울 연가' 신드롬이 화제였고, 도시 개발과 문화의 보존 문제, 인터넷 문화의 급속한 확산과 독서 인구의 감소 문제, 한국 영화의 도약과 스크린 쿼터 문제 등이 주된 이슈로 등장하였다.

교육면에서는 기여 입학제의 공론화 필요성, 공교육을 살리기 위한 학교 평가제 도입 주장, 산업 사회에서 정보화 사회로 급속하게 재편되는 데 따른 평생 학습의 필요성 등이 제기되었다. 한국과학기술원(KAIST) 총장 공모에 지원하여 총장으로 임명된 양자물리학계의 거목이자 1998년 노벨물리학상 수상자인 로버트 로플린 교수는 세간의 큰 화제가 되기도 했다. 또한, 교육인적자원부가 발표한 '수월성(秀越性·엘리트) 교육 종합대책'과 대학수학능력시험의 점수제를 폐지하고 등급제로 전환한다는 방침은 교육계의 큰 논란을 불러왔다.

환경면에서는 러시아의 '교토 의정서' 비준에 따른 온실 가스 감축에 대한 국제적 압력 가능성, 원전 수거물 관리 시설 설치의 불가피성, 그린벨트 해제로 인한 난개발의 문제, 동남아의 쓰나미(지진해일) 피해 사례를 통해 생각해 보는 자연재해 대책 문제, 폐광 오염 문제 등이 주요 이슈로 다루어졌다.

칼럼은 각 분야에서 최고 권위자라 할 수 있는 전문가들이 그 분야에 대해 예리하고 심도 있게 분석하고 구체적인 대안까지 제시함으로써 전문가가 아니라 할지라도 누구나 그 문제에 대해 나름대로 분석하고 판단할 수 있게 해준다. 또 한 시기에 가장 민감하고 핵심이 되는 현안들을 다루기 때문에, 비록 시간이 흐른 뒤에 읽어도 당시의 분위기와 논쟁의 초점들을 쉽게 파악할 수 있다.

『신문 명칼럼』은 1년 동안 우리 사회의 현상과 변화를 칼럼을 통해 생생하게 살펴볼 수 있으므로 살아 있는 역사책이라 할 수 있다. 그동안 후속 편을 기다려 온 독자 여러분의 성원에 깊이 감사드린다. 모쪼록 『신문 명칼럼』 시리즈가 통합형 대입 논술을 준비하고 있는 수험생, 취업 준비생들에게 조금이나마 도움이 될 수 있기를 바란다.

2005년 11월
문이당 편집부

차례 / 신문 명칼럼 ⑥

책머리에 5

## 정치

친일 청산, 누가 왜 꺼리나 | 임헌영(민족문제연구소장) 19
탄핵, 민주주의의 승리? | 주명철(한국교원대 교수, 역사교육과) 22
나는 진보적 보수이고 싶다 | 이윤호(LG경제연구원장) 25
한반도 안보 현실 바로 보기 | 이철기(동국대 교수·평화통일시민연대 공동대표) 28
'개혁'을 남발하면 | 김병익(한국문화예술위원회 위원장) 32
간도의 권리 되찾아야 | 박선영(포항공대 교수, 인문사회학부) 35
탈북자 문제 '전략적 해법' | 윤인진(고려대 교수, 사회학과) 38
고구려사와 관념의 국제 정치 | 이 근(서울대 교수, 국제대학원) 42
좌파 민족주의의 실패 | 함재봉(연세대 교수, 정치외교학과) 45
중국 세대 교체와 동북아 정세 | 이동률(동덕여대 교수, 외국어학부) 49
절차 존중과 승복이 민주주의의 핵심이다 | 이시윤(경희대 객원교수, 법학부) 52
간도 협약 명백한 무효 | 김찬규(경희대 명예교수, 법학부) 55
중도(中道)란 무엇인가 | 권영준(경희대 교수, 국제경영학부) 58
'아세안+3'에 활로 있다 | 신윤환(서강대 교수, 사회과학부) 61
혼돈의 한국 사회 | 허 영(명지대 초빙석좌교수, 법학과) 64
대통령은 왜 그렇게 말했을까 | 서창록(고려대 교수, 국제대학원) 67
정치가 희망을 주려면 | 한갑수(한국산업경제연구원 회장) 70

한국의 드골을 보고 싶다 | 전원책(시인·변호사) 73
APEC 의장국이 갖는 무게 | 최종무(APEC 정상 회의 준비기획실장) 76
헌법 재판소의 무거운 짐 | 양 건(한양대 교수, 법학과) 79

## 경제

농업 '미래 전략'이 없다 | 박태호(서울대 교수, 국제대학원) 85
감정적 소비자, 과학적 소비자 | 이무하(서울대 교수, 농생명공학부) 88
기업 공동화(空洞化) 가속 | 안종범(성균관대 교수, 경제학부) 91
미래 예측 가능한 에너지 정책 필요 | 황주호(경희대 교수, 원자력공학과) 94
내수 불 지펴 경제 살리자 | 조하현(연세대 교수, 경제학과) 97
세계는 급변하는데 | 사공일(세계경제연구원 이사장) 100
기업인들과의 대화 | 송 복(연세대 명예교수, 사회학과) 103
분양 원가 공개 논란, 시장 정상화 계기로 | 임덕호(한양대 교수, 경제학부) 106
남북 경협 성공하려면 | 박영철(서울대 초빙교수, 국제대학원) 109
IT 인력 경쟁력 높여야 | 안대섭(정보통신연구진흥원 기금관리단장) 112
국내서 돈 쓰게 만들자 | 나성린(한양대 교수, 경제금융학부) 115
진짜 시장 경제 하고 있습니까 | 박원암(홍익대 교수, 경영학부) 118
시장 경제는 무엇인가 | 장하성(고려대 경영대학장) 121
일본형 불황과 분명 다르다 | 박성주(KAIST 테크노경영대학원장) 124
석유 보고(寶庫) '사하'를 공략하라 | 홍완석(한국외대 교수, 국제지역대학원) 127
제각각 행정 수도 효과 분석 | 이성우(서울대 교수, 농경제사회학부) 130
성장과 분배—두 마리 토끼 | 함재봉(연세대 교수, 정치외교학과) 133
국가 경쟁력 순위 '허와 실' | 이형근(대외경제정책연구원 전문연구원) 136

누굴 위한 방카슈랑스인가 | 김정동(연세대 교수, 경영학과) 140
뉴딜 정책이 경제 살릴까? | 이필상(고려대 교수, 경영학과) 143

## 사회

광우병 너무 걱정할 필요 없다 | 이영순(서울대 교수, 수의학과) 149
국민연금 '4불(不)' 편견과 진실 | 배병준(보건복지부 연금재정과장) 152
운수 안 좋은 날 | 박완서(소설가) 155
이혼 열풍의 시대를 살며 | 최연실(상명대 교수, 생활환경부) 158
북한은 변화하고 있다 | 최광식(고려대 교수·박물관장) 161
장애인은 이민 가고 싶다 | 이익섭(연세대 사회복지대학원장) 164
양심적 병역 거부가 무죄? | 이상훈(대한민국재향군인회 회장) 167
건강한 민족주의 재구성 가능 | 도정일(경희대 교수·문학평론가) 170
이 땅을 떠나는 이유 | 정갑영(연세대 교수, 경제학과) 173
주 5일제와 가족 여가의 질 | 김외숙(방송통신대 교수, 가정학과) 176
인간의 권리는 어디서 시작되는가 | 한정숙(서울대 교수, 서양사학과) 180
해외 입양, 이젠 그만! | 김성이(이화여대 교수·한국사회복지협회 회장) 183
아이들이 사라지는 사회 | 김승권(한국보건사회연구원 연구위원) 187
로스쿨—법조인 증원 연계돼야 | 서보학(경희대 교수, 법학부) 191
'일하는 노인'이 해법이다 | 김연명(중앙대 교수, 사회복지학과) 194
'눈물의 계곡'이 너무 길다 | 송호근(서울대 교수, 사회학과) 197
좋은 신문, 바른 정치의 조건 | 김민환(고려대 교수, 언론학부) 201
공무원 노조와 역사의 교훈 | 황상익(서울대 교수, 의학과) 204
'복지에 강한 국가' 보고 싶다 | 함인희(이화여대 교수, 사회과학부) 208

## 문화

'디지털 TV' 다른 나라들의 경우 | 김학천(건국대 교수, 신문방송학과) 213
'벗기기'와 문화 상품 | 오미영(경원대 교수, 신문방송학과) 216
비문화적인 문화재 환경 | 최공호(한국전통문화학교 교수, 전통미술공예학과) 220
나비 축제와 겨울 연가 | 허인순(전북대 교수, 일문학과) 223
한국 영화의 미래 | 김의석(한국영화아카데미 교수 · 영화감독) 226
삶의 거울, 연극 | 최준호(한국예술종합학교 교수 · 예술의전당 공연예술감독) 229
이단아, 그는 '읽는' 사람이었다 | 박철화(중앙대 교수 · 문학평론가) 232
인터넷 시대의 착각 | 최인숙(동국대 교수, 철학과) 235
문화가 도시를 만든다 | 서 현(한양대 교수, 건축대학원) 238
궁궐 박석(薄石)의 미학 | 유홍준(문화재청장) 241
남을 배려하는 한국인? | 정 민(한양대 교수, 언어문학부) 244
당동벌이(黨同伐異)가 증오 키운다 | 김 근(서강대 교수, 문학부) 247

## 교육

기여 입학제 공론화하자 | 오인탁(연세대 교수, 교육학과) 253
21세기형 공학 교육 절실 | 나정웅(광주과학기술원장) 256
대학 '우물 안 개구리' 벗어날까 | 한민구(서울대 교수, 전기공학부) 259
국내 박사 할당제 실시해야 | 김성일(고려대 교수, 교육학과) 262
교육 문제 원인 진단 잘해야 | 송기창(숙명여대 교수, 교육학부) 265
학교 평가제 도입, 공교육 살려야 | 성원용(서울대 교수, 전기공학부) 268
교육의 왕도, 패도, 술수 | 김용헌(한양대 교수, 역사철학부) 271

우리는 어떤 학생을 원하나 ｜ 정진곤(한양대 교수, 교육학과) 274
평생 학습은 국가 경쟁력의 바탕 ｜ 권대봉(고려대 교육대학원장) 277
맞춤형 교육에 힘 모을 때다 ｜ 조석희(교육개발원 영재교육센터 소장) 280
공부도 재미있어야 한다 ｜ 홍후조(고려대 교수, 교육학과) 283
'엘리트 교육' 성공하려면 ｜ 김혜숙(연세대 교수, 교육학과) 286

## 환경

서울 죽이는 그린벨트 해제 ｜ 양장일(서울 환경연합 사무처장) 293
국민 건강, 대기 오염 관리에 달렸다 ｜ 민만기(녹색교통운동 사무처장) 296
폭설을 통해 본 기후 변화 ｜ 이상훈(환경운동연합 정책기획실장) 299
폐광 오염 근본 대책 만들라 ｜ 장재연(아주대 교수·시민환경연구소장) 302
'광릉 숲'만은 지켜야 한다 ｜ 김형광(국립수목원장) 305
온실 가스 감축 미리 대비를 ｜ 강승진(한국산업기술대 교수, 에너지대학원) 308
경제 발등의 불 '교토 의정서' ｜ 오대균(에너지관리공단 온실 가스 감축실적등록소장) 311
환경은 이제 뒷전인가 ｜ 권혁범(대전대 교수, 정치외교학과) 314
'불가피한 선택' 원자력 ｜ 방기열(에너지경제연구원장) 317
원전 수거물 시설 이번엔 ｜ 황병준(한국수력원자력㈜ 방사성폐기물사업본부장) 320
기상 예측에 극지(極地) 데이터 활용을 ｜ 허창회(서울대 교수, 지구환경과학부) 323
재해 위험 지도 서둘러 만들어야 ｜ 김계현(인하대 교수, 환경토목공학부) 326

정치

## 친일 청산, 누가 왜 꺼리나

임헌영
민족문제연구소장

　'일제 강점 하 친일 반민족 행위 진상 규명에 관한 특별 법안'이 국회에서 중음신(中陰身·죽은 뒤 다음 삶을 받을 때까지 떠도는 영혼)으로 묶여 있는 동안 '친일 인명 사전' 편찬 모금 운동은 범국민적 지지를 얻고 있다. 민족 반역자를 역사적으로 심판하려는 보통 사람들의 간절한 소망이 여의도의 두꺼운 돌집을 뚫고 철심장을 가진 '선량'들을 감동시킬 수는 없는 것일까. 그들에게 급한 것은 17대 국회에 개선장군처럼 선량으로 복귀하려는 야망뿐인가.
　대체 누가 일제 잔재 청산을 반대하는가. 어떤 개혁이든 강력한 반대자는 그로 인해 불이익을 당하는 사람이라는 것이 세상의 기본 이치다. 이 쟁점도 예외는 아니다. 이해관계가 명백한 상대는 어떤 정당성이나 논리와 대의명분과 설득에도 꿈쩍 않는다. 국민 전체의 0.0001%쯤 될까 말까 한 친일 반민족 행위자가 이에 해당될까.

이 극소수 반민족 세력이 독립운동가, 강제 징용 및 입대, 정신대, 부역, 공출 등 일제의 직간접적 희생자인 절대다수를 누르고 큰소리 칠 수 있었던 도깨비방망이는 외세 의존과 분단과 독재와 군부 통치라는 강압 체제였다.

이제 민주화 시대에는 소수가 다수를 지배하던 질서를 바꿔야 한다. 그러자니 얼마나 억지스러운 말들이 많겠는가.

그들은 떳떳하게 정면으로 나서지 않고 뒤에서 '친일파라는 명칭이 틀렸다, 이미 흘러간 역사다, 당시에는 전 국민이 다 친일했다, 선각자의 비극이다, 강제에 의해 할 수 없이 한 행위라 동정이 간다, 지금 와서 친일파를 단죄한다면 후손들을 연좌제로 묶는 인권 침해다, 친일 행위자가 사망해 진실을 밝히기 어렵다, 친일 규명 자체가 정치적으로 이용되기 쉽다, 죄에 못지않게 공로가 크기 때문에 상쇄시켜야 한다, 친일 논란은 국론 분열을 가져온다, 세계화 시대에 역행하는 것이다' 등등 화려한 수사를 동원해 청산 작업에 시비를 건다.

지금 논의되고 있는 법률안은 위에 든 온갖 방패막이 논리 중 단 한 가지도 적용되지 않는다. 친일 반민족 행위자란 '능동적으로 민족 다수에게 지대한 해악을 끼친 극소수 지도급 인사들'이다.

그들은 고립이 두려워 국민 모두가, 그때 살았던 우리 조상 누구나 다 친일 행위를 했다고 물귀신 작전을 편다. 이어 낡은 이데올로기의 무딘 칼로, 친일 청산을 요구하는 이들을 빨갱이라고 으름장을 놓기도 한다. 일제 침략자들과 합세한 친일파들이 독립운동가들을 불령선인(不逞鮮人·불온하고 불량한 조선인)이라고 지목했던 수법 그대로다.

안타까운 것은 이러한 역사적 맥락을 전혀 모르는 젊은 세대 일부가 무의식적으로 천진하게 친일파 옹호론의 논리에 휘말릴 수도 있다는 점이다. '청산하는 건 좋지만 다만……'이라고 꼬리를 길게 늘어뜨리는 논리 뒤에는 어김없이 위에 거론한 논리를 들이대며 방해 작전에 나서는 그림자가 있다.

일제 잔재 청산은 논쟁거리도, 다수결 사항도 아니다. 제대로 된 독립국가라면 민족 정체성 확립을 위하여 당장 실현했어야 할 절대 절명의 과업이다. 어떤 이유나 명분, 변명도 이를 막을 수는 없다. 이제까지 못한 것을 통회하는 게 순국선열에 대한 살아남은 국민의 도리다.

이 과업을 효과적으로 수행하려면 반드시 국가 차원의 법률적 대응과 민간 차원의 연구가 결합돼야 한다. 그것이 바로 국회에 계류 중인 법률안이며 민족 문제 연구소가 편찬하고 있는 친일 인명 사전이다. 두 과제가 성공적으로 완수되도록 국민적 지지가 다져지기를 기대한다. 〈한국일보 2004. 02. 17.〉

# 탄핵, 민주주의의 승리?

주명철
한국교원대 교수, 역사교육과

나는 이번 탄핵을 문화 충돌로 본다. 노무현 대통령은 그 본질을 한마디로 잘 설명했다. 그는 자신이 대통령에 당선된 죄 때문에 계속 시달렸다고 생각하는데, 나는 전적으로 동감한다. 전혀 예상치 못한 사람이 대통령에 당선되었다는 사실도 참을 수 없는 마당에, 그가 얄밉게도 말을 잘하는 꼴을 눈 뜨고 보지 못하는 사람들이 많았던 것이 탄핵의 배경이다. 우리나라에서 모두를 지배하는 말이라면 수구 언론이 독점하지 않았던가. 그런데 전혀 예상치 못한 사람이 대통령이 된 뒤에 말의 질서를 뒤집어 놓는 꼴을 어떻게 눈 뜨고 볼 수 있단 말인가. 옛말의 문화와 새로운 말의 문화 충돌, 다시 말해서 '빨갱이' 분쇄 세력과 그들이 생각하는 '빨갱이' 세력의 문화 충돌.

지난 1년간 노 대통령을 비판하는 사람들은 거의 그가 말을 함부로 한다, 말실수를 많이 한다고 말하면서도, 가끔 그의 화술을 칭찬하기도 했다. 이렇게 볼 때, 정작 말을 일관성 없이 하는 사람들은 노 대통령을 비판하는 쪽이었다. 노 대통령의 말실수나 화술이라는 것은 양심 세력이 볼 때 합리적이라서 대수롭지 않은 것이지만, 수구 세력이 볼 때 지나칠 정도로 솔직하여 위선의 껍질을 쓴 사람을 부끄럽게 만들 수 있는 말이었다. 사실, 노 대통령은 실망보다는 희망을 안겨 주었다. 그는 인사 청탁을 하는 사람을 패가망신시키겠다는 말을 실행한 예를 보여 주지 못했고, 미국에 기념 사진을 찍으려고 가지는 않겠다고 해 놓고서도 이라크 파병을 결정해서 나를 실망시켰다. 그러나 사법부를 독립시켰다는 점에서 얼마나 훌륭한 대통령이었는지 모른다. 대선 자금 수사의 중간 결과를 발표하면서, 다음 수순을 얼마간 미루겠다고 한 것이 대통령의 압력 때문이라고 믿는 사람이 어디 있는가

그는 대통령의 권위를 깨 버리고, 보통 사람들의 언어로 기성 정치판의 무딘 양심을 일깨워 줄 말을 툭툭 던졌다. 그런데 그가 탄핵을 당했다. 그보다 여덟 배가 많이 받은 당이 10분의 1이 아니라 8분의 1이나 먹었기 때문에 부도덕하다며 고사 위기에 놓인 민주당과 함께 탄핵안을 제출하여 가결시켰다. 이것이 민주주의의 승리가 아니면, 무엇이 민주주의의 승리란 말인가. 예전 같으면, 독재자 한 사람이 국회를 마음대로 주물렀지만, 지금은 다수당이 원하는 대로 결정이 나는 시대임을 이번 탄핵 표결에서 확실히 보여 주었다. 바야흐로 의회 민주 정치가 무엇인지 모두가 배우는 시대가 왔다. 정말 독재자에게 독재라는 말을 쓰지 못하던 신문이 독재자라고 규탄하면서 언론의 자유를 부르짖고, 국회에서 정작 탄핵해야 할 대상을 찾지 못해 2004년에야 비로소 탄핵권을 행사한 것을 보면서, 기뻐하

는 축이건 암담해하는 축이건 모두 민주주의의 참뜻을 새겨야 한다.

나는 이번의 탄핵 과정이 새로운 정치 문화를 만들어 내기 위한 진통이라고 생각한다. 노 대통령의 탄핵은 대통령이란 특별한 사람만이 할 수 있다고 생각하는 사람들이 평범하고 별 볼일 없는 것 같은 사람도 대통령이 될 수 있다는 현실을 인정하지 못한 나머지 일어난 일이다. 한나라당은 노 대통령이 취임한 직후부터 탄핵을 입에 올렸는데, 이것이 대선의 결과를 승복하지 못하겠다는 선언이 아니던가

이번 일로 민주당과 한나라당은 진정한 민주주의가 무엇인지 고민해 보기 바란다. 1년 전부터 노 대통령을 탄핵하겠다고 벼르던 이들이 왜 진작 탄핵을 하고 나라를 구하지 않았나 원망도 하지만, 이제 민주주의의 승리를 위해서 국민이 나설 차례라고 생각하면서 양식 있는 국민의 행동에 기대를 건다. 친일파 청산에 소극적인 친일파 자손이나 부도덕한 돈을 받아먹고, 범법 행위를 일삼으면서도 서로 감싸 주는 전력이 있는 사람이 국회에서 법을 농락하지 않도록 노력해야 한다. 그리하여 이번 탄핵에서 다수당이 보여 준 허울 좋은 의회 민주주의의 참뜻을 국민이 올바로 살려야 한다.

〈한겨레신문 2004. 03. 15.〉

## 나는 진보적 보수이고 싶다

이윤호
LG경제연구원장

 이념 논쟁이 쉽사리 수그러들 것 같지 않다. 실용을 강조하는 쪽에서는 이념 논쟁 무용론(無用論)을 내세우고 있으나, 과연 그럴까? 이념이란 무엇을 가장 소중하게 여기는가에 대한 근본적 생각이자 신념이라고 할 수 있다. 따라서 이념은 지향하는 목표를 밝혀 주고 행동의 준거를 제시해 준다.
 우리나라에서 이념 논쟁은 크게 두 축으로 나누어 생각해 볼 수 있을 것이다. 좌·우에 관한 논쟁과 진보·보수에 따른 논쟁이다.
 첫째 축인 좌와 우를 가르는 이념 논쟁의 궁극적 판단 기준은 정부의 역할을 어느 정도 인정하느냐에 달려 있다. 좌측의 극단으로는 북한이 좋은 예다. 정부가 주민 생활을 통제하고 경제 활동을 계획하는 시스템이다. 정부의 역할을 줄일수록 우측으로 옮아 가게 되고 그 끝은 자유방임주의가 될 것이다. 현실을 보면 어느 국가든 양극단의 중간 어딘가에 위치하고 있다. 그 위치도 항상 고정되어 있는 경우는 드물다. 선거를 통해 집권 세력을 바꾸고 정책을 바꾸어 위치를 조정한다.

　최근 세계사의 큰 흐름을 보면 각국이 우로 이동하고 있다. 구소련의 붕괴, 동구의 체제 전환, 중국의 개방 등은 이러한 큰 흐름이다. 우측 이동은 상대적으로 국민이나 기업들의 자유가 많아지고 경쟁이 심해진다는 것을 의미하며, 그 이면에는 승자와 패자가 있음을 상정하고 있다.

　지금 우리 사회가 좀 더 좌측으로 가야 한다고 주장하는 사람도 전체주의적이고 계획 경제 체제인 북한을 바람직한 모델로 추구하지는 않을 것이다. 신자유주의로 대표되는 우경화가 빚어내는 빈부 격차, 경제력 집중 문제를 해결하는 데 정부의 역할이 더 필요하다는 주장일 것이다.

　둘째 축인 진보와 보수를 둘러싼 이념 논쟁은 간단치 않다. 진보는 변화를 요구하고 보수는 무엇인가를 지키려 한다고 쉽게 생각할 수 있다. 그러나 정말 중요한 것은 진보가 요구하는 변화, 보수가 지키려는 것의 내용이다. 보수가 잘못된 제도나 관행을 고수해 기득권을 옹호하려 한다면 이는 참다운 보수가 아니다. 수구일 뿐이다. 우리가 필요로 하는 참다운 보수는 헌법에 명시된 자유 민주주의와 시장 경제 체제를 정착시키고 목숨을 걸고 지키려는 보수다. 이런 의미에서 우리 사회에서 지금까지 보수라고 불리거나 보수임을 자처하는 사람들이 과연 진정한 보수인지는 검증이 필요하다.

　우리가 지향하는 자유 민주주의, 시장 경제 체제와 우리나라에서 실제로 작동하는 정치·경제 체제 간에는 상당한 간격이 존재한다.

제도도 미흡하지만 행태면에선 더욱 그렇다. 자유 민주주의와 시장 경제 체제가 가장 중요하게 여기는 개인의 존엄성, 자유, 평등, 사유 재산권 등이 공권력이나 기득권 세력에 의해 쉽게 침해당하고, 져야 할 책임은 쉽게 잊혀진다.

자유 민주주의의 이념과 가치관이 살아 생활화되고 시장 경제가 잘 작동하기 위해서는 아직도 많은 변화와 개혁이 필요하다. 이런 의미에서 우리는 적극적인 진보주의자, 개혁주의자가 되어야 한다.

자유 민주주의나 시장 경제가 결함이 없는 체제는 결코 아니지만 현재 더 우월한 대안이 있는 것도 아니다. 더 좋은 체제가 나올 때까지는 약점을 보완해 쓸 수밖에 없다. 특히 경쟁에서 뒤지거나 경쟁에도 참여하지 못한 사회적 약자에 대한 배려가 보완의 핵심이다.

나는 진보적 보수주의자이고 싶다. 그래야 자유, 평등, 그리고 보다 나은 생활수준이 함께 어울리는 세상으로 갈 수 있다고 믿기 때문이다. 〈조선일보 2004. 05. 20.〉

# 한반도 안보 현실 바로 보기

이철기

동국대 교수 · 평화통일시민연대 공동대표

주한 미군 일부 병력의 이라크 차출을 계기로 주한 미군 감축이 가시화되고 있다. 그런데 주한 미군 감축에 따른 안보 공백 주장이 이상한 방향으로 흘러가고 있어 우려된다. 맹목적인 자주 국방론과 주한 미군 전력 증강론이 그것이다. 자주 국방이라는 미명 아래 국방 예산의 대폭적인 증액을 통해 대규모 군비 증강을 추진해야 한다는 목소리가 커지고 있다. 또 주한 미군 감축을 보충한다는 구실로 110억 달러에 달하는 주한 미군의 군비 증강이 당연한 것으로 받아들여지고 있다. 아직도 북한보다 군사력이 열세이고 대북 억지력을 확보하고 있지 못하다는 수십 년간의 레퍼토리를 계속 틀어 대고 있다.

럼스펠드 미 국방장관조차 "한국의 GDP가 북한의 25~35배나 되고, 전방의 억지력을 스스로 제공할 수 있는 능력이 있다"고 밝힌

바 있다. 20여 년 간 북한보다 3~6배 이상의 군사비를 지출해 왔고, 현재 연간 국방비는 북한의 전체 GDP 수준에 달한다. 그런데도 대북 억지력을 아직도 확보하고 있지 못하다면, 그간 투자된 천문학적 규모의 국방비는 잘못된 방향에 쓰였거나 옆으로 샜다는 말밖에 안 된다.

### 맹목적 자주 국방론은 오산

최근 한반도에서 조성돼 온 군사적 긴장은 우리가 대북 억지력을 확보하고 있지 못해서가 아니다. 오히려 그 반대다. 미국의 과도한 군비와 공세적 전략이 한반도에서 군사적 긴장을 고조시키고 전쟁 위험성을 높이는 요인이다. 1994년과 2003년의 한반도 전쟁 위기가 그것을 입증한다. 북한이 6·25때처럼 기습적으로 휴전선을 넘어 전면전을 감행해 올 가능성 때문에 전쟁 위기감에 시달리고 있는 것이 아니다. 한반도에서 가장 유력한 전쟁 시나리오는 북한에 대한 미국의 선제공격과 이에 대한 북한의 대응 반격이다. 이것은 미국의 과도한 공격용 무기의 한반도 반입과 주변 지역 배치 그리고 선제공격과 같은 공격적 전략의 채택이 한반도에서 오히려 전쟁 억지력을 손상시키고 있음을 뜻한다. 더구나 미군의 재배치 전략은 미국의 선제공격 가능성을 높여 줄 수 있다는 점에서 우려된다.

게다가 자주 국방의 개념조차 제대로 잡지 못하고 있다. 자주 국방은 러시아나 중국에 필적할 만한 군사력을 갖추는 것을 의미하지 않는다. 그것은 불가능할 뿐만 아니라 또 필요도 없다. 자주 국방은 필요한 군사력 못지않게 안보 환경의 개선을 조건으로 한다. 주변 강대국들과 군사적 긴장이나 군사적 대결을 가져오지 않을 안보 환경과 동북아 질서를 조성하는 것이 필요하다.

그러나 미국의 해외 주둔 미군 재배치 계획(GPR)은 우리의 안보 환경을 악화시키고 동북아에서 군비 경쟁과 군사적 대결을 조장할 가능성이 크다. 한미 동맹이 지역 동맹으로 변화하고 있고, 한미 연합군의 작전 범위가 동북아 지역으로 확대될 수 있다는 찰스 캠벨 미8군 사령관의 최근 발언은 이러한 우려를 더욱 증폭시켜 주기에 충분하다. 그 발언의 중대한 의미를 곱씹어 볼 필요가 있다. 미국의 의도를 그대로 드러내고 있기 때문이다.

이는 한미 동맹이란 미명 아래 한반도 밖에서 행해지는 미국의 군사 작전과 군사적 필요에 우리 군이 동원될 수 있음을 뜻한다. 미국이 치르는 침략 전쟁마다 따라다녀야 할 판이다. 대만 해협에서의 군사적 충돌에 한국군이 동원되어 중국과 전쟁을 치러야 할 상황이 올 수도 있다. 안보 환경의 악화를 의미한다. 이렇게 되면 한반도 평화와 통일은 물 건너간 것이나 마찬가지다.

남북한 간의 군사적 위협은 비대칭적이다. 북한으로부터의 군사적 위협은 북한의 미사일이나 장사정포 같은 것이다. 남북 간의 군사력 격차가 벌어지고 미국의 북한에 대한 군사적 압박이 커질수록, 북한은 핵무기 등 대량 파괴 무기 보유에 대한 유혹이 더욱 커질 것이다. 이것은 우리가 아무리 천문학적 군사비를 투자하여 최신예 함정과 전투기를 도입한다고 해도 해결할 수 없는 것이다. 결국 남북 간 협상을 통해 군축과 군사적 긴장 완화 조치를 통하는 것밖에는 달리 길이 없다.

미국 종속 탈피, 새 틀 마련 시급

대미 종속적인 안보 정책에 대한 통렬한 반성과 자기 성찰 없이는 미래 지향적인 안보 정책이 나올 수 없다. 인식을 바꾸고 발상을 전환해야 한다. 자주 국방과 안보 환경의 개선은 미국의 군사 전략과 정책 틀에서 벗어나 얼마나 독자적인 안보 전략과 정책의 공간을 확보할 수 있느냐에 달려 있다. 최근 주한 미군의 재편과 성격 변화는 우리에게 새로운 안보 패러다임의 필요성을 긴급한 과제로 제시하고 있다. 〈경향신문 2004. 05. 27.〉

# '개혁'을 남발하면

김병익
한국문화예술위원회 위원장

'개혁(改革)'이란 말이 여기저기, 이런저런 곳에 그것도 하도 자주 사용되어 새삼 국어 사전을 펼쳐 보았다. '제도나 기구 따위의 낡거나 불합리한 점을 합법적인 방법으로 고쳐 새롭게 함.' 그러니까 이제는 맞지 않거나 잘못된 공적 시스템들을 현행의 법적 테두리 안에서 합리적이고 효율적이며 정의롭게 고친다는 뜻이다. 옳고 좋고 아름다운 말임을 다시 확인하면서, 그럼에도 내가 이 어휘에 왜 이처럼 귀가 간지러워질까 생각하게 되었다.

무엇보다 이 건강하고 역동적인 '개혁'이란 말이 너무 회자되고 남용되는 것이 아닌가 하는 것이 우선 떠오른 이유였다. 정치 경제 사회 교육 등 모든 분야에서, 그리고 제도와 정책과 관행 인물 정신에 이르기까지 숱한 층위에서 개혁이 외쳐지고 있다. 더러는 변화 조정이나 개편 수정 개정 혹은 개선 혁신과 같은 인접된 말이 쓰일 만한

데도 그 모두가 거의 개혁이란 하나의 말로 수렴된다. 어휘의 부적절한 선택 문제 못지않게 심각한 것은 아무리 좋은 말도 너무 자주 사용되면 광고 카피처럼 상투적이 되고 '입에 발린 소리'로 천박해져 그 신선감과 무게를 잃어버리게 된다는 점이다.

'낡거나 불합리한 점을 새로 고친다'는 개혁 의지에는 보다 좋은 쪽으로 바꾸어 나간다는 가치 평가를, 그것도 선험적으로 함유하고 있어 강한 도덕적 현실적 명분을 확보하고 있다. 그 누구도 잘못된 것을 고쳐야 한다는 데 항의할 수는 없는 일이다. 이 명분 때문에 개혁론자들은 심리적인 프리미엄을 갖고 실제 권력 간의 갈등에서 우선권을 장악할 수 있고, 혹은 개혁의 당위성에 회의(懷疑)하는 사람에 대해 간단히 '보수 반동'으로 비난할 수 있게 된다. 구시대의 집권자들은 개혁 대신 정화나 사정이란 말을 선택했지만 도덕적 선의를 가진 이 말들은 억압적이면서도 내용은 닳아져 버린 헛말이 되고 말았다. 그것이 억압적인 것은 위에서 내린 요구이기 때문이고, 헛말이 되는 것은 지나친 반복으로 말의 선도(鮮度)가 떨어졌기 때문이다. 문민 정부의 통치자들 앞에 '제왕적'이란 수사가 붙은 것도, 그리고 오래잖아 국민이 '개혁 피로감'에 젖어 부정적인 신드롬에 빠진 것도 그 때문이다.

개혁에는 의도와 착수에 강조점이 놓여 있을 뿐 결과의 피드백에는 관심을 보이지 않는다. 지금 잘못되어 있다고 모두가 판단하더라도 이를 개혁하는 방향과 방법에 대해서는 모두의 동의를 얻기가 쉽지 않다. 결국 개혁의 안(案)들은 제도든 기구든 정책이든 관행이든 구체적이고 현실적인 것들이다. 그것은 토론과 타협과 합의를 거쳐 시행되어야 하고 그 결과에 대한 평가와 후속 조처를 필요로 한다.

개혁 의지만을 강조함으로써 그 과정의 절차를 생략한다든가 그 결과를 재검토하지 않는다면 개혁은 개악으로 혹은 '영구 개혁론'으로 당초의 의도를 배반할 수 있다. 개혁의 도덕성은 그 명분에 담보된 것이 아니라 그 실제적 결과로 입증되어야 한다. 개혁의 방향과 실제가 탈(脫)가치화할 것을 요청하는 것이다.

지금 우리 시대는 모든 점에서 거대한 변화를 치르고 있고 또 그래야 한다. 우리의 정치경제적, 사회문화적 제도와 시스템은 개발도상국 시절에 만들어져 한 세대 이상을 주도하며 구조화되었다. 그런데 오늘의 우리는 선진국의 반열에 진입할 단계에 이르렀고 신자유주의며 정보 기술(IT) 생명 공학 기술(BT)이며, 갖가지 분야의 현저한 성장과 변모를 받아들이고 있다. 어린 시절에 입던 옷을 버리고 지금 몸에 맞을 옷을 새로 맞추어야 하는 것은 당연하고 시급하다. 그래서 개혁이란 노무현 정부 아니더라도 누군가는 맡아야 할 과업이다. 다만 그 개혁이 아무런 '단서' 없이 일방적으로 남용된다면 그 결과가 반드시 희망적인 것만은 아닐지도 모른다.

〈동아일보 2004. 06. 10.〉

# 간도의 권리 되찾아야

박선영
포항공대 교수, 인문사회학부

중국의 '동북공정'은 정치적 안정의 필요성에 입각하여 미래에 발생할 수 있는 영토 분쟁이나 민족 분열의 여지를 차단하기 위해 고금의 이론을 다각도로 검토하는 프로젝트라고 할 수 있다. 즉, 중국 내 소수 민족 분열의 소지를 없애고 다민족 통일 국가를 안정적으로 유지하기 위한 것이다. 현재 중국 내 소수 민족은 고대로부터 자국 민족이라는 것을 입증하고, 대다수 소수 민족이 거주하는 변경 지역을 자국 영토로 공고히 하려는 의도가 있다. 고구려사의 귀속 작업도 이런 차원에서 나온 것이다.

'동북공정'을 통해 중국이 해결하고자 하는 주된 문제는 한중 간 분쟁의 여지가 있는 간도 지역 영유권 문제와 이 지역에 거주하는 조선족 문제라고 할 수 있다.

간도는 애초부터 우리 민족이 개간하고 거주한 지역으로, 1905년 일본이 불법적으로 조선의 외교권을 박탈하고 1909년 자의적으로 중국과 '간도 협약'을 체결하여 중국에 귀속됐다. 간도 협약은 1945년 일본의 무조건 항복 직후 이어진 카이로·포츠담·샌프란시스코 조약에 의해 이미 국제법적으로 마땅히 무효가 됐어야 하고, 앞으로도 그렇게 돼야 한다. 이는 한국(통일한국)과 중국 간의 중요한 국경 문제를 제3국 일본이 자의적으로 처리한 것이기 때문에 한중 간에 여전히 해결되지 않은 국경 문제로 남아 있다.

"내 목은 잘라도 국토는 축소할 수 없다"면서 단호하게 중국의 주장에 맞섰던 선조들의 항변을 무색케 하지 않으려면 우리가 적극적으로 간도의 권리를 되찾아야 한다.

간도는 고대로부터 한민족과 역사적으로 밀접한 관계가 있는 지역이다. 세계 문화유산 등재 문제로 고구려 역사가 우리에게 좀 더 분명하게 각인되고 있듯이, 고대로부터 중국 동북 지역(만주)은 우리 민족의 생활 근거지이자 역사의 장이었다. 근대에 명확한 국경선이 획정되기 이전에는 먼저 거주하고 행정력이 미쳤던 곳을 자국의 영토로 삼았다. 간도 지역을 우리 민족이 먼저 거주하고 개간했다고 하는 것은 중국 사료를 통해서도 입증된다.

중국은 현재 간도를 한중 간에 어떠한 분쟁의 여지도 없는 자국 영토로 만들기 위해 각종 역사 자료를 정리하며 새로운 이론 구성에 박차를 가하고 있다. 중국은 조선인의 간도 이주에 대해 방임했던 관대 정책에서 간도 문제가 발생했다는 중화주의적 발상을 내보일 뿐 아니라, 이 문제 또한 조선인과 일본인이 영토적 야심을 채우기 위해 허구의 사실을 날조했다고도 주장한다. 그러나 실질적으로 1712년 백두산정계비 설정과 1885·1887년 한중 간의 감계 담판(勘

界談判·국경 회담), 1909년 간도 협약 등 수백 년에 걸친 각종 역사적 사건만 봐도 간도 문제는 허구가 아니라 명백한 역사적 사실이라는 것이 너무도 분명하다.

중국은 군색한 나머지 한민족과 조선족을 분리하는 '중국 조선족 소수 민족론'을 창조하여 새로운 '장백산(백두산) 문화론'까지 주창하면서 돌파구를 모색하고 있지만 자기모순에서 벗어나지 못하고 있다.

중국의 노력과 상반되게 현재 우리는 단순히 간도 문제가 지나간 역사, 아니면 이미 우리 뇌리에 잊힌 역사 정도로 인식하고 안이하게 생각하고 있으며 중국 내 조선족 문제도 깊이 있게 통찰하고 있지 못하다. 국경 문제는 정치와 경제보다 국민의 삶에 더 심각한 영향을 미칠 수 있는 것이다. 우리는 과거와 현재를 아우르는 사관으로 간도 문제를 포괄적으로 연구하여 우리 주장을 분명히 해야 한다.

간도 문제는 단순히 과거의 역사가 아니라 현재의 역사이며 미래의 역사이다. 중국이 21세기에 고구려사를 중국의 지방 정권으로 만들려는 목적은 단순히 고구려사를 삼키기 위한 것만이 아니다. 중국의 동북공정 목적이 간도 문제에 집중돼 있다는 혜안을 가져야 할 것이다. 〈세계일보 2004. 07. 08.〉

# 탈북자 문제 '전략적 해법'

윤인진
고려대 교수, 사회학과

최근 탈북자를 둘러싼 국내외 상황이 급박하게 돌아가고 있다. 7월 21일에는 미국 하원이 북한 인권 법안을 통과시켰다. 7월 23일에는 통일부가 '북한 이탈 주민 정착 지원 제도 개선 방안'을 확정하였다. 7월 27일에는 동남아 국가들에 체류 중인 227명의 탈북자들이 집단으로 입국하였고, 28일에도 241여 명이 추가로 입국했다. 이 사건들은 서로 관련되어 영향을 미칠 것이므로 각각의 의미와 상호 작용에 대해 고찰해 볼 필요가 있다.

'2004 북한 인권 법안'은 북한 주민 인권 신장, 궁핍한 북한 주민 지원, 탈북자 보호를 주된 목표로 삼고 있다. 이를 위해 미국 정부는 2005년부터 2008년까지 매년 2,400만 달러를 북한 인권 및 탈북자 보호를 위해 투입하고, 자유아시아방송과 미국의 소리 등의 방송은 북한에 대한 방송 시간을 12시간으로 늘이려 한다. 탈북자에게 난민 지위와 망명 자격을 부여하여 미국으로 입국할 수 있는 길도 열어 놓았다. 이 법안 통과의 주역인 짐 리치 하원 의원은 인권 보호라는 인도적 동기를 강조하지만 북한 주민의 의식 변화와 대량 탈북을 유도하려는 정치적 의도가 담겨 있음을 부인하기 어렵다. 만약 이 법안이 상원을 통과하여 제정된다면 북한 주민의 탈북은 더욱 용이하게 될 것이고 결과적으로 남한으로 입국하는 탈북자 수는 증가할 것이다.

### 정착 지원제 고비용 저효율

이번 탈북자의 집단 입국은 대량 탈북과 대량 입국의 가능성을 보여 주는 전조로 볼 수 있다. 그동안 적게는 수명, 많게는 수십 명 단위로 탈북자의 입국이 진행돼 왔으나 400여 명이 일시에 입국하는 것은 이번이 처음이기 때문에 이들의 수용, 정착 지원, 적응 교육 체계의 개편이 불가피하게 되었다. 대량 입국으로 야기되는 문제점은 무엇보다 정부의 재정 부담이 증가된다는 것이다.

탈북자를 부담으로 여기는 국민 여론이 확산되는 것도 정부의 탈북자 정착 지원 확대를 어렵게 만든다.

현행 정부의 탈북자 정착 지원 제도는 고비용 저효율이라는 비판을 받아 왔다. 대다수 탈북자들이 안정된 직장을 갖지 못하고 낮은 소득으로 경제적 어려움을 겪고 있다. 정부는 이런 문제를 개선하기 위해 일하지 않는 탈북자에게는 정착금을 줄이고 적극적으로 취업에 나서는 탈북자에게는 각종 장려금을 지급하는 것을 골자로 하는 정착 지원 제도 개선 방안을 확정하였다. 이에 따라 단독 탈북자의 경우, 과거에는 3,590만 원의 정착금을 받았으나 앞으로는 2천만 원만 받게 된다. 대신 직업 훈련 장려금, 자격 취득 장려금, 취업 장려금 등의 명목으로 1,560만 원을 더 받을 수 있게 된다.

이와 함께 우리 사회의 다른 사회 약자층과의 형평성을 고려해서 월 54만 원이던 생계 급여는 32만 원으로 줄게 되었다. 이번 제도 개선 방안은 정착금과 생계 급여가 과다하게 지급되어 탈북자의 근로 의욕을 저하하여 노동 기피 현상을 가져왔다는 문제의식에서 출발하였다.

그러나 탈북자가 취업하기 어려운 가장 큰 원인이 직업 능력의 부족이라는 점을 감안할 때 근로 의욕 고취만으로 문제가 해결될지 의문이다. 사회 적응 초기 단계에 일자리를 창출하려는 적극적인 노력 없이 정착금과 생계비를 줄여 근로 의욕을 높이려는 시도가 자칫 탈북자 절대 빈곤층을 양산하는 것이 아닐까 우려된다.

탈북자 문제의 해법은 탈북자의 역량 강화와 이들의 역할에 대한 우리 국민의 긍정적 인식 전환에서 찾을 수 있다. 북한 또는 제3국에서의 학력, 직업, 자격증, 기술을 최대한 인정하고 재교육을 통해 능력을 활용할 수 있는 일자리를 갖도록 지원해야 한다. 북한에서 교사·교수로 활동했던 사람들을 통일 교사로 활용하는 것도 한 가지 방법이다. 통상적인 직업 훈련과 임금 노동만을 고집할 것이 아니라 탈북자들의 자영업과 자활 공동체를 육성하여 고용 창출과 창업 기회를 확대하는 방안도 적극 모색할 필요가 있다.

### 역량 강화·인식 전환 중요

탈북자의 역할과 관련하여 잘 알려지지 않은 사실은 이들이 북한의 가족에게 보내는 송금이 궁핍한 북한 주민의 생계를 지원하고 경제 활동의 자본을 마련하게 한다는 점이다. 그리고 휴대 전화로 북한의 가족과 통화를 하면서 남한의 실상을 전하고 북한 주민의 의식을 변화시키고 있다. 결국 탈북자는 북한 사회를 밑으로부터 변화시키는 중요한 역할을 하고 있다. 따라서 이제는 탈북자를 북한 사회를 개방하고 발전시키는 행위자로 활용하고 이를 위해 이들의 역량을 강화하는 방향으로 정착 지원 제도를 수립하는 전략적 접근이 필요하다. 〈경향신문 2004. 07. 28.〉

# 고구려사와 관념의 국제 정치

이 근
서울대 교수, 국제대학원

　최근 중국의 고구려사 왜곡 문제로 한국 외교가 다시 한 번 시험대에 올랐다. 고구려사 왜곡 문제는 두 국가 간 고대사가 과연 누구의 것이냐를 놓고 한판 벌이는 외교 전쟁이라고 할 수 있는데, 이러한 독특한 사안의 외교 전쟁을 우리는 어떻게 읽어야 하고 어떻게 대응하여야 할 것인가. 어쩌면 탈출구 없는 외교적 소모전이 될 수 있는 이 사안을 정확히 이해하기 위하여 이론적인 검토가 필요하다고 생각된다.
　흔히 외교에 동원되는 수단을 생각할 때 우리는 군사력이나 경제력과 같은 물리적 힘을 떠올린다. 그러나 사실 우리가 생각하는 것 이상으로 사고의 구성물, 즉 관념적인 것이 물리적 힘과 병행하여 외교의 수단으로 동원되는 경우가 많이 있다. 대표적인 것이 인권, 민주주의, 과거사 등이다. 이러한 외교의 관념적인 수단들은 몇 가지 공통점을 가지고 있다.

첫째, 상대국에 대한 압력 수단으로 사용된다. 인권, 민주주의, 수치스러운 과거사 등을 무기로 하여 한 국가가 상대국의 국내 정치나 외교 행태를 변화 내지 억지하고자 하는 압력을 넣는다. 인권과 민주주의를 요구하는 미국의 대 중동 정책이나, 대북 및 대 중국 정책이 그러한 예이고, 한국과 중국이 일본의 망언과 역사 교과서 문제에 대하여 보여 온 외교가 또한 그러한 예이다.

둘째, 이 수단들은 어느 정도 인류의 보편성을 담고 있다. 인권과 민주주의라는 가치에 대하여 부정하는 사람이나 국가는 없을 것이며, 과거의 잔혹 행위가 다시 일어나서는 안 될 것이라는 역사 인식에 있어서도 합의가 이루어져 있다.

따라서 이러한 수단을 통한 압력은 어떤 의미에서 상당히 실효성이 있다. 경제력과 심지어는 군사력에 있어서도 하위에 있는 한국과 북한이 일본에 대하여 외교적으로 큰소리칠 수 있는 이유가 바로 과거사 문제의 보편성에 대한 인류 및 양국 간의 공감대가 형성되어 있기 때문이다.

셋째, 이러한 관념의 수단들은 보다 상위의 관념 체계인 민족주의와 연결될 때 그 사안이 국내 정치적인 폭발성을 가진다. 특히 피해의 경험과 역사를 가진 국가에 있어서는 그 폭발성이 더욱 크다. 자국민이 비민주적인 형태로 인권의 유린을 당한 경우가 발생하거나 역사적인 망언이 발생할 경우 국내 정치적으로 폭발적인 여론의 반향이 생겨난다. 미국의 이라크 포로 학대 사건이나, 중국에서의 일본인의 집단 매춘 관광, 고이즈미 일본 총리의 야스쿠니 신사 참배 등이 피해국의 민족주의와 연결되어 국내 정치적으로 큰 반향을 일으킨 것은 잘 알려진 사실이다.

이러한 시각에서 볼 때 고구려사 문제는 관념의 국제 정치 사안이라는 동일한 범주의 사안이지만 그 성격이 앞에서 열거한 사안과는 매우 다르다는 것을 알 수 있다. 우선 고구려사는 한국이 중국에 압력 수단으로 사용하기에는 실효성이 적은 수단이다. 왜냐하면 궁극적으로 인류가 지향해야 할 보편적인 가치를 중국이 어기고 있는 그러한 문제라기보다는 아주 먼 옛날에 일어난 역사에 대한 해석의 문제이기 때문이다. 근대 민족 국가와 그에 따른 민족주의의 성립이 역사적으로 그리 오래된 일이 아닐진대, 근대적 의미의 국경선과 민족의식이 공유되지 않았던 아주 먼 옛날의 고대 국가가 우리의 역사인지 저들의 역사인지를 보편적으로 합의하는 것은 외교적으로 해결될 사안이 아니기 때문이다. 그리고 이 사안은 한국의 저항적 민족주의와 연결되어 국내 정치적으로 폭발력이 큰 사안이다. 따라서 외교적으로 탈출구를 찾기가 쉽지 않은 사안을 정부가 여론에 휩쓸려 밀어붙이다 보면, 국내적인 비판은 가라앉지 않은 상황에서 아무런 의미 있는 해법을 제시하지 못하게 되어 스스로 국내외적으로 고립되는 결과를 보게 될 것이다.

이미 있었던 역사 해석을 중국 정부가 바꾸는 것은 일단 의구심을 가지고 보아야 한다. 그리고 이러한 중국 정부의 입장 변화가 중국의 팽창적 민족주의로 연결되지 않도록 한국 정부는 필요할 때마다 따지고 견제해야 할 것이다. 그러나 정말 관념의 국제 정치를 하고자 한다면 어떠한 경우에 어떻게 해야 하는지를 이론적으로 따져서 적절히 해야 할 것이다. 이 문제는 여론과 정치인의 감성에 이끌려 벼랑 끝으로 시끄럽게 외교를 몰 그런 사안은 아닌 것으로 판단된다.

〈서울신문 2004. 08. 13.〉

# 좌파 민족주의의 실패

함재봉
연세대 교수, 정치외교학과

좌익 사상과 민족주의는 원래 서로 상극이다. 마르크스 · 엥겔스 · 레닌 등 좌익 사상의 원조들은 모두 철저한 국제주의자들이었다. 마르크스주의는 제국주의 열강의 자본주의 체제를 부정하는 한편 그들의 편협한 민족주의 역시 비판의 대상으로 삼았다. 마르크스주의자들의 구호는 어디까지나 "세계의 노동자여 단결하라"였다. 자본주의 열강의 민족주의 구호에 속아 자신의 계급을 배신하지 말라는 말이었다. 코민테른, 즉 코뮤니스트 인터내셔널이란 이들의 이념을 집약적으로 보여 주는 운동이었다. 그리고 민족주의로 무장한 자본주의 열강이 서로에게 총포를 겨누면서 가공할 살상과 파괴를 저지른 행위를 직접 목격하면서 세계의 좌익 계열 사상가들은 자신들의 국제주의에 대한 확신을 얻었다. 오늘날에도 서구의 좌익 정당들이 국경을 넘어 협력을 도모하는 것도 이러한 이념적 바탕과 역사적 경험 때문이다.

### 좌익과 민족주의는 원래 상극

그런데 우리나라의 좌파는 유난히 민족주의를 강조한다. 이는 우리의 현대사 때문이다. 우리의 국권을 침탈한 일제는 우파 자본주의 체제를 갖추고 있었다. 군부가 정치에 깊숙이 간여하고 자본주의를 통해 이웃을 수탈하는 체제 앞에서 '항일'은 곧 좌익을 뜻하였다. 더욱이 일제 하에서 국내의 부르주아와 자본주의자들이 '민족 자본'을 축적하는 과정이 곧 일제와의 일정한 타협을 전제로 할 수밖에 없었기에 자본주의는 곧 친일로 간주되었다. 또 자본주의자들이나 부르주아보다는 공산주의자·사회주의자 들이 끝까지 일제와 투쟁하는 모습을 보인 것도 사실이었다. 결국 일제 시대를 통해 많은 사람은 우파 민족주의나 자본주의적 민족주의를 모순 그 자체로 받아들이게 됐다. 진정한 민족주의는 좌익일 수밖에 없게 되었다.

해방 정국 하에서 수많은 애국지사와 지식인, 학생들이 좌익 사상에 몰입한 것은 이러한 이유에서였다. 그리고 이들이 보기에는 북한이야말로 좌파 민족주의에 입각한 '정통성'을 갖춘 체제를 수립하였다. 김일성이 '노동자의 천국'을 건설하는 동시에 '민족 해방 전쟁'을 전개할 수 있었던 것도 좌파와 민족주의가 모순으로 여겨지지 않았기 때문이다.

남한에서는 그러나 좌파 민족주의가 실패하였다. 미국의 힘을 빌린 우파가 '대한민국'을 수립하기에 이르렀다. 그리고 곧 이들은 자본주의 체제를 건설해 나가기 시작했다. 좌파 민족주의자들이 보기에는 가장 반동적이고 가장 반민족인 체제가 건설된 것이다. 이 체제가 독재와 쿠데타, 빈곤과 저발전 상태에서 헤어나지 못하는 것을 보면서 좌파 민족주의자들은 자신들의 사상만이 이 민족을 구할 수 있다고 더욱 확신하게 되었다.

남한에서 자본주의가 발달하기 시작하면서도 이들은 자신했다. 자본주의의 발달은 곧 인민의 수탈을 뜻했다. 더구나 그러한 체제가 미제국주의의 군대 뒤에 숨어서 통일을 가로막고 있다고 믿었기에 그들은 더욱 좌파 민족주의에 매달렸다. 노동 해방과 민족 해방을 동시에 주장하는 주체사상을 추종하는 주사파가 나오게 된 것은 어쩌면 당연한 일이었다. 자본주의를 타도하고 미 제국주의를 추방하자는 주체사상이야말로 좌파 민족주의의 논리적 귀결이었기 때문이다.

### 부적합한 이념, 이젠 버릴 때

그러나 놀랍게도 남한의 우파적 자본주의 체제는 성공에 성공을 거듭하기 시작하였다. 그처럼 수탈적이었던 자본주의가 점차 거대한 중산층을 생산해 내면서 '잘사는 나라'를 건설하기에 이르렀다. 또 이들 중산층이 민주화 운동에 가담하면서 그처럼 단단해 보이던 권위주의 체제가 무너졌다. 반면 주체사상의 원조인 북한은 노동자의 천국을 건설하는 데도, 민족의 해방을 도모하는 데도 실패한 그야말로 '실패한 국가(Failed State)'가 되어 버렸다.

이쯤 되면 한국의 좌파 민족주의자들도 자신들의 이념을 용도 폐기할 때가 되었을 법도 하다. 좌파 민족주의는 과거 우리 민족이 가장 불운하던 시절, 또 자본주의 발전의 초기 과정에서 필연적으로 발생하는 모순들이 노정되던 시절 일시적으로 적합해 보였던 이념이었다. 그러나 성공한 한국의 이념은 부르주아의 이념인 자유 민주주의와 자본주의다. 그리고 이러한 '우파 반동' 사상이야말로 진정한 민족의 번영과 통일을 도모할 수 있는 지극히 민족주의적인 이념이다.

〈중앙일보 2004. 09. 17.〉

## 중국 세대 교체와 동북아 정세

이동률
동덕여대 교수, 외국어학부

억측이 끊이지 않았던 중국의 권력 교체가 마침내 중앙 군사위 주석 직이 장쩌민에서 후진타오로 옮아 가면서 마무리됐다. 4세대 정치엘리트들이 마침내 중국의 새로운 지도부로서 확고히 자리매김한 것이다.

이들 새로운 지도부의 특징은 첫째, 개혁 개방을 성공적으로 주도해 온 실무자로서 상당한 자신감과 긍지를 갖고 실용주의적 사고와 중화 민족에 대한 자긍심을 지니고 있다. 둘째, 과거 어느 세대보다도 예측 가능한 정치 과정을 통해 권력을 장악한 지도부다. 이들은 중국 정치가 인치에서 법치로 전환하는 과정의 수혜자인 동시에 정치 개혁을 주도해야 하는 시대적 과제와 기대를 안고 있다. 셋째, 후진타오의 등장은 이미 덩샤오핑에 의해 1992년 50세라는 젊은 나이에 정치국 상무위원으로 중앙 무대에 발탁되면서 예상되어 왔고 실제로 지난 10여 년 동안 지도자 수업을 쌓아 온 준비된 지도자다. 따라서 큰 틀에서의 노선 변화보다는 기존 노선의 연속선상에서 움직일 것이다.

이러한 후진타오 체제의 특성은 '샤오캉 사회의 전면적 실현', '당의 집정 능력 확립' 그리고 '중화 민족의 위대한 부흥의 실현'으로 요약되는 그들의 비전에서 구체화되고 있다.

균형적 경제 발전을 완결하고 동시에 더 이상 회피하기 어려운 정치 개혁을 통해 당의 통제력을 회복하는 것이다. 이들 과제의 완성을 통해 궁극적으로는 중화 민족의 자긍심을 회복하고자 하는 것이다.

이러한 목표를 순조롭게 진행시키기 위해서는 통합과 안정이 필수적이다. 마치 동전의 양면과 같다. '발전을 위한 안정 유지', '발전을 통한 안정 확보' 그리고 '발전, 안정과 통합을 통한 체제 유지' 논리인 것이다.

외교 전략 기조도 기본적으로 상당 기간 '발전과 안정 위한 외교', 즉 저 비용의 실용주의적이며 안정적인 대외 관계의 유지가 그 현실이다.

문제는 이러한 현실을 후진타오 체제의 '중화 민족의 위대한 부흥'이라는 이상과 어떻게 조화시킬 것인가에 있다. 이른바 '책임지는 대국론'으로 나타나고 있다. 강대국으로서의 긍지와 기대를 더 이상 감추지 않되, 체제 안정과 발전에 장애가 될 수 있는 '중국 위협론'에 보다 적극 대응하고자 하는 것이다. 이는 후진타오 체제가 전개하고 있는 다극화 전략에서 보다 구체적으로 나타나고 있다.

다극 체제를 지향하는 중국에 있어 미국은 극복 대상인 동시에 협력 대상이라는 이중적 가치를 지닌 존재인 것이다. 왜냐하면 다극화는 미국의 단극 체제를 저지해야 가능하기도 하지만 동시에 미국의 참여와 협력 없이는 실현될 수 없기 때문이다.

중국은 이러한 외교적 딜레마를 해결하기 위해서 첫째, 다극 체제에 동참할 수 있는 국가, 예컨대 유럽 아세안 등과의 '동반자' 관계의 확대를 통해 외교 대상을 전방위화하고 있다. 둘째, 동아시아 다자주의에 적극 참여하여 역내 형성되어 있는 미국 중심의 양자 간 동맹 체제와 미국의 영향력을 우회적으로 견제하려 한다. 중국이 주변 지역의 다자주의인 아세안 지역 안보 포럼(ARF), 상하이 협력 기구(SCO), 그리고 6자 회담에 적극적인 이유다. 요컨대, 중국의 입장에서 동아시아를 중심으로 한 주변 지역은 다극화 전략의 출발점이자 기반인 동시에 아직은 협력과 공존이 전제되어야 할 지역이다.

특히 중국의 대미 외교와 주변국 외교가 교차되는 한반도는 중국의 세계 전략이 직간접으로 투영될 수밖에 없다. 중국은 기존 서방 중심의 국제 질서 참여를 통한 발전이라는 전략적 적응을 시도하고 있지만, 미국 등 서방에서는 중국이 기존 체제에 대한 학습과 사회화 과정을 통해 궁극적으로 수렴되기를 기대하고 있다. 이러한 동상이몽이 깨질 때 한반도는 다시 한 번 미중 패권 경쟁의 장으로 변화될 수 있음을 경계하고 준비해야 한다. 〈세계일보 2004. 09. 20.〉

## 절차 존중과 승복이 민주주의의 핵심이다

이시윤
경희대 객원교수, 법학부 · 전 헌법재판관

헌법 재판소가 내린 '수도 이전' 위헌 결정은 헌법 제정 권력인 국민이 참여해야 할 사항임에도 불구하고 국민을 제치고 국회의 입법 사항으로 처리하였으므로 적법 절차를 어겼다는 취지이다. 절차 존중이 민주주의의 핵심임을 밝힌 것으로, 우리나라 민주주의의 발전에 획을 그은 판례로 평가된다. 우리 사회는 아직도 목적이 좋으면 절차를 무시하고 밀어붙여도 정당화된다는 절차 경시의 오도된 풍조가 만연해 있는데, 이에 제동을 건 것이라 하겠다. 민주주의는 목적이 아니라 수단·절차라는 한스 켈젠의 말처럼 이번 헌법 재판소의 결정은 민주주의가 무엇인가를 확인해 준 의미가 있는 것이다.

수도 이전은 인구의 분산, 국토의 균형 발전이라는 긍정적 측면도 있지만, 무려 100조 원의 국민 세금을 투입해야 할 일이고 조선 왕조 이래 600년간의 도읍지라는 역사성을 깨는 문제이다. 전 인구의 과

반수가 수도권에 몰린 현실에서 국토를 재편하려면, 국민의 공식적 의사를 직접 수렴하는 것이 좋겠다는 것이 결정 내용이다. 수도 이전 문제는 그 파급 효과를 생각하여 국민적 합의 없이 흔들어서는 안 되는 헌법적 가치이기 때문에 많은 다른 나라들도 헌법에 규정을 두고 있는 점을 고려하면, 여기에 어떤 잘못이 있다고 탓할 나위가 없다.

그런데도 정치권과 사회 일각에서는 이를 못 받아들이겠다며 감성적 대응을 하고 있다. 대표적 헌법 전문가인 헌재 재판관들이 낸 결정문을 제대로 읽어 보지도 않고 선입관으로 질타하고 무시하고 있다.

이번 위헌 결정의 근거가 된 '관습 헌법'만 해도 그렇다. 국내뿐 아니라 독일·프랑스·일본 등에서는 모두 인정하는, '족보'가 있는 헌법적 개념이며 전문가에게는 생소한 것이 아니다. 따라서 기상천외의 개념을 동원한 것으로 보는 것은 옳지 않다. 이는 헌법 전문가인 헌재 재판관들의 전문성을 무시하는 일이기도 하다.

헌법 재판은 1988년 권위주의 시대를 청산하면서 시작한 새 제도로서, 민주주의의 신장과 국민의 기본권을 발전시키는 개척적인 재판 제도이다. 당분간 일반인은 물론 기존의 법조인에게까지도 어차피 낯설 수밖에 없다. 재판 제도 자체가 생소한 만큼 그 용어도 생소할 것으로 이해하면서 넘어갈 일이다. 필자가 국가 보안법 고무·찬양죄에 대해 주심 재판관으로서 법 집행 당국에 의한 자의적 법 적용에 제동을 걸고 정치적 남용은 금물이라는 취지의 '한정합헌' 결정을 했을 때도 이와 유사한 일이 있었다. '한정합헌'이라는 생소한 용어를 썼다면서 냉소적으로 비난하던 비전문가들은 지금 이 용어가 상식화된 상황을 모르지는 않을 것이다.

우리는 4년 전 미국 대선 투표 결과를 놓고 대통령을 종국에는 법원이 결정한 사례를 안다. 우리라면 민란이 일어날 수도 있는 일이었는데 조용히 승복함으로써 그 사회의 성숙한 모습을 본 일이 있다.

이와 마찬가지로 헌법이 헌법 재판소에, 국회가 제정한 법이라도 위헌 결정을 통해 무효화할 권한을 주어 헌법 수호자의 몫을 하게 하였다면, 그 결정을 따라야 하는 것이 민주주의이고 법치의 존중이다. 헌법 재판소의 결정은 국가 기관 그리고 지방 자치 단체, 나아가 일반 법원까지도 존중하여야 하는 기속력(羈束力) 있는 것이다. 이를 따르지 않으면 불법이 되는 것임을 명심하여야 한다. 하고 싶지 않다고 하지 않아도 되는 일이 아니다.

국토의 균형 발전은 마땅히 추진할 당위성 있는 명제이고 옳은 발상이라 하여도, 그 추진 과정에서 절차 존중의 정신을 망각해서는 안 된다는 것이 이번 결정의 교훈이다. 정부와 여당은 당했다는 패배 의식에 빠지기보다 헌법의 틀에서 정책을 추진하는 전기로 삼았으면 하는 마음 간절하다. 〈조선일보 2004. 10. 25.〉

# 간도 협약 명백한 무효

김찬규
경희대 명예교수, 법학부

　최근 간도 협약 무효론이 국내에서 제기되고 있다. 간도 협약이란 1909년 9월 4일 청·일 간에 체결된 것으로 일본이 만주에서 철도 부설 및 석탄 채굴권을 얻는 대신 간도가 청국 영유임을 인정한 조약이다. 당시 간도 영유권을 둘러싸고 조선과 청국 사이에는 분쟁이 잦았다.

　조·청 간의 간도 영유권 분쟁은 백두산정계비의 판독에서 시작된다. 정계비에는 조·청 간의 경계에 대해 "서쪽은 압록강으로 하고 동쪽은 토문강으로 한다(西爲鴨綠 東爲土門)"고 기록돼 있다. 이에 조선 측이 양국 경계는 서쪽은 압록강이고 동쪽은 토문강이라고 한데 대해 청국은 엉뚱하게도 토문강을 두만강으로 읽어야 한다면서 이의를 제기하고 나섰다. 조선 측대로 읽으면 간도는 경계선의 우리 쪽으로 들어오고 청국 측대로 읽으면 그것은 중국 쪽에 들어간다.

정치 55

이 분쟁을 해결하기 위해 조·청 간에는 두 차례에 걸친 외교 담판이 있었다. 1885년의 을유 담판과 1887년의 정해 담판이 그것이다. 두 차례 담판에도 불구하고 분쟁이 해결되지 않아 제3차 담판이 예정돼 있었는데, 난데없이 일본이 끼어들어 간도 협약이란 걸 체결하여 간도가 청국 것임을 인정했다. 이 같은 간도 협약이 국제법상 유효한가.

간도 협약에 앞서 1905년(광무 9) 11월 17일 조·일 간에는 을사 보호 조약이 체결됐다. 그러나 이 조약이 간도 협약을 유효한 것으로 하는 법적 근거가 될 수는 없다. 왜냐하면 국제법상 보호 조약이란 보호국이 외교권을 장악할 뿐, 피보호국의 영토 처분권까지 갖게 하는 것은 아니기 때문이다.

을사 보호 조약의 내용은 다음과 같이 되어 있다. 첫째, 일본은 금후 조선의 외교 관계를 통리지휘(統理指揮)하고 재외 조선인 및 조선 국익에 대해서는 일본이 이를 보호한다. 둘째, 일본은 조선이 체결한 국제 조약의 이행에 책임을 지되 앞으로는 조선이 일본의 중개 없이 국제 조약이나 그 밖의 국제적 약속을 하지 않아야 한다.

셋째, 일본은 조선에 1명의 통감(統監)을 두되 통감은 필요에 따라 황제를 알현할 권리를 가진다. 넷째, 조·일 간에 체결된 조약들은 이 조약에 저촉되지 않는 한 계속해서 효력을 가진다. 다섯째, 일본은 조선 황실의 안녕 및 존엄을 보장한다.

이 같은 을사 보호 조약의 어느 곳에도 일본에 조선의 영토를 처분할 수 있는 권한을 인정한 규정은 없다. 앞서 보았듯이, 일반 국제법상 보호 조약이란 보호국이 피보호국의 외교권을 장악할 뿐 영토 처분권까지 갖게 하는 것이 아니며, 을사 보호 조약에서도 그러한 규정은 없다. 따라서 청·일 간의 간도 협약은 원천적 무효가 될 수밖에 없다.

설사 을사 보호 조약에 영토 처분권이 인정됐다고 하더라도 간도 협약은 원천적으로 무효일 수밖에 없다는 점 또한 지적하지 않을 수 없다. 왜냐하면 을사 보호 조약 자체가 무효이기 때문이다.

제2차 세계 대전이 일어나기 직전, 독일은 체코슬로바키아의 보헤미아와 모라비아를 보호령으로 하려 획책했다.

체코슬로바키아 측이 이를 완강히 거부하자 독일은 그 나라 대통령과 외무장관을 베를린으로 호출했다.

거듭된 회유에도 불구하고 대통령과 외무장관이 계속 저항하자 1939년 3월 15일 새벽 2시 베를린의 한 건물 밀실에서 히틀러의 임석 하에 독일 측 각료 두 사람이 양인의 등을 떠밀어 테이블에 앉힌 후 그들 손에 펜을 쥐여 주면서 문서에 서명하지 않으면 2시간 내에 프라하를 폭격하여 반을 폐허로 만들 것이며, 이것은 재앙의 시작에 불과함을 알아야 한다고 협박했다.

을사 보호 조약은 바로 이런 상황에서 체결된 것이다. 따라서 그것은 무효이고 권한이 없는 상태에서 체결된 간도 협약 역시 무효임은 자명하다.

정부와 국민은 간도 협약의 문제점을 제대로 인식하고 자손에게 부끄럼이 없도록 현명하게 대처해야 할 것이다.

〈세계일보 2004. 10. 26.〉

# 중도(中道)란 무엇인가

권영준
경희대 교수, 국제경영학부

우리 사회에서 중도란 적당한 절충주의라는 인식이 지배적이었다. 그것은 근대사적으로 볼 때 일부 정치인들에 의해 중도라는 말이 정략적으로 타협의 도구가 되었고 때로는 회색적 태도로 표명되었기 때문이다. 그러나 원래 중도(中道)는 좌와 우, 혹은 진보와 보수의 기하학적 중간점을 의미하는 것이 결코 아니다. 더욱이 중도는 그들 사이의 물리적 차이를 뛰어넘어, 공동선 내지 사회 전체의 이익이라는 한 단계 높은 차원에서의 합의와 통합을 의미한다.

그러므로 진정한 중도는 우선 좌와 우, 진보와 보수 모두에게 마음을 열고 그들의 주장을 진술하고 정확하게 이해하고 각각의 사상의 상대적 가치를 공정하게 포용하여야 한다. 중도는 이념 분열과 갈등을 극복하기 위하여 국민적 합의를 바탕으로 한 합리적 대안을 제시함으로써 사회를 통합시키는 것이다. 그리하여 우리 사회를 질적으로 발전되고 선진화된 단계로 함께 만들어 가는 것이다.

따라서 이번에 출범하는 기독교 비정부 기구인 '기독교 사회 책임'은 중도의 본뜻을 분명히 하기 위해 '중도 통합과 개혁'이라는 통합적이고 개혁적인 운동 노선을 택했다. 그러면 실질적으로 어떻게 중도 통합 노선은 좌와 우나 보수와 진보를 함께 포용하고 통합한다는 말인가? 이에 대한 답은 국민적 합의와 실사구시(實事求是)적 접근법에 의해 가능하다.

구체적인 사례를 들어 설명할 수 있다. 현재 우리 사회 갈등의 핵심 사안 중의 하나인 국가 보안법 폐지냐, 개정이냐를 두고 보수와 진보가 정권의 명운은 물론 목숨을 걸고 투쟁하고 있다. 이 경우 중도 통합 세력은 우선 국민 다수의 뜻이 어디에 있는가를 살핀다.

국민들의 60% 내지 70%가 폐지를 반대하고 있다는 것을 안다. 둘째, 국가 보안법을 폐지하고 형법으로 보완해도 충분히 사각지대가 없을 것이라는 열린우리당의 주장과 사각지대가 분명히 있을 수 있기 때문에 인권 침해 조항만을 개정하든지, 아니면 대체 입법이 반드시 필요하다는 한나라당의 주장 사이에서 무엇이 진실(실사구시)인지를 찾아본다.

이 경우 양쪽이 모두 미래의 불확실성에 대한 가정을 앞세우는 주장이기 때문에 현재로서는 아무도 단언할 수 없다는 것이 사실이다. 그렇다면 이 경우 중도 통합적 결론은 '국가 보안법을 일단 개정하되, 일정 기간(예를 들면 3년) 한시적 법안으로 유지하고 어느 주장이 맞는지, 일정 기간이 지난 후에 검증하고 재론하면 된다'는 것이다. 이런 예는 얼마든지 찾을 수 있다. 최근 우리 사회 일각에서 좌파적 정책이라고 비난하는 성매매 방지 특별법의 경우에도 중도 통합적 해결책이 가능하다.

　이렇듯 중도는 진보와 보수의 상대적 가치를 인정하고 논의를 출발한다. 동시에 진보와 보수가 자신들을 절대화하려 한다면 그것은 잘못이고 국론 분열적임을 지적하고, 한 단계 높은 방향으로 이들을 설득하고 계몽하여 나아가야 한다. 각자가 자신들을 절대화하지 않을 때 진정 자신들의 가치와 진정성이 살아나고 합력하여 선을 이루는 것임을 이들에게 알려야 한다.

　진보는 보수에게서 배우고, 보수는 진보에게서 배울 때 진정으로 합리적 진보와 합리적 보수가 될 수 있음을 알려 주어야 한다. 아울러 중도의 입장을 바르게 실천하기 위하여 생각이 다른 사람을 모두 적대시하는 극단적 이념이나 불관용한 태도에 대해서는 반대의 뜻을 확실히 하고, 국민적 합의와 실사구시의 정신을 구현하는 것이다. 〈한국일보 2004. 11. 23.〉

## '아세안+3'에 활로 있다

신윤환
서강대 교수, 사회과학부

요즈음 우리 외교를 보고 있노라면 가슴이 답답해진다. 북핵 문제 해결을 위한 6자 회담 재개 소식은 들리지 않고, 한미 관계는 외줄을 타듯 위태롭기만 하다. 노무현 정부가 들어선 지 2년이 다 되어 가는 지금, 남북한과 한미 외교 전선에 흐르는 냉기류는 가까운 미래에도 완화될 기미가 없다.

통일은 민족의 숙원이며 한미 공조는 우리 안보의 중추인 만큼 소홀히 할 수는 없겠지만 한 우물만 파는 데 집착할 수는 없다. 다양하게 접근하지 않으면 큰 낭패를 볼 우려가 있다. 좀 더 넓은 시야와 융통성 있는 방법을 통해 우리 외교 이익의 극대화를 이루어야 한다. 아세안(ASEAN)+3이 꽉 막힌 우리 외교 통로를 뚫어 줄 바로 그 해법을 가지고 있다.

일반 국민에게는 생소하게 들릴지도 모르는 '아세안+3'이라고 일컫는 국제 기구는 일찍이 예견하지 못한 엄청난 변화를 동아시아에 불러 오고 있다. 동남아 10개국과 한국 중국 일본 3개국이 회원국으로, 1997년에 출범한 짧은 역사를 가진 이 지역 협력체는 평화, 번영, 진보의 동아시아 공동체 건설이라는 궁극적인 목표를 내세우고 있다. 물론 동아시아 공동체의 구체적 내용이 아직 논의 단계이고 유럽 연합 정도의 단계에 이르기에는 요원하지만, 최근 회원국 사이에 벌어지고 있는 활발한 교류와 다각적인 협력을 보노라면 동아시아 공동체의 실현도 결코 멀지만은 않을 것으로 전망된다.

아세안+3은 매년 한 차례의 정상 회의를 포함해 13개 분야의 각료급 회의, 17개 분야의 고위 관리 회의 등 무려 47차례의 정부 차원의 회의가 열린다. 2002년 제6차 정상 회의는 동아시아 공동체의 건설을 궁극적인 목표로 설정한 바 있고, 2003년부터는 정체성과 공동체 의식 함양에 필요한 단기 협력 사업 17개를 일제히 집행했다. 지난 몇 년간 아세안+3의 성장은 너무나도 빨라 국제 정치나 동아시아 전문가들도 그 진척 상황을 따라잡지 못할 정도다.

한국은 여기에 주도적 역할을 했다. 김대중 전 대통령은 작년 말 정상 회의를 마지막으로 은퇴한 마하티르 모하마드 전 말레이시아 총리와 함께 아세안+3을 성사시키고 제도화하는 데 핵심적인 일을 했다. 한승주 주미 대사는 '동아시아 공동체'라는 목표를 이루기 위한 협력 사업을 구상하는 임무를 맡은 동아시아 비전 그룹의 의장이었다. 한국 외교가 이렇듯 독자적이고 주체적으로 역할을 수행한 사례는 일찍이 없었다.

한국의 힘과 협상력은 무엇보다도 동아시아의 미묘한 역사적 지정학적 정치경제적 관계와 구도에서 나온다. 동아시아는 반영구적이라고도 할 수 있는 불안정성을 안고 있다. 중국과 일본 두 강대국은 서로를 불신하며, 상대방의 주도를 결코 용납하지 않는 패권 경쟁을 하고 있다. 이외에 동북아 강국들의 팽창이나 경제적 지배를 우려하는 동남아 국가들의 경계심, 동남아 국가들의 경제 발전 및 민주화 진전 문제 등 공간적 역사적 맥락이 한국으로 하여금 양 세력을 맺어 주고 중재해 줄 수 있는 적임자의 위상에 설 수 있도록 해주고 있는 것이다. 이러한 역학 구도는 한반도 문제를 동북아라는 한정된 공간 속에 놓고 풀려 할 때에는 결코 만들어질 수 없는 구도다.

강대국 사이에 끼이고 치여 활개를 펴지 못하고 있는 우리 외교가 지금 바라보아야 할 곳은 동남아가 있는 서남쪽이다. 아세안은 우리가 일찍이 추구해 온 '평화 자유 중립 지대'를 지향하고 있고, 아세안 지역 포럼은 남북한이 함께 참여하고 있는 유일한 지역 안보 협의체이다. 아세안+3은 한중일 3국의 정상을 유사 이래 처음으로, 그리고 매년 모으고 있는 실질적인 국제 기구다. 우리 역사에 일찍이 없었던 호기가 바로 동남아에 있다. 동남아라는 보고에서 캐고 또 캐면 우리 외교는 그만큼 성과를 거둘 것이다.

〈동아일보 2004. 11. 27.〉

# 혼돈의 한국 사회

허 영
명지대 초빙석좌교수, 법학과

　나라가 온통 아노미 상태다. 끝없이 불거지는 대학 수학 능력 시험 부정 행위는 한심한 교육 정책의 자화상이다. 탈북 주민 간첩 행위에 무방비한 정부가 국가 보안법과 주적 개념의 폐지를 서두른다. 국회는 절충과 타협의 장이 아닌 싸움터가 되고 있다. 국회 앞에 길게 늘어선 천막 농성장은 건전한 시민 참여의 차원을 넘어 법 질서에 대한 도전장으로 변하고 있다. 자신의 지역구 사무실에서 전국 공무원 노동조합 간부를 붙들어 갔다고 단식 농성을 벌였던 한 민주노동당 국회의원의 행태는 치외 법권의 특권 의식으로 변질된 노동 운동가의 의식 구조를 느끼게 한다. 노동 현장의 불법 파업은 더 이상 불법으로 인식되지도 않는다.
　전공노의 불법 파업에 대한 정부의 엄벌 다짐은 날이 갈수록 구두선으로 변하고 있다. 정체불명의 투서 한 장 때문에 군 장성들의 명예와 통솔력이 큰 상처를 입고 있다. '개혁'의 전도사들은 헌법이 정한 예산안의 법정 처리 기한을 지키는 것보다 엉뚱한 목표에 치중하고 있다. 변변한 국보법 개정안 하나 내놓지 못하면서 물리력 저지만을 꾀하는 한나라당은 이미 국민에게 희망을 주기를 포기한 상태다. 먹고살기 힘든 국민은 이제 정치를 원망할 기력조차 없다.

　대한민국이 왜 이렇게 되었는가. 대통령을 잘못 뽑은 탓인가, 아니면 권력의 단맛에 취한 집권 세력이 집권 연장을 위해 음흉한 꼼수를 두고 있기 때문인가. 그것도 아니면 일부 국민이 걱정하는 것처럼 정말 나라를 송두리째 사회주의 체제로 바꾸려는 음모가 진행되고 있는 것인가. 국민은 답답하고 두려울 뿐이다.

　헌정 반세기가 넘는 동안 많은 우여곡절을 겪은 우리 국민이지만 지금 상황은 참으로 견디기 어렵다. 나아질 희망이 조금이라도 보인다면 참고 인내하겠지만, 내일은 더욱 어두운 그림자만 어른거리니 정말 죽을 지경이다.

　자유 민주주의와 법치주의, 그리고 시장 경제 질서를 공통의 가치로 헌법에 담아 그것을 실현하려는 집념으로 독재 정권에 저항도 하고 명예로운 시민 혁명도 해 대통령 직선제까지 쟁취해 오늘에까지 왔다. 그런데 새삼 자유 민주주의와 법치주의, 시장 경제 질서를 심각하게 걱정해야 하는 현실은 우리 선량한 국민에게 너무나 가혹한 시련이 아닌가.

　집권자나 야당은 2004년 세밑에 고백 성사하는 기분으로 역사와 후손 앞에 진실로 떳떳할 수 있는지 자문해야 한다. 특히 대통령은 취임 초 내세웠던 구호처럼 '국민이 대통령'이라는 생각으로 정치를 하고 있는지 반성해야 한다. 위임받은 한시적인 권력의 한계를 무시하고 국민적 합의도 없는 입법과 정책을 무리하게 추진하는 진정한 이유가 무엇인지 천착해야 한다. 아무리 야누스의 얼굴로 비유되는 권력이지만, 합법성을 가장한 권력 속에 혹시 내친김에 끝장을 보겠다는 생각을 숨긴 것은 아닌지. 만일 그렇다면 '4대 개혁 입법' 등의 위장 전술로 국민을 속이려 하지 말고 정정당당하게 속마음을 털어놓고 과감하게 승부수를 던져야 한다.

대통령은 이제 결단해야 한다. 국민 분열과 경제 파탄을 가속화하는 지금의 독선적인 일방통행식 정치는 끝내야 한다. 그래서 국민 전체를 위한 새로운 통합의 정치로 탈바꿈해야 한다. 그렇지 않고 지난 2년처럼 소수 지지 세력만의 대통령으로 남겠다면 최소한, 그들을 끌고 가고자 하는 목표가 무엇인지 분명히 밝혀야 한다. 그래야 국민도 새 희망을 갖든지 강하게 저항하든지, 아니면 체념하고 이민이라도 갈 것 아닌가.

그러나 한 가지 분명한 사실은 아무리 강한 권력이라도 다수 국민을 외면하는 정치를 하면 반드시 불행한 종말을 맞게 된다는 점이다. 인류가 경험한 이 귀중한 교훈을 새삼 되새겨야 하는 국민의 처지가 처량하다. 그러나 어쩌면 오늘의 극단적인 아노미 상태를 시작으로 또 한 번의 역사적인 변혁을 거쳐 머지않아 사필귀정의 진리를 체험하게 될지도 모른다. 그러한 막연한 희망이라도 가질 수 있는 국민은 그래도 행복한 것인가. 〈동아일보 2004. 12. 06.〉

## 대통령은 왜 그렇게 말했을까

서창록
고려대 교수, 국제대학원

　노무현 대통령은 왜 그렇게 말했을까? 노 대통령이 해외 순방을 시작한 지난달 중순부터 대통령의 말 한 마디 한 마디, 특히 북한 문제에 관한 언급이 뉴스에서 빠진 날이 없었다. 대통령이 국제 무대에서 하는 발언의 중요성에 대해서는 설명이 필요치 않을 것 같다. 그만큼 신중을 요하는 것이 대통령의 발언이다. 그렇다면, 지난 LA 발언으로부터 시작한 노 대통령의 말들을 우리는 어떻게 받아들이고 해석해야 하는가.

　노 대통령은 "북한의 핵이 자위 수단으로 일리 있는 측면이 있다"고 한 LA 발언 이후 해외 순방을 계속하면서 북한 붕괴 불가론과 북핵 문제의 평화적 해결 원칙을 수차례 천명했다. 노 대통령은 폴란드에서 "중국이 돕고 한국이 원치 않기 때문에 북한의 붕괴 가능성은 없다"고 했으며, 김정일 국방위원장 초상화 철거로 일각에서 불거진 북한 붕괴론을 일축했다. 프랑스에서는 "한국의 생각을 반영시키기 위해서 혹 누구와 얼굴을 붉혀야 한다면 붉히지 않을 수 없다"라고 말하며 북한 체제 붕괴를 언급하는 미국의 일부 세력에게 강력한 메시지를 던졌다.

노 대통령의 지속적인 강경 발언이 대통령의 개인적 소신에서 즉흥적으로 나온 것으로 보이지는 않는다. 신중을 기한 일련의 전략적 발언일 가능성이 크다. 노 대통령의 발언에는 일관성이 있다. 북한 핵 문제 해결에 있어 무력 행사나 압박, 경제 제재를 통한 체제 붕괴의 가능성은 배제하자는 것이다. 북한에는 조속한 6자 회담 복귀를 촉구하는 한편 미국에는 외교적 노력을, 그리고 국제 사회에는 평화적 해결에 대한 공감대를 형성하자는 일관된 메시지를 담고 있다.

그렇다면, 노 대통령이 의도한 대로 국제 사회에 공감대가 형성되어 한국 주도의 평화적 북핵 문제 해결이 가능할 것인가? 노 대통령의 발언에서는 두 가지 주요한 목적이 보인다. 첫째, 미국에 대해 할 말은 하겠다는 것, 즉 강경 대북 정책에 제동을 거는 것이다. 둘째, 북한엔 우호적인 메시지를 보내 그들을 대화의 장으로 끌어내려는 것이다. 두 가지의 목적이 달성된다면 평화적 해결에 한발 다가서고 노 대통령의 발언은 긍정적 평가를 받을 것이다. 그러나 상황은 그렇게 낙관적이지만은 않은 것으로 보인다.

노 대통령은 북한 체제 문제와 핵 문제를 연계시키는 데 반대하면서 미국 네오콘들의 주장에 분명한 선을 긋고 있다. 그러나 부시 2기 행정부의 대북 정책은 분명하다. 핵 프로그램을 무조건 포기할 것과 그렇지 않을 경우 군사 행동을 포함한 모든 가능성을 열어 두겠다는 것이다. 북핵 문제가 6자회담을 통해 일괄 타결된다면 다행이지만 그렇지 못할 경우 한·미 공조는 원활하지 못할 가능성이 크다.

노 대통령은 북한이 미국 등 국제 사회로부터 안전 보장과 경제 지원을 받기 위해서는 핵을 포기해야 한다고 강조했다. 노 대통령의 발언에는 북한의 입장을 이해한다는 의견 역시 충분히 피력돼 있다. 그러나 북한에 있어 북핵 문제는 북·미 간의 현안으로 인식된다. 다시 말해 한국이 개입할 여지가 많지 않다는 것이다. 더욱이 우리는 독자적으로 북한의 안전 보장과 경제 지원이 불가능하고, 따라서 북한을 단독으로 설득하기 어렵다.

노 대통령의 발언은 미 행정부와의 갈등의 소지를 안고 있을 뿐만 아니라 우리의 외교적 입지를 상당히 좁혀 놓은 측면이 있다. 6자 회담이 큰 성과를 거두지 못하고 외교적 노력이 교착 상태에 빠질 경우, 대북 봉쇄와 경제 재제의 수단을 배제시킨 우리 정부는 과연 어떤 전략적 선택을 할 수 있을까? 북핵 문제는 우리 민족의 문제이기도 하지만 동시에 국제적 문제다. 그렇기 때문에 북핵 문제가 6자 회담을 통해 다자적으로 해결돼야 하는 것이다. 미국을 배제한 독자적 행보는 성공을 거둘 수 없다. 북핵 문제는 어느 때보다 미국을 비롯한 당사국 간의 긴밀한 협상과 타협이 필요한 시기에 봉착해 있다. 적극적인 '말'보다는 실질적 '역할'을 위한 정교한 외교 노력이 절실한 때다. 〈중앙일보 2004. 12. 08.〉

# 정치가 희망을 주려면

한갑수
한국산업경제연구원 회장

　최근 주요 경제 정책과 관련, 정부·여당·청와대의 발표를 보는 국민들은 정말 혼란스럽다. 1가구 3주택의 양도세 중과 문제, 종합부동산세, 한국형 뉴딜 구상 등 국민 모두에게 직간접으로 영향을 미치게 될 주요 경제 정책을 놓고 혼선에 혼선을 거듭하고 있기 때문이다.
　외환 위기 이후 최악의 경제 난국을 모든 국민들의 힘을 결집해서 극복해야 할 이 중요한 시기에 정책 당국자들이 잘못된 상황 인식과 편향된 아집으로 시간을 허송하고 있어 국민들만 피해를 입고 있다. 이런 혼선과 혼란의 단초는 참여 정부 국정 운영 시스템과 정치권의 국정 운영 미숙에서 연유되는 것이므로 여기에서부터 문제를 풀어 나가야 할 것이다.
　현 정부는 출범 이래 중장기 국정 과제의 로드 맵을 입안한다는 명분으로 10개가 넘는 장관급 대통령 자문 위원회를 만들고 이 위원회 중심으로 중요 정책들을 결정하면서, 내각과 대통령 자문 위원회 간에 혼선이 빚어지고 국정 과제가 논쟁 수준에서 표류하는 경우가 많았다. 따라서 집권 3년차를 맞이하는 현 정부는 국정 운영의 틀을 새로 짜고 온 국민이 소망하는 경제 살리기에 전력투구해 주기를 간절히 바란다.

참여 정부는 2년 동안이나 집권 준비에 충분한 시간을 보냈으며 100대 국정 과제의 로드 맵도 거의 마무리되었을 것이므로 이제 대통령 자문 위원회를 대폭 정비해 나가야 한다. 또 존속되는 위원회일지라도 대통령 자문 역할에 한정하고 정책 결정은 행정 각부에 돌려주는 것이 옳다. 그리고 내각과 각부 장관에게 힘을 실어 주고 책임도 엄하게 물어야 한다. 분권형 책임 총리제는 헌정 질서의 민주적 발전을 위해서는 바람직할 것이나, 법적 근거가 없는 분야별 팀장 제도는 이미 국민의 정부에서 비효율적인 국정 운영 방식이라는 것을 경험한 바 있다.

과거 정부의 경제 운용 시스템 가운데 경제부총리와 경제수석은 상호 보완과 협력을 통해 신속하고 효율적으로 경제 정책을 입안 추진해 왔던 소중한 경험을 가지고 있다. 일부에서 이를 수직적인 군사 문화라고 폄하하고도 있으나 정부는 하루빨리 이 효율적인 경제 운용 시스템을 학습해 나가기를 바란다.

현 정부 출범 이후 장·차관급의 고위직이 많이 늘어났고 국가직 공무원도 2만 7천 명이나 늘어났다. 2005년에도 약 1만 명이 증원될 것이라 한다. 물론 복지와 치안 수요 등 인력 증원이 불가피한 분야도 있겠지만, 통폐합이나 구조 조정을 통해서 인력을 줄이는 노력을 반드시 병행해야 한다.

지금 우리 경제는 투자·소비할 것 없이 내수가 계속 가라앉으면서 내년에는 수출마저 둔화되어 4%의 성장도 어려울 것이라는 것이 전문가들의 견해다. 이러한 경제 난국을 눈앞에 보면서도 정치권은 국보법 폐지 등 4대 법안 처리를 가지고 극한 대치로 정쟁만 하고 있으니 정말 가슴이 답답하다. 지금 국가 보안법으로 인해 일상생활에 지장을 받고 있는 국민이 과연 얼마나 되는지 묻고 싶다. 아무리 개혁이 시대적 과제라 하더라도 현실을 감안해 완급을 가려 추진함이 국가 경영의 정도일 것이다.

이 시점에서 국정의 최우선 순위가 '경제 살리기'라는 것은 어느 누구도 부인 못할 것이다. 따라서 정부와 정치권은 경기를 냉각시키거나 경제 회생을 지연시킬 수 있는 입법이나 정책들은 뒤로 미루고, 청년 실업자, 구멍가게 주인, 중소 기업인들에게 희망을 줄 수 있는 정치, 기업가들의 투자 의욕을 살리고 부자들의 지갑을 열게 하는 경제 우선의 정치를 해야 한다.

시간이 없다. 일본 중국을 비롯하여 동남아의 모든 나라 경제가 약진을 하고 있음에도 우리 한국 경제만이 불황의 늪에서 헤매고 있으니 정말 마음이 바쁘다. 〈조선일보 2004. 12. 09.〉

## 한국의 드골을 보고 싶다

전원책
시인 · 변호사

샤를 드골은 프랑스 국민 39%가 프랑스 역사에서 가장 중요한 인물로 생각하는 프랑스의 국부다. 유럽에 자유주의의 거대한 물결을 일으킨 나폴레옹 보나파르트도 그 절반이 채 안 된 18%의 지지밖에 얻지 못했다. 사후 30여 년이 지난 프랑스가 아직도 드골에 열광하고, 이토록 그를 기리는 이유는 무엇일까.

드골은 페탱의 휴전 제의에 반대하여 1940년 런던에서 임시 정부인 자유프랑스를 조직하고 대독 항전을 지휘했다. 1944년 6월 노르망디 상륙 작전 뒤 8월 파리에 입성하고 9월 새로 구성된 임시 정부 수반에 취임한다. 당시 비시 정부 세력과 망명 정부 세력의 갈등 속에 전부터 그가 주창했던 국민 통합을 내세워 헌법을 제정하고 도로 등 전후 복구 사업과 더불어 경제 개혁에 매진했지만 정당의 난립과 정쟁으로 어려움을 겪었다. 1946년 1월20일 사회주의 정당들이 군사비 삭감을 거세게 요구하자 드골은 그날로 사임을 결정하고 향리 콜롱베에 칩거한다. 그가 총리 직을 물러나면서 한 말은 "즈 퀴르"(나 물러나오) 단 두 단어였다고 한다.

그로부터 12년 뒤인 1958년, 프랑스는 알제리 문제로 악화된 군부의 불만이 재류군의 반란으로 치닫자 이를 무마하고 분열된 나라를 추스르기 위해 향리에서 전쟁 회고록을 집필하면서 칩거하던 드골을 부른다. 그는 국민 통합과 국가 위신을 역설하면서 총리가 되어 전권을 장악했다. 그리고 헌법을 개정하여 강력한 대통령제인 제5공화국을 출범시킨 뒤 대통령에 취임하여 10년간 집권하였다.

집권 기간 에비앙 협정으로 알제리 전쟁을 종식시킨 뒤 1960년 핵실험, 1964년 중국을 승인하는 등 미국에 대해 독자 노선을 걸었다. 그는 국민 통합의 수단으로 비상대권 등 대통령에게 강력한 권한을 요구하면서도 언제나 중요한 국가적 결정에 대해 국민 투표로 국민에게 그 뜻을 물었다. 1968년 변화와 자유를 요구하는 사회적 요구가 학생과 노동자 중심의 5월 시위로 표출되고 1969년 4월 지방 제도 개혁과 상원 개편에 대한 국민 투표에서 패배하자 그는 미련 없이 대통령 직에서 물러난다. "공화국 대통령의 역할을 마감하네, 오늘 정오부터 발효야"라고 비서실장에게 건 짧은 전화 한 통이 사임의 변 전부였다.

그 전화가 걸려온 것은 고향 콜롱베에서 국민 투표 패배가 결정된 날 밤 자정을 막 넘겼을 때였다. 그로부터 1년 뒤 그는 향리에 묻혔다. 동시대의 유럽 정치사에서 쌍벽을 이루는 윈스턴 처칠이 고집불통이요 유아독존이라고 혀를 찼던 드골은 막상 국민의 뜻에 언제나 순응했다. 국민들이 자기를 원치 않을 때 지체 없이 권좌에서 물러나 고향으로 간다는 그의 이런 무욕(無慾)은 오늘날 프랑스 국민이 공항과 광장의 이름으로, 프랑스 자존심의 대명사로 그를 기억하는 열광의 원천이 되고 있는 것이다.

　나라가 온통 시끄러운 이 초겨울, 드골을 읽으면서 나는 문득 우리의 전직 대통령들을 생각한다. 왜 우리의 대통령들은 하나같이 서울에 살고 있을까. 집권했을 때도 국민의 뜻에 순응했던 기억이 별반 없는 분들이 퇴임 후에도 악착스레 서울에 남아 있는 이유는 무엇일까. 그들이 합천과 대구에서 거제도와 하의도에서 주민들과 함께 어울리면서 유유자적할 순 없을까. 그러다 보니 '고관대작'을 거친 우리의 어른들이 다 마찬가지다. 그들은 무엇 때문에 서울에 이리도 집착하는 것인가.

　조선 시대에는 관직에서 물러나면 낙향하여 후학들을 가르치는 것이 당연지사였다. 수도권 과밀이 나라의 짐이 되고 국가 균형 발전 때문에 수도 이전까지 논란이 되는 판인데 왜 최고의 영예를 누렸던 우리의 대통령 어느 누구도 그런 선조들의 미덕을 따르지 못하는 것일까. 정치 일선에서는 지역 감정에 편승하여 온갖 단물을 다 빨아 먹고서, 막상 물러나서는 고향은 가서 살 만한 곳이 못되는 것일까.

　얼마인가 노무현 대통령이 링컨보다 드골식 정치에 강한 흥미를 보인다는 기사를 본 적이 있다. 노 대통령이 3년 뒤 퇴임하면 고향인 김해에서 변호사 사무실을 열어 가난하고 소외된 우리의 이웃을 돌보는 모습을 기대하는 것은 나의 허망한 꿈에 불과할까.

〈국민일보 2004. 12. 13.〉

# APEC 의장국이 갖는 무게

최종무
APEC 정상 회의 준비기획실장

지난 11월 칠레 산티아고에서 개최된 아시아·태평양 경제 협력체(APEC; Asia-Pacific Economic Cooperation) 정상 회의가 폐막됨으로써 2004년 APEC 행사 일정은 마무리되고, 12월 8일 경주에서 개최된 제19차 APEC 재무장관 실무 회의를 시작으로 우리나라가 APEC 의장국 역할을 본격적으로 하게 됐다.

APEC은 우리나라가 참여하고 있는 주요 지역 경제 협력체로서 1989년 호주에서 12개국 각료 회의로 출범하여 이제는 미·중·일·러 주변 4강을 비롯한 21개 아·태 연안국이 참여하는 최고위급 지역 협력체로 발전했다. APEC은 개방적 지역주의의 기치 아래 무역·투자 자유화 및 원활화, 경제 기술 협력은 물론 최근 반테러, 반부패, 보건 등 비경제 분야에 대해서도 협의를 가짐으로써 최고의 정책 공조의 장으로서 기능하고 있다.

2005 APEC 의장국인 우리나라는 1년간 정상 회의를 비롯한 20여 개의 각급 회의를 이끌어 나가며 실질적인 성과를 이뤄 내야 하는 막중한 책임을 지게 된다. 정부는 APEC 행사의 성공적 수행을 위해 국무총리를 위원장으로 하는 'APEC 정상 회의 준비위원회' 산하에 'APEC 정상 회의 준비기획단'을 설치하여 '하나의 공동체를 향한 도전과 변화'라는 주제 아래 2005 APEC의 청사진을 그려 나가고 있다.

내년에는 무역·투자 자유화 달성 일정을 설정한 1994년 '보고르 목표'에 대한 각국의 진전 상황을 중간 점검하여 새로운 로드 맵을 마련해야 한다. 또한, APEC의 비전을 재확인, 아·태 지역의 경제 공동체로 나아가는 이정표를 세우는 데에도 기여하고자 한다. 이를 위해서는 회원국들의 적극적 협력을 얻기 위한 다각적인 정치·외교적 노력이 뒤따라야겠다.

그러나 2005 APEC 개최를 단순한 외교적 행사로만 보아서는 안 된다. 우리는 이 기회를 APEC이 실질적인 지역 경제 협력체로 한층 더 발전시키는 데 직접적으로 기여함은 물론 이를 통해 대한민국 브랜드 가치 상승 및 국내 경제 사회 발전의 계기로 삼아야 한다. 특히, 정상 회의 개최지인 부산은 동북아 경제 중심의 중심축으로서, 더 나아가 환태평양의 물류·관광·문화 산업의 허브로서 발전할 수 있도록 APEC 행사를 최대한 활용해야 한다. 이 밖에도 서울 대구 대전 광주 제주 등 우리나라 곳곳에서 개최되는 APEC 관련 회의와 행사를 통해 국가 균형 발전의 기틀을 더욱 공고히 해야 한다. 또한, APEC 개최를 통해 저절로 다가온 국가 이미지 제고의 기회를 사회 각 분야에서 유기적으로 선용하여 대한민국 브랜드 가치 상승을 유도해야 한다.

'APEC 정상 회의 준비기획단'은 이러한 기회를 효과적으로 활용하기 위해 회의 운영에 대한 전반적인 사항을 체계적으로 준비해 나갈 것이다. 각국 정상 등 5천~6천 명의 외국인이 방한하게 되는 대규모 국제 회의에 걸맞게 회의 시설·숙박·수송 문제 등 모든 분야에 걸쳐 실제 수요자 중심으로 준비하고 있다. 특히, 우리나라 이미지 제고를 위해 전통과 현대가 어우러진 역동적인 한국 모습을 보여 줄 문화 행사와 정보·통신(IT) 강국으로서의 면모를 보여 줄 IT 전시회 등도 계획하고 있다.

  이번 2005 APEC 행사는 이를 준비하는 정부 기관이나 몇몇 단체만이 참여하여 해낼 수 있는 일이 아니다. APEC 의장국으로서의 책임을 성공적으로 수행하고 APEC 개최를 통한 긍정적 효과가 실질적으로 나타나기 위해서는 국민 모두가 힘을 응집해야 할 것이다. 의장국으로서의 지도력은 모든 국민이 APEC에 대한 깊은 이해와 지지를 바탕으로 적극적으로 호응하고 참여할 때 발휘될 수 있다.

  국민적 역량을 결집하고 한국의 멋을 세계에 알린 2002년 월드컵의 분위기를 살려 이제는 APEC의 의장국으로서 다시 한 번 우리 모두의 역량과 열기를 모아 성공적인 APEC 축제가 되도록 노력해야겠다. 〈문화일보 2004. 12. 15.〉

## 헌법 재판소의 무거운 짐

양 건
한양대 교수, 법학과

또 한 해가 저물어 간다. 2004년은 '헌법 재판소의 해'였다. 아홉 명 재판관의 힘이 그렇게 셀 줄이야 누가 알았겠는가. '(헌법) 재판이 세상을 좌지우지하는 세상'이 오는 것인가.

이런 현상은 한국만이 아니다. 세계 도처에서 사법부의 힘에 대한 논란이 일고 있다. 근래 외국에서 출간된 책들의 제목만 보더라도 이 점은 곧 드러난다. '사법 통치(Juristocracy)'라는 신조어가 자주 사용되는가 하면 '판사들의 지배'라는 비아냥거리는 표현도 보인다. '사법 제국주의'라는 극렬한 말도 흔히 쓰이고 있다.

사법의 힘이 세진 것은 특히 헌법 재판 제도 때문이다. 헌법 재판의 핵심은 법률의 위헌 여부를 심사하는 위헌 법률 심사제인데, 국민 대표자들이 만든 법률을 뒤엎을 수 있는 제도인 만큼 이 제도 자체가 예사 제도가 아니다. 위헌 법률 심사제가 처음 생긴 것은 19세기 초 미국에서다. 헌법에 규정이 없지만 대법원 스스로의 판례에 의해 시작됐다. 제1차 세계 대전 이후 오스트리아 등 몇 나라에서 헌법 재판소라는 별도의 기관을 만들었지만 제2차 세계 대전 중 폐지되고 말았다. 2차 대전 종전 당시 위헌 법률 심사제를 갖고 있던 나라는 세계에서 오직 세 나라(미국·노르웨이·아이슬란드)에 불과했다. 2차 대전 이후 독일·이탈리아 등 유럽의 여러 나라에 헌법 재판소가 설치되기 시작했고, 그 후 헌법 재판 제도가 세계적으로 번진 것은 1970년대부터다. 전 지구적 차원으로 민주화 물결이 퍼지면서 이와 더불어 곳곳에 헌법 재판소가 도입된 것이다. 오늘날 헌법 재판 제도를 갖고 있는 나라의 수는 80개 이상에 이른다.

  헌법 재판 제도가 세계적으로 확산돼 가면서 새로운 현상과 문제들이 생겨났다. 정치적 갈등이 사법부로 옮겨지는 '정치의 사법화' 현상이 나타났다. 이와 함께 '사법의 정치화'가 뒤따랐다. 의회의 입법에 대한 위헌 판결을 불사하는 '사법 적극주의'가 미국만이 아니라 다른 민주 국가들에도 퍼져 갔다. 그러자 논쟁이 벌어졌다. '헌법 재판의 적절한 정치적 역할은 무엇인가.' 한쪽에서는 이렇게 주장한다. 사법 적극주의는 의회의 권력을 사법부가 빼앗아 가는 것이며 근본적으로 반(反)민주적이다. 이런 견해의 대표자라 할 미국의 법률가 로버트 보크는 사법 적극주의를 가리켜 '판사들에 의한 쿠데타'라는 극언까지 서슴지 않는다(그는 레이건 대통령에 의해 대법관으로 지명됐지만 너무 보수적이라는 이유로 상원의 동의를 받지 못했다).

  반면 적극주의 옹호론자들은 적극주의가 결코 민주주의를 해치는 것이 아니라 도리어 증진시킨다고 반박한다. 의회는 파당적 이해관계에 따라 좌우되는 경우가 많으며 특히 소수자 보호라는 관점에서

의회에 대한 사법적 통제가 반드시 필요하다는 것이다. 이 논쟁은 헌법 재판 제도가 지속되는 한 끊이지 않을 것이다. 다만 분명한 것은 사법 적극주의는 오늘날 세계적 흐름이며 그 밑바탕에는 개인의 권리 의식 팽창과 의회 권력에 대한 불신이 깔려 있다는 점이다.

다른 여러 나라처럼 우리의 헌법 재판소 역시 민주화의 부산물로 태어났다. 그간의 적극주의적 결정들로 인해 이미 외국의 전문가들은 한국의 헌법 재판을 성공 사례의 하나로 꼽아 왔던 터이다. 거기에 더해 얼마 전의 수도 이전 위헌 결정으로 한국의 사법 적극주의는 새로운 차원에 들어서게 됐다. 집권 세력의 핵심적 이해관계 영역에서까지 위헌 결정을 마다하지 않기에 이른 것이다. 이 결정이 내려진 후 이런저런 반발이 뒤따르고 얼마 간의 긴장감도 흘렀지만 그만한 정도로 마무리되어 가는 것은 큰 다행이 아닐 수 없다. 결정에 대한 찬반을 떠나 한국의 법치주의가 한 단계 올라섰다고 자평해도 좋지 않은가.

정작 문제는 지금부터일 것이다. 앞으로의 헌법 재판소 결정에서 그 정당성을 뒷받침할 논증의 부담이 더 무거워졌다는 말이다. 헌법 판단에는 불명확한 영역이 넓게 남아 있고 궁극적으로는 가치의 선택이 관건임을 모든 국민이 알게 됐다. 재판관들은 그들이 선택하는 가치가 그들 자신의 주관적 가치가 아니라 헌법 속에 있는 국민적 가치임을 설득할 수 있어야 한다. 2004년은 헌법 재판소가 더 무거운 짐을 지게 된 해이기도 하다. 〈중앙일보 2004. 12. 22.〉

경 제

# 농업 '미래 전략'이 없다

박태호
서울대 교수, 국제대학원

한·칠레 자유 무역 협정(FTA)의 국회 비준 동의안 처리가 또다시 무산됐다. 농촌 지역 출신 국회의원들이 다가오는 총선을 의식해 안건 처리 자체를 못하게 막아 버린 것이다. 이들에게는 단지 총선만이 관심사고 우리의 수출과 대외 신뢰도는 안중에도 없는 듯하다. 각 당의 지도부도 어정쩡한 태도로 일관하고 있어 국민을 더욱 실망시키고 있다.

우리의 이 상황에 대해 칠레 측이 심각한 우려를 표명하고 있고, 대한(對韓) 감정도 나빠지고 있다고 하니 우리나라가 과연 세계 12대 무역국인지를 의심케 된다.

그러나 이번 한·칠레 FTA 문제가 단지 총선이라는 정치적인 상황 때문에 생긴 것이라고는 보기 어렵다. 대통령이 직접 나서서 농민 단체와 대화하고 국회를 방문해 설득했음에도 불구하고 이러한 결과가 나왔다는 점에 우리는 주목해야 한다.

우리 농민은 쌀 시장 개방을 초래한 우루과이라운드(UR) 협정을 받아들인 바 있다. 한·칠레 FTA는 포도 사과 배 등 칠레의 주요 수출 농산품을 예외로 하고 있어 우리 농업에 그리 큰 영향을 미치지 않을 것이라는 것이 전문가들의 의견이다. 그런데도 우리 농민들이 한·칠레 FTA에 대해 일관되게 반대하는 근본적인 이유는 무엇인가.

그 가장 핵심적인 이유는 우리 농업의 미래가 보이지 않는다는 데 있다. UR를 수용하면서 정부는 농촌과 농업에 막대한 지원을 했지만 그 결과는 어떠한가. 수십조 원의 정부 지원금이 결국 농가의 추가적인 빚으로 돌아왔다는 것을 농민은 잘 알고 있다. 이런 경험을 한 농민이 이번 한·칠레 FTA에 따른 지원 특별법 등의 대책을 어떻게 다시 믿을 수 있겠는가. 농민은 한·칠레 FTA 자체를 반대하기보다 정부 지원 대책의 실효성에 근본적인 의문을 제기하고 있는 것이다. 지원금 규모도 문제지만 지원 대책의 내용이 UR 때와 같이 졸속으로 이뤄졌다는 것이 더 큰 문제다.

현재 정부의 방식으로는 아무리 새로운 대책을 내놓는다 해도 농촌과 농업이 더 나아질 게 별로 없다. 그 이유는 정부의 대책에는 우리 농업이 나아가야 할 장기 비전과 전략에 대한 심도 있는 연구 결과가 들어 있지 않기 때문이다.

우리나라는 반도체 조선 철강 자동차 전자 등의 부문에서 세계 일류의 경쟁력을 갖추고 있다. 이런 성과는 이들 분야에 많은 투자가 이뤄지고 동시에 수많은 학자와 전문가들이 이 분야에서 집중적으로 연구·기술 개발을 했기에 가능했다.

하지만 농업은 그렇지 못하다. 농업 지원 대책은 대부분 '선심용'

에 그치고 기초 연구·기술 개발이 이뤄지지 않고 있다. 이런 환경에서 우리 농업의 미래를 기대하는 것은 무리다. 저리의 자금을 융자해 주는 것도 중요하지만 농업의 미래를 연구하고 첨단 농업 기술을 개발하는 것이 더 중요하다. 이를 위해 세계적 수준의 학자와 전문가들이 농업 연구에 참여할 수 있는 환경을 조성해야 한다. 반도체 산업을 이끌어 가는 고급 인력과 같은 수준의 연구·기술 개발 인력이 우리 농업 분야에도 투입돼야 한다.

시간이 많이 걸릴 수도 있다. 그러나 이러한 근본적인 대책을 세우는 것이야말로 정부 지원이 결국은 농가 빚으로 귀결되는 악순환의 고리를 끊고 농업을 살리는 길이 될 것이다. 예를 들어, 우리 농업이 나아가야 할 장기 비전과 전략을 수립하는 '국가 농업 연구소'를 설립하는 방안을 검토해 볼 수 있을 것이다. 이 연구소에는 필요하다면 외국의 학자와 전문가들도 참여시켜야 할 것이다.

한·칠레 FTA의 국회 비준 동의안은 국회에서 조속히 처리돼야 한다. 하지만 그 과정에는 의원들과 정부 관계자, 그리고 전문가들이 국가적 차원에서 우리 농업의 미래 전략을 진지하게 고민하고 토론하는 작업이 반드시 포함돼야 한다. 〈동아일보 2004. 01. 10.〉

# 감정적 소비자, 과학적 소비자


이무하

서울대 교수, 농생명공학부

우리가 사는 매일의 생활이 과학과 연관돼 있다. 인간이 숨쉬고 먹고 자고 활동하는 것을 이해하려면 과학적 지식이 필요하고, 그러한 것들을 이해할 때 우리의 삶은 좀 더 안전하고 풍요로워질 것이다. 그러나 우리나라 사람은 서양 사람에 비해 감정적이다 보니 오히려 비이성적이고 비과학적이라는 느낌을 갖게 된다.

그래서 세계화 시대에 세계를 돌아다니며 선진국 사람에게 세련되지 못한 국민으로 인식되고, 국제적 협상에서도 과학적인 자료를 근거로 접근하기보다 감정에 호소하는 태도로 임하여 일을 그르치는 경우가 비일비재했다.

이러한 감정적인 국민 특성이 잘 반영되는 분야가 아마 식품일 것이다. TV 프로그램에서 무엇이 몸에 좋다고 하면 그날 시장에서 그 품목은 품귀되고, 뉴스에서 어떤 상품에 몸에 해로운 것을 넣었다고 하면 다음 날부터 전혀 팔리지 않는 현상. 구제역이라고 하면 돼지고기 소비를 멈추고, 조류독감이라고 하면 닭고기를, 광우병이라고 하면 쇠고기를 먹지 않는 것은 우리 국민의 특성에 비춰 보면 어쩌면 당연한 일일 것이다.

이처럼 감정적인 국민을 이끌어 나가는 정부의 어려움도 클 것이다. 하지만 가축 질병 문제만 터지면 시식 행사가 단골 메뉴로 등장하는 것을 보면 '일어나는 사고의 종류는 후진적이고, 대처하고 조치하는 수준은 야만적'이라는 한 시민 단체의 표현도 과장만은 아니라는 생각이 든다.

서양에서는 국가적으로 생물 안전 혹은 식품 테러 등을 염려하여 국가 생물 안전(Biosecurity) 시스템을 가동한 지 오래되었음에도 불구하고 우리는 여전히 국내 가축 방역에서조차 허덕이고 있다. 과학자가 육류를 열처리하면 돼지의 구제역, 닭이나 오리의 조류독감은 인체에 전혀 문제가 되지 않는다 해도 믿지 못하는 국민의 과학 수준은 눈으로 볼 수 없는 것에 대해서는 유언비어와 감정으로만 이해하는 후진국 수준이다. 눈에 보이지 않는 바이러스나 세균 같은 미생물에 관련된 안전 문제는 과학자들의 전문적인 견해를 믿어 주는 성숙된 과학적인 환경 조성이 필요한 것이다.

이를 위해서는 선진국처럼 과학을 숭상하는 풍토를 조성해야 한다. 선진국의 과학자들은 국민의 신뢰와 존경을 받고 경제적으로도 어려움을 겪지 않는다. 이런 풍토가 조성돼야만 국민의 과학 기술에 대한 관심이 높아지고 과학 수준도 높아져 정부가 국가적 문제를 해결하는 데에 국민을 설득하기가 훨씬 수월해질 것이다.

영국 정부가 광우병이 인간에게도 전염 가능하다고 국민에게 발표한 후에 영국에서도 우리나라와 비슷한 현상이 일어났다. 쇠고기 소비가 거의 중단되다시피 하고 낙농 육우 산업은 초토화돼 국가적인 경제 손실이 천문학적이었다.

하지만 이후 과학적이고 투명한 사후 조치가 이뤄짐에 따라 이제 유럽 지역에서의 쇠고기 소비는 광우병 발생 이전 수준으로 거의 회복돼 가고 있다. 이것은 정부가 국민에게 제공한 투명한 과학적 사실을 받아들일 수 있을 정도로 국민의 과학 수준이 높아 정부가 국민의 신뢰를 획득할 수 있는 기틀이 마련돼 있었기 때문이라 생각된다.

한편으로는 견해를 밝히는 과학자들의 높은 윤리 도덕관도 요구된다. "한 마리의 감염우만이 발견된 미국산 쇠고기를 소비하더라도 광우병에 감염될 가능성은 극히 희박하다"고 한 미국 교수가 AP통신에 밝혔다. 또 다른 미국 과학자는 "광우병 감염소의 원산지는 캐나다"라며 자국을 옹호하고 나섰다. 국익에 따라 움직이는 이런 과학자의 주장을 반영하듯 세간에서는 "광우병에 걸릴 확률은 로또에 당첨될 확률보다 낮다"든가 "벼락 맞아 죽을 확률보다 낮다"는 얘기도 떠돈다.

하지만 국민의 목숨이 걸린 일이다. 아무리 희박해도 감염 가능성이 있다면 그것을 정확하게 발표하는 것이 과학자의 역할이다. 이 미국 과학자들이 소비자의 안전을 강조하는 선진국형 과학자로 생각되지 않는 것은 필자가 감정적인 한국인이기 때문은 아닐 것이다.

〈중앙일보 2004. 01. 29.〉

## 기업 공동화(空洞化) 가속

안종범
성균관대 교수, 경제학부

우리나라 산업 공동화가 기업 공동화로 이어지고 있다.

국내 설비 투자는 4분기 연속 감소하고 있는 반면, 기업의 해외 이전은 점차 확대되고 있다. 2003년 1월부터 11월까지 중국에 대한 투자액은 40억 5천만 달러로 2002년에 비해 48.9%나 증가하고 있다.

특히 2003년 9월 실시된 중소기업 협동조합 중앙회의 조사에 따르면 조사 대상 기업 중 37.9%가 이미 해외로 생산 시설을 이전했거나 이전을 계획하고 있을 정도이다. 또한 최근에는 생산 시설뿐만 아니라 연구 개발(R&D) 기능 등 기술 집약적인 부문으로까지 해외 이전이 확대되고 있다. 한마디로 기업 전체가 해외로 옮겨 가는 현상이 벌어지고 있는 것이다.

이런 추세라면 국내에 남아 있을 제조업이 조만간 얼마 안 될지도 모를 일이다.

정부는 그동안 산업 공동화에 대해 여러 가지 대책을 내놓았다. 그런데 그 대책이라는 것들이 주로 산업 구조를 굴뚝 산업에서 서비스업 중심으로 개편하겠다는 것이었다. 2002년 말 현재 국내 총생산(GDP) 대비 서비스업의 비중은 55%로, 미국의 74.4%, 일본의 66.8%에 비해 크게 낮은 수준이다. 그리고 소비, 향락 등 비생산적 서비스업의 비중은 선진국에 비해 높은 반면 컨설팅, 유통 물류 등 생산적 서비스업의 비중은 선진국에 비해 낮은 수준에 머물러 있다.

이런 상황에서 제조업을 그만두고 서비스업만 하자는 것은 문제가 있다. 컨설팅과 유통, 물류 등 생산적 서비스업은 제조업과 밀접하게 연관되어 있기 때문에, 서비스업의 생산성을 높이기 위해서는 제조업 역시 성장하여야 한다.

다시 말해 제조업의 성장을 통해 서비스업에 대한 수요를 증대시키고, 서비스업의 질을 향상시킴으로써 제조업을 발전시키는 선순환 구조가 형성되도록 해야만 한다.

정부가 지난해 내놓은 '10대 성장 동력 산업 선정'과 '산업 구조 조정 특별법 제정'도 또한 문제가 있다.

첫 번째 문제는 이 같은 정부 정책이 시대 흐름에 역행하고 있다는 점이다. 정부가 핵심 산업을 선정해서 이를 집중적으로 지원하는 방식은 과거 개발 독재 시대에나 유용했던 정책이다.

지금은 기업들이 스스로 경쟁력 있는 분야를 선정하여 집중적으로 투자하도록 하는 것이 바람직하며, 정부는 그렇게 될 수 있도록 여건을 마련해 주는 역할을 담당하는 데 머물러야 한다.

두 번째 문제는 경제 현실을 제대로 읽지 못하고 있다는 점이다. 정부는 산업 구조 조정 특별법이 만들어지면 저절로 국내 투자가 활성화될 것이라고 생각하는 것 같다. 하지만, 이 같은 법안이 없어서 투자가 활성화되지 않은 것이 아니라 그동안 기업을 할 수 있는 여건이 되지 않았다는 것이 문제의 핵심이다.

기업이 투자를 꺼리는 것은 미래에 대한 확실한 예측을 하기 어렵기 때문이다. 이런 불확실성은 정부 정책이 일관성이 없고 믿을 수 없기 때문에 생겨난 것이다.

참여 정부 출범 후 지난 1년간을 살펴보면 금리 인하, 법인세 인하, 출자 총액 제한 제도 완화, 접대비 사용 한도 등 각종 경제 정책의 기조가 급변하거나 후퇴 또는 번복되는 사례가 빈번하였다.

더구나 총선을 앞둔 현시점에서는 경제가 정치에 묻혀 버려 불확실성이 어느 때보다 고조되어 있다. 결국 떠나는 기업을 잡기는커녕 더 빠르게 해외로 내몰고 있는 상황이다.

기업이 기업하기 좋은 곳을 찾아 떠나는 것은 당연한 일이다. 따라서 최선의 산업 공동화 대책은 우리나라를 기업하기 좋은 나라로 만드는 것이다. 이를 위해 경제에 짙게 깔린 불확실성부터 제거해야 한다.

지금 국민들은 정부와 여당이 정치보다 경제에 '올인'하길 간절히 바라고 있다. 경제를 못 살리면 총선에서 이긴들 무슨 소용이겠는가. 아무도 박수를 치지 않는데 말이다. 〈세계일보 2004. 02. 25.〉

# 미래 예측 가능한 에너지 정책 필요

황주호

경희대 교수, 원자력공학과

최근 영광 원전 5호기에서 발생한 방사능 누출 사고로 원자력 발전소 안전 관리에 대한 문제가 다시 불거지고 있다. 다행히 조사 결과 환경에 미치는 영향은 거의 없는 것으로 판정되었으나 주민들의 피해에 대한 우려는 쉽게 가시지 않고 있다. 이러한 문제가 발생할 때 정확한 원인 규명과 향후 대책 수립을 위해서는 차분한 문제 제기, 전문가들의 판단, 이해 당사자 간의 대화가 필요하다. 그러나 일부 주민과 환경 단체에서는 문제의 본질을 보려 하기보다는 평소 자신들이 주장해 온 반핵 주장을 강화하는 기회로 삼는 것 같다.

"핵 문제는 경제적 비용도 비용이지만 가족·지역 공동체와 개인의 삶마저 파괴하는 공해"라는 환경 단체의 주장을 보자. 원자력 발전은 현재 가장 경제적인 발전원이다. 경제적 선진국인 미국, 일본, 프랑스는 100여 기에서 60기에 이르는 원자력 발전소를 운영하고 있고, 제4세대 원전을 개발하기 위한 계획을 추진 중이다.

환경 단체가 자주 거론하는 독일만 해도 19기의 원자력 발전소에서 3분의 1에 해당하는 전력을 생산하고 있다. 미국은 지난 10여 년간 원자력 발전소의 출력 증강과 수명 연장 인허가를 통해 30여 기의 원자력 발전소를 새로 건설하는 효과를 얻었다. 또한 2010년에 신규 원전을 운전하겠다는 계획을 추진 중이다. 프랑스와 영국은 유럽형 원자로를 개발하여 신규 원전으로 도입할 계획이다. 경쟁력과 경제적 타당성이 없다면 신규 원전 도입을 꿈도 꾸지 않을 선진국들이 새로운 원전 개발 계획을 추진하고 있다는 것은 무엇을 말하는가 깊이 생각해 볼 일이다.

원자력이 가족과 지역 공동체 그리고 개인의 삶을 파괴하는 공해라는 주장에 이르면 과연 원자력을 이용하는 선진국에서도 같은 주장이 통할 것인가 생각하게 된다. 부안과 이전의 여러 지역에서 방사성 폐기물 처분장 부지를 확보하고자 전문가들이 주민들을 상대로 설명회를 가지려 해도, 이미 잘못된 지식을 감성적으로 흡수한 주민들은 '핵은 죽음'이라는 결사반대의 자세를 가지기 일쑤였다. 허리 꼬부라진 할머니가 두세 살배기 어린 손자를 시위에 데리고 나와 머리띠를 두르고 앉아 시위대를 따라 목청 높이 '핵 반대'를 외치는 모습은 이성적으로는 이해할 수 없는 것이다.

에너지의 문제는 추상적으로 말하는 국가 안보의 문제가 아니다. 에너지를 제대로 공급받지 못하면 가족, 지역, 국가와 개인이 삶을 영위할 수 없다. 우리의 1980~1990년대 경제 성장은 에너지의 안정적 공급이 없었다면 상상할 수 없는 일이다. 하루에 1억 달러씩 해외에서 에너지를 수입해야 하는 나라에서 우리 기술로 에너지를 공급

할 수 있는 원자력을 포기하자는 것은 조금 살게 되었다고 과거 우리의 어려웠던 시절을 쉽게 잊는 것이고, 앞으로는 1970년대의 에너지 쇼크와 같은 일이 없을 것이라고 단정하는 것과 같은 것이다.

일부에서는 "에너지 정책은 미래를 예측하는 능력이 가장 중요하다. 당장 필요하다는 이유만으로 원전 정책을 고집하다가는 국제 사회 경쟁에서 밀리게 된다"고 주장한다. 우리가 과연 당장 필요하다는 이유만으로 원전 정책을 고집하는 것일까? 우리나라를 둘러싼 일본과 중국의 경제 성장 경쟁은 이미 우리 에너지 수급의 앞날을 어둡게 하고 있다. 중국은 경제 성장을 지속하기 위해 우리나라 전체 발전 용량의 3분의 2에 해당하는 발전소를 매년 지어야 한다. 중국이 수출하던 유연탄은 수출 규제에 들어가 우리가 필요한 양을 확보하기 어려울 전망이다. 사할린 유전과 이란에서의 원유 개발권을 둘러싼 일본과 중국의 경쟁은 우리를 바짝 긴장시키고 있다. 신 재생 에너지 개발, 에너지 수요 관리 등 나라의 에너지 안보를 위해 해야 할 일을 생각하고 현명한 판단을 가져야 할 때이다.

〈서울신문 2004. 03. 26.〉

# 내수 불 지펴 경제 살리자


조하현

연세대 교수, 경제학과

　지난 3월 수출액이 월간 기준 사상 처음으로 200억 달러를 돌파했으며, 무역 수지 흑자는 지난 한 달에만 23억 9천만 달러에 이른 것으로 나타났다.

　그런데 이와 같은 수출 실적의 호조에도 불구하고 왜 경제 성장률은 여전히 정체되어 있는가.

　지난해를 보더라도 수출 실적은 전년도에 비해 19.3%로 급증하였으나 경제 성장은 고작 3.1%대에 머물렀다. 이와 같은 사실을 고려해 볼 때 무역 수지 흑자만을 염두에 두고 경제 성장 가능성을 점치기에는 미흡한 감이 있다.

　이렇게 무역 수지 호조 행진 속에서 우리의 궁극적 목표인 경제 성장이 정체되고 있는 원인은 경제 성장 원동력의 한 축인 '내수(內需)'의 부진에 있다.

한 나라의 경제는 지출 측면에서 본다면 '내수'와 '무역 수지'라는 두 부분으로 구성된다. 내수는 일국의 소비와 투자 및 정부 지출의 총합이며, 무역 수지는 수출과 수입의 차이다.

일국의 경제를 수레에 비유한다면 내수와 무역 수지는 수레의 두 바퀴에 해당된다고 할 수 있다. 경제가 안정성을 바탕에 두면서 발전을 거듭해 나가기 위해서는 내수와 무역 수지 두 부분의 적절한 균형이 요구된다.

그러나 현재 한국 경제는 내수의 부진 속에서 '무역 수지 흑자'라는 한 바퀴에 의해서만 굴러 가고 있는 상황이다.

이것이 왜 문제가 되는가. 그 이유는 국제 정세에 따른 '외수(外需)' 부분의 변동 위험 때문이다. 최근 석유 수출국 기구(OPEC)가 원유 감산 조치를 내림에 따라 국제 원유 가격이 앙등하고, 철강 등 원자재 가격이 급등하는 등의 외부적인 충격이 있었다.

하지만 우리에게는 실제로 이와 같은 부정적인 요인에 대한 체계적 완충 장치가 거의 없는 실정이다.

환율 또한 무역 수지에 막대한 영향을 끼친다. 최근에 보듯이 환율 하락으로 달러가 약세가 되고 원화가 강세가 되면 수출이 줄어야 함에도 불구하고, 현재 수출에 차질이 없는 이유는 엔화 강세의 폭이 상대적으로 더 크기 때문이다.

그러나 이러한 행운이 언제까지나 지속될 수는 없다. 따라서 환율이 변동함에 따라 원화가 강세가 됨으로써 향후 수출에 불리하게 작용할 수 있음을 직시해야 한다.

따라서 이제는 내수의 촉진을 가장 우선적인 해결 과제로 삼아야 한다.

그렇다면 어떻게 내수를 촉진시킬 것인가? 내수를 구성하는 여러 부문 중 우리가 관심을 두어야 할 것은 '투자' 부문이다. 올해 대기업들은 지난해에 비해 17%가 늘어난 45조 원의 투자를 계획하고는 있다. 그렇지만 대기업들은 지난 1/4분기까지 7조 4천억 원(16%)밖에 투자하지 않았다.

이렇게 대기업들이 투자를 꺼리고 있는 것은 출자 총액 규제와 증권 집단 소송제를 비롯한 정부의 극심한 규제와 강성 노조의 영향 때문으로 분석된다.

그렇다면 내수의 활성화를 위해서 정부가 해야 할 일은 기업이 투자를 할 수 있는 제반 여건과 분위기를 조성해 주는 것이어야 한다. 미래 주력 산업 혹은 차세대 주요 산업을 선정하여 각종 인센티브를 부여하는 것, 기업가를 존중하는 사회 분위기를 조성하는 것 등은 구체적 실행책이 될 수 있을 것이다. 또 경제의 양극화 현상을 종결시키고 균형 있는 발전을 모색할 때 지속적인 경제 성장이 가능하리라 본다.

지난 4·15총선 결과 국민들의 현명한 선택으로 여당과 야당이 균형을 이루게 됨으로써 정부의 정책 수행 능력이 한층 향상될 것으로 기대하고 있다.

그러나 신용 불량자, 청년 실업 등 내수 침체는 심각한 상황에 이르렀으며 이것이 경제 성장의 발목을 잡고 있다. 정부는 지금 국민의 가장 큰 관심사가 '경제 문제'라는 점을 명심하고, 경제적 화두인 '내수 촉진'을 하루빨리 현명하게 풀어 나가야 할 것이다.

〈세계일보 2004. 04. 18.〉

# 세계는 급변하는데

사공일

세계경제연구원 이사장

며칠 전 폴란드의 수도 바르샤바에서 개최되었던 어느 국제 회의에 참석하며 세계의 빠른 변화를 다시 한 번 실감했다. 폴란드는 러시아와 독일 등 강대국들에 둘러싸인 불리한 지정학적 여건을 갖고 있어, 잦은 외부 침입뿐 아니라 수차에 걸친 국가 분할과 국가 소멸까지도 겪어야 했던 쓰라린 역사를 가진 나라이다.

또한 제2차 세계 대전 이후 구소련 지배 하에 있던 폴란드는 바르샤바 조약군의 본부가 위치한 구소련 중심의 공산주의 보루 역할을 강요당하기도 했다. 우리에게 폴란드는 지정학적 동병상련(同病相憐)의 나라임에 분명하다.

이러한 폴란드가 1999년에는 역사상 처음으로 외침으로부터 국가 안보를 제도적으로 보장받을 수 있는 북대서양 조약 기구(NATO)의 가맹국이 되었다. 게다가 지난 5월 1일에는 25개국으로 확대된 유럽 연합(EU)의 일원이 됨으로써 장기적인 국가 경제 발전의 큰 기틀도 마련했다. 불과 10여 년 전까지만 하더라도 상상조차 할 수 없었던 상전벽해(桑田碧海)의 지구촌 대변화의 일면이다.

이러한 대변화는 우리 주변에서도 일어나고 있다. 13억 인구의 중국이 특유의 실용주의적 국가 경제 발전 전략으로 무서운 속도로 성장·발전하고 있음을 우리는 잘 알고 있다. 이러한 성공적 경제 발전의 자신감을 바탕으로 중국은 동남아시아 국가 연합(ASEAN)과의 자유 무역 협정(FTA) 체결 등을 통해 우선 동아시아 지역 내에서 경제적 최강국 지위를 굳히려 하고 있다.

다른 한편에서는 1인당 국민 소득 4만 달러를 내다보는 나라의 '장기 고도 성장 피로증'으로 '잃어버린 10년'의 고통을 겪어 왔던 일본 경제도 최근 들어 서서히 되살아나고 있다. 그리고 일본 또한 동아시아 지역 내에서의 중국 위상 강화에 뒤질세라 우리나라를 위시하여 ASEAN과 개별 ASEAN 국가들과의 FTA 체결 등에 열을 올리고 있다. 또한 현재 세계 제2의 경제 대국으로서 막강한 경제적 저력을 가진 일본은 미국과의 관계 강화 등 적극적인 국제 외교를 통해 국제 사회에서 군사력을 지닌 '정상 국가'로서의 강한 국가 위상을 굳혀 나가기 위한 기반 마련에 힘을 기울이고 있다.

우리는 숙명적으로 불리한 지정학적 여건 속에 놓여 있는 중간 규모의 나라로서, 주변 강대국을 위시한 바깥세상 변화에 대한 정확한 이해를 바탕으로 발 빠른 대외 지향적(對外志向的) 대응책을 펼쳐 나가야만 한다.

그럼에도 불구하고 오늘날 우리는 바깥세상 변화에 대한 무관심과 무지(無知)가 빚어낸 대내 지향적(對內志向的)이고 자기중심적인 사고에 젖어 있는 것이 아닌지 우리 모두 반성해 보아야 한다. 그렇지 않다면, 예를 들어 무역 의존도가 80%에 이르는 나라가 첫 FTA 체결을 위해 쉬운 상대로 채택한 남미의 칠레와의 FTA 체결에 그 많은 국력과 시간을 낭비했겠는가. 또한 중국과 일본 사이에서 동북아 경제 중심이 되겠다는 바람직한 목표 달성을 위해 필수 불가결한 외국인 직접 투자가 지난 4년간 줄곧 줄어들고 있는데도 불구하고 노사 관계 개선 등 근본 대책 마련이 미흡한 것은 어떻게 설명할 수 있을 것인가.

과거의 뼈저린 역사를 되풀이하지 않기 위해 정부와 정치권은 물론이거니와 우리 국민 모두가 대외 지향적 진취적 사고를 갖고 바깥 세상을 내다보며 우리 살길을 마련하는 데 힘을 모아야 한다.

〈중앙일보 2004. 05. 18.〉

## 기업인들과의 대화

송 복
연세대 명예교수, 사회학과

우리 경제계·기업계를 대표하는 회장 몇 분과 예기치 않게 대화를 나누게 됐다. 이분들의 말을 가감 없이 적어 본다.

"지금 우리 경제는 이구동성으로 어렵다고 말하고 심하게는 위기가 심각하다고만 말한다. 이는 약과다. 연말이 되면 '회복 불능'이라는 소리가 쏟아져 나올 것이다. 단순히 각종 경제 지표를 두고 하는 말이 아니다. 더구나 현장에서 느끼는 체감 경기가 사상 최악이라는 데서 그러는 것도 아니다. 산전수전 다 겪어 온 우리가 언제 산이 높다고 좌절하고 물이 깊다고 포기했느냐. 그러나 지금은 정말 앞이 보이지 않는다. 너무 불확실하다."

"그 불확실성은 정부, 노조의 탓에 기업 자체의 탓도 있다. 우리처럼 권력이 무소부지한 나라에선 대통령 마인드에 따라 기업 환경이 달라진다. 노무현 대통령은 역대 대통령 중 드물게 경제 마인드가 없는 대통령이다. 오직 정치 마인드만 있다. 경제를 경제 하듯 하려는 것이 아니라 정치 하듯 하려 한다. 작년 세계 경제 평균 성장률이 3.2%인데 우리는 그것에도 못 미친 3% 이하다. 그럼에도 기업인들이 의도적으로 위기를 조성하고 유포시킨다고 힐책한다."

"대통령 측근도 모두 같은 소리를 낸다. 정치 마인드로 경제를 보기 때문에 부르짖는 개혁도 경제 살리기와는 거리가 한참 멀다. 그런 개혁이 성공한 예도 없거니와 더 나쁜 것은 그 목소리만큼 불확실성이 더없이 높아 간다는 것이다. 도대체 나라를 어디로 끌고 가려 하느냐이다. 그런 불확실성 상황에선 대통령이 기업인과 아무리 대화를 나눠도 기업인들은 속마음을 털어놓지 않는다. 그것이 기업인의 생리다."

"우리 노동 시장의 경직성은 스위스 국제경쟁연구원(IMD)의 최근 보고서에서처럼 세계 최고다. 노사 경쟁력은 60개 나라 중 60등이다. 기업은 수익이 계속 떨어지는데 고용은 조정할 수 없고, 반대로 실질 임금은 계속 올려야 한다. 고비용 저효율 구조가 우리 기업처럼 굳어져 버린 나라가 또 있을까. 어느 외국 기업이 이 구조에 뛰어들어 돈을 대려 할 것인가."

"기업의 사활은 투자에 있다. 예전에는 돈이 없어 투자를 못했지만 지금은 돈을 충분히 갖고도 국내에는 투자하려 하지 않는다. 투자 수요가 줄어드는 것만큼 성장률도 떨어진다. 대신 생산 기지를 다른 나라로 옮겨 그 나라의 성장률도 올려 주고 일자리도 늘려 준다. 더 무서운 것은 그 나라에 가서 우리 기업이 만든 제품을 그 나라 시장에 팔지 않고, 거꾸로 우리 시장으로 들여와 국내 경쟁 업체들의 문을 닫게 하는 것이다."

"어느 기업 할 것 없이 기업 활동의 근간은 의사 결정 구조다. 최선의 의사 결정을 내리기 위해 그 기업 특유의 지배 구조를 갖는다. 삼성전자는 세계 최고의 기업인 GE와 경쟁한다. 그 지배 구조를 정부가 이런저런 기준을 만들어서 거기에 따라 바꾸라고 압력을 가한다. 서툰 신발장수 신 만들어 놓고 발 맞추라는 격이다. 맞지 않으면 발가락이라도 자르라는 것이 지금 우리 정부다. 출자 총액 제한 제도 그 한 예다. 외국 기업은 전차에 미사일을 싣고 와도 되고, 우리 기업은 차포도 붙이면 안 된다는 최고의 역차별이다."

"불쌍한 건 우리 국민이다. 정권은 경제 마인드가 없고 기업은 기업 마인드를 잃었다. 기업인들이야 돈도 있고 능력도 있는 것만큼 다른 나라에 가면 환영받는다. 문제는 이 긴 터널이 언제까지 이어질 것인가이다. 사실 기업인치고 탄핵을 지지하지 않은 사람이 있었을까. 헌재의 기각을 보고 국운을 생각했다. 김대중 정권 이래 이 정권에 와서 최고조에 달하는 아마추어리즘과 포퓰리즘의 팽배, 선무당이 사람 잡는다는 말이 이렇게 절절할 수가 없다."

〈조선일보 2004. 05. 24.〉

# 분양 원가 공개 논란, 시장 정상화 계기로

임덕호
한양대 교수, 경제학부

근자에 시민 단체를 중심으로 아파트 분양 원가 공개 요구가 급속히 확산되면서 주택의 수요자와 공급자 사이에 첨예한 대립 양상을 보이고 있다. 일부 시민 단체들은 주택 업체들이 공공 택지를 저렴한 가격으로 분양받아 주택 가격 안정에 기여하기보다는 폭리를 취하는 데 급급하고 있다고 비난한다.

실제로 최근 5년간 서울시의 아파트 평당 분양가는 2배 이상 상승한 반면, 근로자 월 평균 소득 증가율은 30%, 그리고 물가 상승률은 15%로 나타나 평당 분양가가 얼마나 큰 폭으로 상승했는가를 짐작케 한다.

분양 원가 공개 찬성론자들은 주택 건설 업체의 과도한 분양가 산정을 억제하고 폭리를 방지하기 위해서는 반드시 원가 공개가 이루어져야 한다고 주장한다. 이에 대해 반대론자들은 분양가는 분양 주택 시장의 수요와 공급을 반영하여 결정된 것이지 원가를 기초로 하여 결정된 것이 아니기 때문에 분양 원가 공개는 주택 가격 안정에 별다른 도움을 주지 못한다고 주장한다.

더 나아가 분양 원가를 공개하면 부동산 투기와 주택 공급 감소로 오히려 주택 가격이 상승하고 사회적 갈등을 초래하며 기업 경영의 자율성을 침해한다고 주장한다.

분양 원가 공개에 대한 찬성론과 반대론 모두 일면 타당성이 있는 것처럼 보이지만 대부분의 주장은 소비자나 공급자 어느 한쪽으로 편향되어 있거나 주택 시장의 특성을 간과하고 있는 것처럼 보인다. 따라서 이번 분양 원가 공개라는 사회적 이슈를 계기로 소모적인 논쟁보다는 우리가 안고 있는 비효율적인 주택 시장 구조를 하나씩 개선해 나가는 것이 우리 사회가 지향해야 할 성숙한 자세가 아닌가 생각한다.

현시점에서 우리가 개선해야 할 주택 시장의 최우선 과제는 시공사나 시행사에 부당하게 귀속되고 있는 공공 택지의 개발 이익 환수와 후분양제를 민간 부문까지 확대함으로써 분양 주택 시장을 공급자 중심의 시장에서 소비자 중심의 시장으로 전환하는 것이다.

현행 공공 택지 공급 체계에 따르면 토지는 시장 경제 원리를 무시한 채 강제적으로 수용하고, 공공 택지는 개발자의 이익을 보장하는 선에서 규제된 가격으로 공급되고 있으며, 아파트는 공급자에게 절대적으로 유리한 선분양제 하에서 시장 원리에 의해 공급되고 있다.

그 결과 주택 경기 과열기에는 주택 건설 업체가 '로또 복권식' 추첨에 의해 공공 택지를 저렴하게 분양받은 후 주변 시세를 반영하여 고가로 분양하거나 전매를 통해 폭리를 누리는 제도적 모순을 안고 있다. 따라서 공공 택지 공급 체계의 개선은 사업 단계별 자원 배분 방식을 일원화하는 데서 출발해야 할 것으로 생각한다.

그러나 현행 선분양제 하에서는 주택 경기 과열기에 택지 가격 상승분이 소비자에게 전가될 가능성이 크기 때문에, 공공 택지 공급 체계의 개선과 함께 후분양제를 민간 부문까지 확대하여 분양 주택 시장을 공급자 중심에서 소비자 중심의 시장으로 전환시킬 필요가 있다. 아울러 정부 또는 공기업에 귀속되는 공공 택지 개발 이익이 저소득층의 주거 환경 개선에 사용될 수 있도록 법적·제도적 장치를 마련해야 할 것으로 생각한다.

자본주의 시장 경제를 추구하는 국가에서 기업 활동의 자율권과 경영의 노하우를 보장하는 것도 소비자의 알 권리를 충족시키는 것 이상으로 중요하다. 그러나 이러한 주장은 시장이 공정한 룰에 의해 정상적으로 작동될 때만 논리적 지지를 받을 수 있다. 우리의 분양 주택 시장은 독과점 체제에 따른 시장의 실패가 나타나고 있기 때문에 정부와 공기업이 나서서 시장의 실패를 보완하는 데 앞장서야 할 의무가 있다.

그리고 분양 주택 시장의 폭리를 잠재울 수 있는 것은 왜곡된 주택 시장 구조를 바로잡는 정부의 노력뿐만 아니라 왜곡된 가격을 거부할 수 있는 소비자들의 합리적인 사고라고 생각한다. 더 나아가 소비자들 스스로 결정한 소비 행위에 대해서는 스스로 책임질 줄 아는 것이 자본주의의 기본 정신이라는 것도 인정할 필요가 있다.

〈서울신문 2004. 06. 07.〉

# 남북 경협 성공하려면

박영철
서울대 초빙교수, 국제대학원

　개성공단이 문을 열면서 남북한의 경제 교류·협력은 이제 본격적인 단계에 진입하고 있다. 그러나 남과 북이 군사적으로 대치하고 있는 상황에서 북한과의 교역이나 경협은 특정한 조건과 분명한 원칙에 따라 추진되어야만 결실을 볼 것이다.
　가장 중요한 조건은 북한이 핵무기 개발을 포기하는 것이다. 북핵 문제가 고착되어 있는 한 우리의 경협 노력은 국제 사회의 거부 반응으로부터 자유스럽지 못하다. 둘째로 남북의 경제 화해와 병행하여 북한은 군축 협상에 적극 참여할 용의를 보여야 한다. 군사적 긴장 완화와 신뢰 구축이 뒤따르지 않는 한 남북 경제 협력은 실효도 없으려니와 국내의 반발을 피할 수 없을 것이다. 셋째로 북한은 시장 경제의 도입과 개방을 위한 제도 개혁을 추진할 의지를 보여야 한다. 공산주의 경제 체제를 그대로 두고 경제 지원을 한다면 그것은 자원의 낭비로 끝날 것이기 때문이다.

이 세 조건이 어느 정도 충족될 수 있다면, 우리는 경제 교류 협력의 기본 틀을 마련하는 몇 가지 원칙을 제시하여 북한이 수용하도록 설득할 필요가 있다. 남북 경제 관계는 인도적 지원, 민간 차원의 무역 및 투자 거래, 그리고 정부가 주도하는 협력 등 세 유형으로 구분할 수 있으며, 각각은 다른 원칙 하에서 추진하는 것이 바람직하다. 즉 인도적 지원은 국제 관례를 따르고, 남북 무역·투자는 WTO의 규정과 국제 관행을 존중해야 한다. 한편 정부 차원의 경협은 우리의 기술과 개발 경험을 전수하는 데 초점을 두는 것이 최선이다. 그 이유는 재정적 지원 못지않게 투자 재원을 효율적으로 활용할 수 있는 체제와 제도를 정비하는 것이 북한의 급선무이며, 이와 관련하여 우리는 북한을 도울 수 있기 때문이다.

우리는 북한이 필요로 하는 막대한 투자 재원을 지원할 능력이 없다. 국제 사회도 북한의 경제 개발에 적극적으로 참여할 관심을 보이지 않고 있다. 그렇다면 북한은 한정된 자원을 가장 효율적인 투자로 연결할 수 있는 경제 운영과 기업 경영 능력을 배양하는 데 노력을 기울여야 할 것이다. 이러한 노력의 일환으로 북한은 금융·무역·외환 등의 시장 경제와 개방 경제의 제도 정착을 위한 개혁의 노하우와 모범 답안을 우리의 경험에서 찾아야 한다. 우리의 개발 경험이 가장 적절하고 현실적인 대안이 되기 때문이다.

북한이 13억 중국의 개발 전략을 모방하려 한다면 그것은 환상이며 북한은 중국도 우리의 개발 경험을 참고했다는 사실을 알아야 한다. EU의 참여를 목적으로 개혁을 추진하여 온 동유럽의 경험도 북한에는 별 도움이 되지 않는다. 북한이 하루빨리 농업 부문의 생산성을 높여 식량의 자급자족을 달성하고 산업화의 기반을 닦으려면 멀리 갈 것도 없이 우리의 1960년대 경험에서 그들의 전략을 찾아야 한다. 우리의 재정적인 지원에는 한계가 있으나 우리는 개발 경험이라는 무형 자산의 지원으로 그 한계를 극복할 수 있는 강점이 있다.

혹자는 주체사상에서 벗어날 수 없는 북한에 우리의 경험을 받아들이라고 요구하는 것은 오히려 그들의 자존심을 건드려 북한과의 경제 협력·교류를 저해할 수 있다고 주장한다. 그러나 밑 빠진 독에 물 붓기 식의 경협이 실패로 끝난다면 누가 책임을 질 것이며, 그 후 북한과의 경제 교류는 어떻게 복구할 것인가? 북한과의 경제 관계는 처음부터 분명한 원칙에 따라 절차와 방식과 규모가 결정되어야 한다. 그렇지 않고 상황의 변화에 따라, 혹은 단기적인 목적 달성을 위해 임기응변적으로 추진된다면 남북의 경제 협력은 한반도의 평화 정착에 기여하지 못하면서 오히려 저항감만 불러일으킬 것이다.

〈조선일보 2004. 06. 24.〉

# IT 인력 경쟁력 높여야


안대섭
정보통신연구진흥원 기금관리단장

 '유비쿼터스(Ubiquitous)'가 최근 정보 통신(IT) 기술의 화두로 등장한 이래 IT 기술은 더욱 빠르게 지능화·네트워크화하고 있으며, 정부는 최근 이러한 유비쿼터스 기술을 바탕으로 'U-코리아'를 건설하겠다는 야심찬 계획을 발표했다. 정보통신부가 추진 중인 U-코리아의 내용은 'IT839 전략'을 통해 국가 사회 시스템을 새롭게 구축하고 경제 발전에 기여하겠다는 것이다.

 IT839 전략은 IT산업의 가치 사슬에 따라 8대 신규 정보 통신 서비스를 도입·활성화하여 3대 유무선 통신, 방송, 인터넷 관련 인프라에 대한 투자를 유발하고, 이를 바탕으로 9개 첨단 기기와 단말기, 소프트웨어(SW), 콘텐츠 산업을 동반 성장시키는 방향으로 짜여 있다. 이러한 IT839 전략이 성공적으로 추진된다면 우리나라는 명실상부한 IT 선진국으로 진입할 것이며, 국민 소득 2만 달러 달성을 통해 국민은 보다 윤택한 삶을 누릴 수 있을 것이다.

현재 우리나라의 정보 통신 관련 제조업의 세계 경쟁력 순위는 경제 협력 개발 기구(OECD) 국가 중 최고 수준이나 정보 통신 산업 전반의 경쟁력이 세계 최고라고 보기는 어렵다. IT 경쟁력을 평가하는 척도는 환경, 기술, 정부의 의지 등 많은 지표가 있지만 21세기 지식 정보화 사회에서 가장 중요한 척도 가운데 하나는 바로 인력 양성이다.

정부가 의욕적으로 추진하려고 하는 IT839 전략은 기술·환경·산업을 총체적으로 발전시키겠다는 강력한 의지를 표현하고 있다. 이러한 사업을 성공적으로 추진하기 위해 무엇보다 중요한 것은 IT839 전략을 견인할 우수 IT 전문 인력의 양성이다. 최근 IT 분야 인력 양성 정책의 패러다임은 공급 중심에서 수요 중심으로, 양에서 질로, 국내 중심에서 글로벌 중심으로의 변화가 요구되고 있다. 이러한 IT 전문 인력 양성을 위해서 다음과 같은 체계적이고 종합적인 IT 인력 양성 방안 마련이 필요하다.

첫째, 급변하는 IT 환경에 적응할 수 있는 수요 지향적인 인력 양성이 무엇보다 시급하다. 정보 통신 분야는 다른 산업에 비해 기술 변화가 가장 급격한 분야이므로 적시에 현장에서 원하는 인력을 공급할 수 있는 시스템의 구축이 필요하다. 정보통신부가 지난해부터 추진하고 있는 공급망 관리(SCM; Supply Chain Management)를 통한 인력 양성은 IT 인력의 수요·공급을 유기적으로 연계하여 산업체의 요구를 반영하는 체계적인 인력 양성 시스템 구축에 힘쓰고 있다.

둘째, IT839 전략의 성공적 추진을 위해서 연구 및 기술 개발을 담당할 고급 전문 인력 양성이 시급하다. 이를 위해서는 IT839 전략

중심의 대학 IT 연구 센터 재편을 통한 고급 연구 인력 양성, 신(新) 성장 동력 기술 분야를 상용화할 수 있는 프로젝트 리더 급의 고급 인력 양성, 해외 우수 인력에 대한 확보 전략도 병행돼야 한다.

셋째, 치열한 국제 경쟁 사회에서 살아남기 위해서는 모든 분야에서 글로벌 경쟁력을 갖춘 인력 양성이 절실히 요구된다. 글로벌 IT화가 심화됨에 따라, 산업체 및 연구 현장에서 부족한 해외 IT 인력을 지원 및 활용하고, 국내 IT 인력의 글로벌 경쟁력을 강화하기 위해 해외 우수 교육 프로그램 도입을 통해서 IT 교육 환경 개선 및 교수 요원의 능력을 향상시켜야 한다.

마지막으로, 정보 통신 인력 양성에 대한 정부의 일관적이고 지속적인 지원 정책이 필요하다. 우리나라의 미래 핵심 성장 동력인 IT839 전략은 정부의 강력한 의지, 수요 지향적 산업 인력 양성, 그리고 글로벌 경쟁력을 갖춘 고급 IT 전문 인력의 양성 및 활용 등이 차질없이 진행될 때 성공적으로 추진될 수 있을 것으로 기대된다.

〈문화일보 2004. 06. 30.〉

## 국내서 돈 쓰게 만들자

나성린
한양대 교수, 경제금융학부

　노무현 정부 출범 이후 계속되고 있는 우리 경제 불황의 주범은 투자와 소비를 포함한 내수의 침체다. 그런데 우리가 간과하고 있는 것은 기업의 총 투자와 민간의 총 소비가 줄어드는 것은 아니라는 사실이다. 우리 기업들의 국내 투자와 국민의 국내 소비가 줄어들고 있는 반면 해외 투자와 해외 소비는 오히려 늘어나고 있는 것이다. 구체적으로 올해 1/4분기 국내 기업들의 국내 설비 투자가 작년 동기에 비해 0.3% 줄어든 반면 해외 투자는 31%나 증가했다. 그리고 민간소비는 올해 상반기 동안 작년 동기 대비 1% 줄어든 반면 해외여행 지출은 5월 말 현재 4억 4천만 달러, 15% 늘어나고 해외 유학 및 연수비 지출은 2억 2천만 달러, 33%가 증가했다.
　따라서 내수를 살리려면 기업들이 해외에 투자하는 돈을 국내로 돌리도록 해야 하고 우리 국민이 해외에서 쓰는 돈을 국내에서 쓰도록 해야 한다. 특히 민간 소비가 국민 소득 창출에 기여하는 비율이 60% 가까이 되고 내년 상반기까지 국내 소비가 살아날 가능성이 없는 작금의 경제 상황에선 해외 소비를 국내 소비로 돌리도록 하는 것이 매우 중요하다.

그런데 해외에서 돈을 쓰는 사람들은 주로 중산층 이상의 '있는 사람'들이다. 이들 있는 사람이 국내에서 돈을 쓰게 하기 위해선 먼저 그들이 국내에서 돈을 안 쓰는 이유를 파악해야 한다. 그 이유는 첫째, 해외의 관광 상품이나 휴양 시설이 국내에 비해 저렴한 값에 훨씬 더 높은 만족을 주기 때문이다. 동남아 여행 비용이 제주도 여행 비용보다 싸다면 이왕이면 해외여행을 가 보고 싶은 게 인지상정일 것이다. 둘째, 국내에서 돈을 많이 쓸 경우 당장 과소비나 위화감 조성 등의 비난을 면하기 어렵고 일반 서민의 반발에 부닥칠 가능성이 높다. 셋째, 국내 교육의 질이 열악하고 사교육비가 많이 들기 때문에 있는 사람들은 자녀들을 조금 비싸더라도 더 나은 수준의 교육을 받을 수 있는 해외로 유학 보내는 경향이 높다. 넷째, 국내 정치 경제 상황이 불안하기에 비록 수익이 나지 않더라도 미래에 대한 보험으로 미국 캐나다를 포함한 해외에서 부동산을 매입하는 경향이 있다. 개인의 이 같은 해외 투자액이 5월 말 현재 작년 동기에 비해 2억 3천만 달러, 83% 이상 증가했다.

따라서 있는 사람들로 하여금 해외에 나가 남의 나라 좋은 일 하지 말고 국내에서 돈을 쓰도록 하기 위해선 첫째, 저렴하고 수준 높은 국내 관광 상품과 휴양 시설을 개발할 필요가 있다. 일례로 최근 해외 골프 여행객이 급증해 한 해 10만 명 이상이 해외로 빠져나가고 이로 인한 해외 지출이 관광 수지 적자의 절반 이상을 차지하고 있다. 이를 막기 위해선 국민 정서를 고려해 무조건적으로 골프 산업을 억누를 것이 아니라 이미 국민 300만 명이 즐기고 있는 골프 산업의 육성과 규제 완화 및 세금 인하 등을 통해 보다 많은 국민이 저렴하게 골프를 즐길 수 있는 방안을 적극적으로 고려할 필요가 있을 것이다.

둘째, 일반 서민도 있는 사람들이 돈을 쓰는 것에 대해 좀 더 너그럽게 생각할 필요가 있다. 결국 부자들이 돈을 써야 서민들이 종사하는 서비스 산업과 제조업이 살아나고 일자리가 늘어날 수 있는 것이다. 그리하여 경제가 살아나야 서민의 생활고도 완화될 수 있는 것이다.

셋째, 급증하는 해외 유학 경비를 줄이기 위해 하향 평준화와 공교육의 황폐화를 초래하고 있는 현행 교육 평준화 제도를 개선하고 교육 시장의 개방을 적극 추진할 필요가 있다.

마지막으로 있는 사람들을 불안하게 하는 현 정부의 국정 운영 방향을 재점검하고 최근 들어 비정상적으로 우리 사회에 만연하고 있는 반(反)엘리트 반기업 정서를 합리적으로 개선해 나갈 필요가 있을 것이다. 〈동아일보 2004. 07. 10.〉

## 진짜 시장 경제 하고 있습니까

박원암
홍익대 교수, 경영학부

"요즘 한국이 진짜 시장 경제를 할 수 있을지 의문이 듭니다." 참여 정부의 경제 수장 이헌재 부총리의 말이다. 총선과 탄핵 정국이 끝나고 집권 2기의 경제 정책 방향을 밝히면서 대통령은 민생 안정을 기반으로 개혁과 변화를 시장 경제 원칙에 충실하게 추진하겠다고 했다. 그런데 경제 정책의 총책임자는 의문을 제기하고 정책 추진의 "뒷다리를 잡지 말라"고 요구하고 있다.

이 부총리는 반(反)시장 경제적 정책의 사례로 아파트 분양 원가 공개, 공직자 주식 백지 신탁을 들었으며 정책 추진의 뒷다리를 잡는 세력으로 여권의 '386세대'를 겨냥하였다. 물론 당사자들은 이런 것들이 반시장 경제적 정책이 아니라고 부인하고 있다.

사실 이와 같은 갈등과 혼란은 예견된 것이었다. 지난 총선을 통해 여대 야소로 국면이 전환되면서 정책에 많은 변화가 있을 것임은 이미 예상되었다. 참여 정부의 진보 노선은 총선을 통해 국민의 지지를 받았으므로 여소 야대 하에서 의회의 반대로 추진할 수 없었던 정책들을 새로 추진할 수 있게 되었다. 그런데 총선이 끝나자 이 부총리는 "성장을 중시하는 정책을 변함없이 추진할 것"이라고 말했다. 과연 그럴 수 있을까 했더니 불과 3개월 만에 자신의 기조가 상당히 견제를 받고 있고 심지어 시장 경제에 대한 믿음까지 흔들리고 있음을 실토하게 되었다.

이 부총리를 좌절시키는 현 상황이 잘못되었다고 말할 생각은 없다. 총선 민의로 명실 공히 국정을 책임지게 된 참여 정부는 다음 대선과 총선에서 또다시 국민의 심판을 받겠다는 결연한 자세로 자신들의 노선을 추구하면 된다. 아파트 분양 원가 공개나 주식 백지 신탁제가 이 부총리의 주장과 달리 부동산 투기를 막고 부패를 청산하기 위한 시장 경제적 정책일 수도 있다. 그러나 경제 정책을 책임진 사람이 자리를 걸고 정책 방향이 시장 경제에서 멀어지고 있음을 토로할 때에는 우선 경청하고 잘못을 시정할 수 있도록 하는 것이 상책일 것이다.

많은 사람은 정부의 개혁과 혁신을 주목하고 있다. 자금 여력이 있는 기업들은 투자를 미루고, 여유 있는 가계는 소비를 미루면서 지켜보고 있다. 그런데 이번 일을 계기로 참여 정부와 열린우리당의 시장 경제 기조는 일단 의심받게 되었다. 더구나 부총리 이전부터 정부와 여당의 시장 경제 기조가 말뿐이라며 강하게 의심해 오고 있었던 사람들은 그들의 의심을 새삼 확인하게 되었다.

탄핵 정국과 총선이 끝나면서 국민은 그동안 소홀히 했던 경제 현안과 민생을 챙기고 국민 통합과 경제 살리기에 매진할 것으로 기대하였다. 그러나 집권 2기에서도 개혁과 반개혁으로 편 가르기가 심화되고 상생과 포용을 이루지 못하고 있다. 진정한 개혁은 시장 경제 확립에 목적을 두고 있다. 그런데 시장 경제를 주장하는 사람들을 반개혁 세력으로 몰아가면 개혁은 시장을 만들기 위한 개혁이 아니라 시장을 인위적으로 바꾸기 위한 개혁으로 탈바꿈하고 만다.

한편 경제는 투자와 소비 침체가 지속되면서 경제 구조적 문제를 치유하지 않으면 일본식 장기 불황에 빠질 수도 있다는 의견이 힘을 얻고 있다. 이와 같은 상황에서 국정 책임자들이 해야 할 일은 우리도 시장 경제를 하고 있다고 항변하거나 의심하는 자를 의심할 것이 아니라 자신들이 추구하는 정책들이 시장 경제 원칙을 따르고 있는지 겸허한 자세로 되돌아보아야 한다.

시장 경제를 강조한 로널드 레이건이 대통령에 당선되자 측근들은 대통령의 정책을 확인시키기 위해 애덤 스미스의 옆모습이 그려진 넥타이를 매고 축하 파티에 참석하였다고 한다. 참여 정부의 시장 경제 기조가 의심을 받고 있는 지금, 우리 정책 담당자들도 시장 경제를 상징하는 넥타이라도 매야 하지 않을까? 그리고 이렇게 외쳐야 하지 않을까? "한국은 진짜 시장 경제를 하고 있습니다."

〈중앙일보 2004. 07. 22.〉

## 시장 경제는 무엇인가

장하성
고려대 경영대학장

　시장 경제는 국민 모두가 보다 잘살기 위한 목적을 달성하기 위한 수단으로써 선택한 나라 살림의 운영 방식이다. 그러나 최근에 재계, 정계 그리고 경제 관료 사이에 벌어지고 있는 시장 경제에 대한 논쟁은 마치 시장 경제 그 자체가 목적인 것처럼 왜곡되고 있다. 국민들이 보다 잘살기 위해서는 경제가 성장해야 한다. 그러나 경제가 성장했는데도 다수의 국민들이 보다 잘사는 결과를 가져오지 못하고 경제적 강자들의 기득권을 확대 재생산하는 결과만을 가져온다면 국민들은 시장 경제를 버리고 대안적 경제 체제를 찾을 것이다. 그러기 때문에 시장 경제를 유지하기 위해서는 성장과 분배의 균형이 중요하다.
　시장 경제는 경쟁을 통해서 효율성을 높이고 성장을 달성한다. 경쟁의 동기는 사적인 이익을 추구하는 인간의 이기적 속성에 기인한다. 국민 각자는 모두가 함께 잘살기 위해서가 아니라 내가 잘살기 위해서 경쟁을 한다. 모두가 함께 잘살기 위한 공동의 목적을 달성하기 수단으로 시장 경제를 선택한 것이지만 개개인은 이기적인 동기로 시장에 참여하는 것이다. 이와 같이 시장 경제는 개인과 공동의 목적이 서로 상반되는 모순을 갖는 것이 그 본질이다. 그래서 시장 경제가 제대로 운영되기 위해서는 국가의 소임이 중요하다.

  시장 경제에서 국가의 역할을 크게 세 가지로 나누어 볼 수 있다. 첫째는 경쟁을 유도하는 시장 체제를 만드는 것이고, 둘째는 공정한 경쟁이 이루어지도록 시장 질서를 세우는 것이며, 셋째는 경쟁의 결과로 얻어진 성과가 모두에게 공평하게 분배되도록 조정하는 것이다. 최근에 벌어지고 있는 시장 경제의 논쟁은 세 가지 국가의 역할 중에서 논쟁의 주체들이 자신의 이해관계에 따라서 선택적으로 시장 경제를 왜곡하고 있다. 경쟁에서의 강자의 위치를 확보한 재벌들은 경쟁 촉진을 주장하면서 공정 경쟁이나 분배를 말하는 것은 반시장적이라고 매도한다. 정치권은 인기 영합의 수단으로, 그리고 일부 노동계는 이기적 동기에서 분배를 주장하면서 분배의 전제가 되는 성장을 위해서 필요한 경쟁을 훼손하는 모순된 주장을 한다. 경제 관료들은 자신의 권력을 강화하기 위한 부처 이기적인 관점에서 경쟁 촉진과 공정 경쟁 사이에서 줄타기 곡예를 하며 분배에 대해서는 말하는 것은 금기시한다. 모두가 자신들의 기득권을 위해서 선택적으로 시장 경제를 왜곡하고 있다.

  경쟁은 원천적으로 공정성을 보장하지 못한다. 서로 다른 능력이 주어진 천부적인 차이는 물론이고, 물려받는 재산과 환경의 차이로 인하여 출발선에서부터 불공정한 경쟁이 시작된다. 그럼에도 불구하고 경쟁은 창의력을 가지고 노력하는 사람에게 성공을 가져다주는 체제이다. 그래서 출발선이 다를지라도 노력과 능력에 따라서 성공의 기회가 제공되도록 보장하기 위해서 공정 경쟁이 중요하다. 경쟁은 또한 분배의 공평성을 보장하지 못한다. 경쟁의 결과는 경쟁에 참여한 모든 사람들의 노력의 결과로 이루어진 것이지 승자만의 노력으로 이루어진 것이 아니다. 경쟁의 결과가 승자에 의해서 독점된다면 국민들은 경쟁에의 참여를 거부할 수밖에 없다. 그래서 경쟁에 참여한 모두에게 공평한 분배가 이루어지는 것이 중요하다.

의식주는 삶의 기본이다. 입고, 먹고 그리고 주거 공간을 마련하는 것은 생존을 위한 것이다. 인간적인 최소한의 삶의 터전으로서 주거의 규모를 국민 주택이라고 부른다. 국민 주택 분양가 공개로 촉발된 최근의 재계, 정치권, 경제 관료들 사이의 시장 경제 논쟁은 오히려 시장 경제를 왜곡하고 있다. 국민 주택 시장에서 경쟁이 공정성과 공평성을 담보하지 못하여 다수의 국민들이 고통 받는 시장 실패의 상황에서 국민들에게 인간다운 삶의 최소한을 보장해 주기 위해서는 분양가 공개가 아니라 국가가 국민 주택 전부 떠맡아서 건설을 한다고 해도 이는 반시장적일 수 없다. 경쟁 지상주의적 논리만을 앞세우고 공정 경쟁과 균형적인 분배를 위한 규제를 반시장적인 것으로 매도하는 주장이야말로 오히려 국민 다수로 하여금 시장 경제 그 자체를 거부하게 하는 위험한 반시장 경제적인 왜곡이다.

〈한겨레신문 2004. 07. 28.〉

# 일본형 불황과 분명 다르다

박성주
KAIST 테크노경영대학원장

소비와 투자가 좀처럼 살아날 기미가 없고 수출도 어려운 국면이 예상되며 복병인 유가 상승도 어려움을 가중시키고 있다. 이런 우리 경제의 어려움에 대해서 아르헨티나형이니, 독일형이니, 일본형이니 하는 '침체 모델'들을 얘기하고 있다. 즉 포퓰리즘에 의해 경제가 완전히 망가져 버리거나, 강력한 노조를 의식한 분배 정책의 결과 장기 침체에 빠지거나, 부동산 거품 붕괴에 이은 소비 부진이 발목을 잡아 경제의 활력을 잃어버리게 되는 경우를 일컫는 것이다.

그러나 경제의 거시 변수에 의한 유형 구분은 오류의 위험이 있다. 유형 구분의 가치는 구분 자체보다 유형별 처방이 얼마만큼 우리에게 도움이 될 수 있느냐에 달려 있다. 물론 유형별로 우리와 유사한 면도 있으나 본질적인 차이를 무시하고 거시적 증상에 의해 해결 방안을 찾는다면 흡사 급성 간염 환자에게 감기 해열제를 처방하는 것과 같은 우를 범할 가능성이 높다.

　우리나라가 일본의 1990년대처럼 장기 불황에 빠지게 되지 않을까 하는 최근의 '일본형' 논란의 근저에는 소비와 투자가 늘어나지 않는 유사한 현상과 함께 우리도 '일본의 잃어버린 10년'을 겪으면 되겠는가 하는 우려가 섞여 있다.

　일본의 불황이 깊고 길었던 것은 1979년 에즈라 보겔이 『넘버 원 저팬』에서 부추겼듯이 세계 1등을 바라볼 정도의 엄청난 경제 호황의 후유증이었다. 1980년대 초만 해도 일본은 넘쳐나는 돈으로 미국 최고의 페블비치 골프장과 뉴욕의 록펠러 센터를 사들이며 흥청댔다. 그러나 너무 빨리, 그리고 높게 성장하면 그 반대급부로 깊은 불황의 골이 오게 마련이다.

　일본이 10년의 장기 불황에서 벗어나게 된 데에는 금융 구조 조정과 함께 부동산 거품이 정리된 때문이기도 하나, 핵심적인 이유는 제조업의 부활에 있다. 과잉 채무와 과잉 고용, 과잉 설비의 '3대 과잉'에 시달리며 중국으로 급속히 빠져나가던 일본의 제조업은 지속적인 구조 조정을 통해 경쟁력을 회복하고 일본으로 되돌아오는 데에 성공함으로써 일본 경제가 생산과 투자, 다시 소비의 선순환 구조에 진입하는 원동력이 되었다.

　일본의 제조업은 고도의 기술력에 의한 고부가 가치 핵심 부품을 기반으로 하고 있다. 일본의 핵심 부품은 전 세계 제조업의 오일과도 같다. 삼성이 반도체를 생산하기 위해서는 캐논과 도쿄일렉트론의 고가 정밀 기계가 필요하며, 디지털 장비를 만드는 데에는 교세라와 무라타의 세라믹 또는 고분자 재료가 필수적이다. 하드 드라이브나 DVD 플레이어에 들어가는 극소형 모터는 나이덱을 능가할 기업이 없다. 또한 휴대 전화, 디지털 카메라 등 거의 모든 첨단 제품의 핵심 부품은 100% 일본 기업에 의존하고 있다. 만약 일본이 핵심 부품들에 대해 금수 조치를 취한다면 전 세계의 제조업은 올 스톱할 것이고 미국 항공 우주국(NASA)의 우주 개발 계획조차 큰 차질을 빚을 것이다.

우리나라 경제의 문제는 일본의 경우와 분명한 차이가 있다. 부동산 거품의 정도도 다르고 외환 위기를 거친 우리나라와 일본의 금융 기관의 효율성에도 큰 차이가 있다. 또한 '빨리빨리'에 익숙한 우리의 눈에는 답답할 정도로 신중한 재정 금융 정책도 다르다. 그러나 가장 큰 차이점은 제조업의 경쟁력과 이를 뒷받침하는 기술력이다. 현재 우리나라의 제조업은 일본과 달리 장기 불황에서 탈출할 원동력을 제공할 능력이 없다. 그러나 분명한 것은 제조업을 살려야 우리 경제도 살아날 수 있으며, 수출이 내수로 연결되려면 기술 기반의 중소기업이 살아나 대기업과 상호 보완적인 상승 네트워크가 작동되어야 한다. 이를 위해 우리나라의 제조업은 일본형 고부가 가치 제조업에 승부를 걸어야 한다.

우리의 현실은 '일본의 잃어버린 10년'을 걱정할 때가 아니다. 지금부터라도 근본으로 돌아가 경제의 기초인 제조업의 기술력을 튼튼히 해야 할 때다. 이것은 우리의 노력 여하에 따라 수 년 또는 수십 년이 걸릴 수도 있는 일이다. 〈동아일보 2004. 08. 16.〉

## 석유 보고(寶庫) '사하'를 공략하라

홍완석
한국외대 교수, 국제지역대학원

국제 유가가 연일 고공 행진을 거듭하고 있다. 배럴당 50달러의 고유가 시대가 조만간 현실로 다가올 전망이다. 한국 경제 최대의 아킬레스건이 있다면 아마 석유·가스 자원이 없다는 점일 것이다.

자원 빈국 한국이 21세기에도 지속적으로 웅비하려면 해외 에너지 자원 개발을 통해 자원 공급선을 다변화하고 에너지 자원을 안정적으로 확보하는 작업이 반드시 필요하다. 그래야만 국제 에너지 시장의 급격한 변화에 능동적으로 대처할 수 있다.

이런 상황에서 지구 상에 남아 있는 마지막 에너지 자원의 보고인 러시아 시베리아·극동 지역은 우리에게 기회의 땅임에 틀림없다. 대다수 국내 경제 전문가들은 풍부한 미개발 지하자원을 갖고 있는 시베리아·극동 지역이 에너지 및 원료 자원 확보 차원에서 중장기적으로 매우 중요한 투자 대상이라고 지적해 왔다.

그러나 우리는 남북한 문제에 함몰되고 자원 개발 이익의 단기 경제적 타당성에 매몰되어 이 지역의 지리 경제학적 가치를 도외시하였고, 이는 IMF(국제 통화 기금) 환란으로 더 심해졌다. 그 결과 한국은 이르쿠츠크와 사할린 가스전 개발 사업 주도권 경쟁에서 소외되어 방관자 내지는 들러리로 남아 있어야만 했다.

그러나 아직은 기회가 남아 있다. 시베리아 3대 가스전 개발 지역 가운데 최대의 자원 매장 지대인 사하 공화국(러시아 연방 내의 자치 공화국)이 한국을 부르고 있기 때문이다. 인도만 한 면적의 사하 공화국에는 석유가 약 273억 톤, 천연가스는 약 12조$m^3$가 묻혀 있는 것으로 추정되며 석유와 가스 모두 이르쿠츠크와 사할린의 매장량을 훨씬 능가한다. 자원의 해외 의존도가 거의 절대적이고 지속적인 경제 성장을 하려면 장기적이고 안정적인 에너지원을 확보해야 하는 우리의 눈길을 붙잡아 끌기에 충분하다.

자원이 막대한데도 그동안 사하 공화국은 철도, 도로, 송유관 등 사회 간접 자본(SOC)이 미비해 효율적인 개발에 어려움을 겪고 있었다. 이런 문제점을 극복하기 위해 사하 공화국은 최근 러시아 연방 정부와 함께 SOC 건설과 자원 개발을 연계하는 대규모 프로젝트를 마련해 중국, 일본, 한국, 유럽 연합(EU) 등을 대상으로 여러 경제 포럼과 투자 설명회를 개최하면서 해외 자본 유치에 발 벗고 나서고 있다.

사하 공화국 정부는 특히 한국 자본 유치를 가장 선호한다. 그 이유는 중국·일본과의 지정학적 경쟁 관계 때문이다. 러시아 입장에서는 산처럼 커진 중국의 영향력과 시베리아로 몰려드는 한족의 인구 삼투압을 우려하지 않을 수 없고, 동시에 대규모 자본을 앞세운 일본의 과도한 시베리아 에너지 자원 독점도 내키지 않은 것이다.

에너지 자원 개발의 정치경제학을 고려할 때 사하 공화국은 한국의 기회적 틈새에 해당한다. 중국과 일본이 각기 이르쿠츠크 가스전과 사할린 가스전 개발 주도권을 장악하고 있는 상황에서 사하 공화국 자원 개발은 한국이 선점 이익을 행사할 수 있는 절호의 기회인 것이다.

이 기회를 놓치지 않으려면 한국은 방어적 에너지 정책에서 벗어나 러시아 연방 정부와 사하 공화국이 공동으로 추진하는 SOC 사업에 적극 참여할 필요가 있다. 이를 통해 석유, 가스, 석탄 개발권을 확보하는 국가 전략이 매우 절실하다. 중국과 일본의 공세적인 시베리아·극동 지역 에너지 자원 확보 경쟁을 마냥 바라만 보고 있을 것인가? 〈한국일보 2004. 08. 24.〉

# 제각각 행정 수도 효과 분석

이성우
서울대 교수, 농경제사회학부

"경제 예측에 대해 너무나도 다양한 분석 결과가 나오는데 이러한 혼란을 막으려면 어떻게 해야 할까요."

"세계 계량 경제학회가 열리는 장소에 폭탄을 투하해서 전 세계 계량 경제학자들을 몰살시키는 것이 유일한 해법이다."

미국에 있는 한 대학의 계량 경제 수업 시간 중 학생과 교수의 문답이다. 서로 다른 분석 모형 및 가정의 채택에 따라 너무나 차별적인 결과의 유도가 가능한 통계적 문제점을 빗대어 답변한 일화다. 하지만 채택된 기법 및 자료에 따라 분석 결과에 대한 천양지차가 존재하는 통계 분석상의 오류는 에피소드 수준이 아니라 실질적으로 존재하고 있다는 데 문제가 있다.

미국의 W. S. 로빈슨 교수는 일찍이 '생태학적 오류'에 관한 논문을 내어 이러한 통계적 문제점을 정확히 지적한 바 있다. 로빈슨 교수는 문맹률과 흑인과의 상관관계를 주(state)별 집계 자료를 이용할 경우 약 77.3%의 높은 관련성을 가지는 것이, 그 원자료인 개인별 자료를 이용할 경우 불과 20.3%에 지나지 않는다는 사실을 발견했다. 또한 로빈슨 교수의 생태학적 오류에 대한 기법상의 문제를 추가적으로 연구한 H. R. 앨커 교수는 자료 및 분석 기법상의 통계적 문제가 다섯 가지에 이른다고 보고했다.

　최근 언론을 통해 공표되는 신행정 수도 이전에 따른 파급 효과의 다양한 분석 결과는 통계 자료 및 분석 기법의 차이에 따른 이러한 통계적 문제점을 극명하게 보여 준다. 재정경제부는 신행정 수도가 건설될 경우 연간 1조 2,060억의 경제적 효과가 있다고 발표한 바 있다. 또한 신행정 수도 건설 추진 위원회 위원장으로 내정된 최병선 교수가 원장으로 있는 한국건설산업연구원은 최근 신행정 수도가 건설될 경우 84조 원에 달하는 경제적 파급 효과가 예상된다고 밝혔다. 반면 독립적 연구를 시도한 연세대학교의 서승환 교수는 수도 이전에 따른 경제적 손실이 연간 7조 2천 억에 달할 것이라고 분석했다. 수도 이전에 따른 국토 균형 발전 효과도 신행정 수도 추진 위원단은 긍정적으로 예측하는 반면, 개별 연구자가 독립적 분석을 실시한 국토연구원의 보고서에서는 오히려 비충청권에서의 불균형이 확대될 것으로 분석했다.

　무엇이 옳은가? 누가 올바른 분석을 했는가? 개별 기관 및 연구자의 정치적 입장은 그만두더라도 서로 다른 자료와 기법을 이용해 제 논에 물대기 식으로 쏟아 내는 수도 이전 분석 효과는 혼란만 가중시키는 모양새다. 이것은 코드가 맞는 사람들만 모여서 서로 다른 가정의 설정과 상이한 자료를 이용하여 분석한 데 따른 당연한 결과다. 또는 참여하는 연구자들이 학자적 양심이 아닌 개인 또는 기관의 정치적 목적에 따른 결과는 아닌지에 대한 의혹도 커지고 있다.

수도 이전에 대한 객관적인 파급 효과를 제시하여 혼란을 막을 방안이 있다. 수도 이전과 관련된 모든 전문가들을 통합된 장에서 모이게 하여 수도 이전 효과를 분석하게 하자. 통계 분석의 여러 문제점에도 불구하고 통계를 이용한 분석은 절대로 정치적이지 않다는 장점이 있다. 만약 동일한 자료와 기법, 그리고 동일한 가정에 대한 합의를 끌어낼 수 있다면 그 결과는 시·공간을 불문하고 동일한 결과가 도출될 수밖에 없다. 이것이 수도 이전과 같은 중차대한 국책 사업에서 혹 견강부회한 분석 결과로 인해 후세에 곡학아세하는 학자였다는 비난을 피할 수 있는 방안이다.

〈한겨레신문 2004. 09. 14.〉

## 성장과 분배―두 마리 토끼

함재봉
연세대 교수, 정치외교학과

지난 10월 5일과 6일, 유엔 본부에서 열리는 사회 발전 국제 포럼(International Forum for Social Development) 참석차 뉴욕에 다녀왔다. 1995년 코펜하겐 사회 발전 세계 정상 회의(World Summit for Social Development) 10주년에 즈음해 그간의 결과와 성취를 되돌아보는 회의였다. 당시 우리나라의 김영삼 전 대통령을 비롯해 자그마치 117개국 정상이 참석한 코펜하겐 정상 회담은 빈곤 퇴치, 고용 창출, 공동체의 내실화를 위한 공동의 노력을 기울일 것을 대내외에 천명했다.

"한국, 두 마리 동시에 잡은 나라"
글로벌라이제이션이 단순히 경제 발전이 아닌 진정한 사회 발전에 기여할 수 있게 함으로써 범죄·마약·질병·소외·도시의 퇴락, 교육의 질 하락 등 인류 공동의 문제를 함께 해결하자는 데 뜻을 모았던 것이다. 대부분의 정상 회담이 주로 경제 문제 또는 안보 문제만 다룰 뿐, 정작 사회 발전과 분배·평등·교육 등의 문제를 다루는 경우는 없다는 점에 착안해 유엔이 회의를 개최했고 당시에 대 성공을 거두었다.

그러나 코펜하겐 정상 회담 이후 10년이 지난 오늘 과연 세계는 얼마나 달라졌을까? 불행히도 지난 10년 사이에 부국과 빈국 간의 격차는 더욱 벌어졌고 각 국가 내의 소득 분배도 현저히 악화됐다. 모든 거시적인 경제·사회 지표는 지난 20년간 세계화와 자유 시장주의의 전 세계적인 확산이 일부 국가와 계층에는 엄청난 부를 가져다주었음을 보여 준다. 그러나 이 지표들은 동시에 새롭게 창출된 부가 지극히 불공정하게 분배됐다는 사실도 역시 보여 주고 있다.

포럼에 참석한 미국 측 경제학자에 따르면 이제 미국과 같은 '기회의 땅'에서도 경제적 하층민들이 계층 간 이동을 통해 상류층에 합류할 수 있는 가능성은 20년 전에 비해 현저하게 떨어졌다. 남미 국가들의 상황은 1960~1970년대에 비해서도 뚜렷하게 악화됐다. 경제 성장도 멈추었고 분배 정의도 무너졌다. 사하라 이남의 아프리카 빈국들이 경제 발전을 통해 자력으로 경제 발전을 이룩할 수 있는 가능성은 사라져 버렸다. 지난 20년간 세계는 인류 역사상 그 어느 때보다 풍요로워진 동시에 불공평해졌다.

그렇다면 이제 더 이상 방법은 없는가? 빈부 격차의 심화는 필연으로 받아들일 수밖에 없고 저발전 국가들은 잘사는 나라들의 구호와 원조에 의존한 채 근근이 살아가는 길밖에 없는가?

그러나 포럼 참석자들은 이처럼 비관적인 상황 속에도 성장과 분배의 두 마리 토끼를 동시에 잡은 나라가 있다는 사실에 주목했다. 바로 한국이었다. 유엔 무역 개발 회의(UNCTAD)를 대표하는 경제학자는 한국의 성공 사례를 분석하는 데 발표 시간의 대부분을 할애했고, 남아프리카의 사회 발전 장관은 한국의 경우에서와 같이 국가가 강력한 발전의 주체가 돼서 경제와 분배 정책을 추구해야만 한다고 주장했다. 피렌체 대의 경제학 교수와 말레이시아 · 홍콩의 학자들도 모두 '개발 국가(developmental state)' 모델을 채택하는 길만이 오늘의 저개발 국가가 빈곤의 악순환에서 벗어날 수 있는 방법이라고 말했다.

**개발 국가 모델 전수해야**

그러나 정작 오늘날 한국에서 개발 국가를 옹호하는 사람들은 없어졌다. IMF 사태 이후 과거 개발 국가를 세우고 운영하던 '보수'는 모두 '시장주의자'들이 돼 버렸고 이제 정권을 잡은 '진보'는 과거 자신들을 탄압하던 개발 독재 체제를 해체하는 데 전력투구하고 있다. 그리고 한국의 성공적인 개발 경험을 이론적으로 정리하고 외국에 체계적으로 전수하고자 하는 노력은 아무도 기울이고 있지 않다. 많은 외국의 경제학자와 사회과학자가 의아해하는 것도 바로 이 부분이다. 한국은 세계가 주목하는 성공적인 모델이면서 왜 그토록 자아비판만 하고 있는가? 이는 국제 사회를 위해서도 큰 손실이 아닐 수 없다. 한국은 모처럼 성공적인 발전 모델을 창출함으로써 세계사에 큰 족적을 남겼다. 그렇다면 이를 다시 연구하고 정리하고 전수하고자 하는 것이야말로 우리 자신을 돌아보고 동시에 국제 사회에 기여하는 일이 아니겠는가? 〈중앙일보 2004. 10. 08.〉

# 국가 경쟁력 순위 '허와 실'

이형근
대외경제정책연구원 전문연구원

　세계 경제 포럼(WEF)은 지난주 우리나라의 국가 경쟁력 순위가 전체 104개국 가운데 29위로 지난해보다 11단계나 하락했다는 내용이 담긴 2004년 세계 경쟁력 보고서를 발표했다. 이러한 대폭적인 하락은 몇 년 전 IMF 외환 위기 때도 없었던 것으로 매우 놀랄 만한 일이 아닐 수 없다.
　세계 경제 포럼의 국가 경쟁력 평가는 전체 160개 조사 항목의 75%인 120개가 기업 경영인에 대한 설문 항목(survey data), 나머지 40개가 경제 지표를 비롯한 객관적인 통계 등의 경성 자료(hard data)를 통해 이루어졌다.
　전체 항목 가운데 우리나라의 순위가 20단계 이상 대폭 하락한 주요 항목을 꼽으면 신용 접근성(53단계), 대출 접근성(43단계), 외국 기술 특허 보급(39단계), 불법 정치 자금 만연(34단계), 실질 실효 환율(31단계), 정책 결정에서의 정부 관료 정실주의(31단계), 향후 경제 전망(29단계) 등을 들 수 있다. 따라서 이들 항목에서의 대폭적인 하락이 올해 우리나라의 국가 경쟁력 순위 하락에 매우 큰 영향을 미쳤던 것으로 보인다.

**WEF 조사 방법의 문제점**

그런데 여기에서 실질 실효 환율 항목을 제외하면 나머지 모두는 설문 항목에 해당된다. 즉, 국가 경쟁력 평가의 설문 대상자들인 국내 기업인들이 상기 항목들에 대해 전년에 비해 더욱 낮게 평가했던 것이다. 그러나 1년 사이에 20단계 이상 하락할 정도로 각 질문 항목의 내용이 그렇게 갑자기 나빠졌는지에 대해서는 의문이 든다.

이는 조사 방법상의 문제점에서 연유하는 것으로 판단된다. 즉, 설문 대상자들은 각 항목에 대해 104개국 전체가 아닌 해당국만을 평가한다. 또한 설문 조사가 이루어지는 시기에 정치 경제적 중요한 변화가 발생했을 경우 이것이 설문 대상자의 현실 인식에 상당한 영향을 미칠 수도 있다. 따라서 이러한 조사 방법으로는 각 질문 대상자들의 성향 또는 자의성을 통제할 수 없다는 문제점이 있다.

세계 경제 포럼과 함께 세계적으로 유명한 국가 경쟁력 평가 기관으로 국제 경영 개발원(IMD)이 있다. 필자는 1999년 우리나라의 국가 경쟁력을 38위로 발표한 국제 경영 개발원의 평가 결과에 대해 설문 조사 결과를 제외하고 경제 지표 등의 경성 자료로만 분석한 적이 있다. 그 결과는 원래의 순위에서 무려 15단계나 상승한 23위로 나타났다.

결국 세계 경제 포럼과 국제 경영 개발원의 국가 경쟁력 평가 보고서는 경제 지표 등의 경성 자료 이외에도 기업 경영인에 대한 설문 조사를 활용해 작성됨에 따라 조사의 객관성과 신뢰성에 있어서 근본적으로 문제점을 안고 있다고 할 수 있다. 특히 세계 경제 포럼은 설문 조사의 문제점을 인식하여 이들 항목에 대해서는 가중치를 낮게 부여하고 있지만, 설문 대상자의 자의성을 통제할 수 없는 근본적인 한계는 여전히 남아 있다.

따라서 이처럼 중대한 문제점을 안고 있는 이들 기관의 국가 경쟁력 평가 결과에 대해 일희일비할 필요는 없다고 판단된다. 그러나 국내 일부 언론은 이에 대해 지나치다 싶을 정도로 보도하는 경향을 보였다. 일본은 세계 2위의 경제 대국임에도 불구하고 세계 경제 포럼의 국가 경쟁력 순위에서 지난 1995년 4위를 기록한 이래 작년까지 10위권에 올라선 적이 한 번도 없었다. 그러나 일본 언론이 그러한 결과에 대해 우리처럼 대서특필한 적은 없었다.

### 경제 저성장 우려엔 공감

그럼에도 불구하고 이번 세계 경제 포럼의 국가 경쟁력 평가 결과는 또 한 번 우리에게 경각심을 일깨워 주고 있다. 최근 인구 고령화, 주 5일 근무제 도입에 따른 노동 시간 감소, 기업 투자 저하 등에 따라 잠재 성장률이 4%대로 떨어질 것이라는 진단이 나오고 있다. 여기에 고유가 현상까지 중첩되면서 우리 경제의 저성장에 대한 우려를 낳고 있다.

이러한 상황하에서 국가 경쟁력을 강화하기 위해서는 다음과 같은 노력이 필요하다.

먼저 우리 경제의 생산성 향상과 성장 잠재력 확충을 가져올 수 있는 차세대 성장 동력의 적극 육성이 중요하다. 둘째, 적극적인 자유 무역 협정(FTA) 체결 추진을 통해 시장 기반을 확대함으로써 미래의 성장 동인을 찾아야 한다. 셋째, 안정적인 노사 관계의 정립, 기업 경영의 투명성 강화, 정부의 구조 개혁 정책 지속, 교육 환경 개선 등 기본에서부터의 구조 개혁 노력이 긴요하다.

〈경향신문 2004. 10. 18.〉

## 누굴 위한 방카슈랑스인가

김정동
연세대 교수, 경영학과

　최근 은행권과 보험권 최대의 현안은 내년 5월로 예정된 방카슈랑스 2단계 시행 문제이다. 은행권은 '정부의 정책으로 확정된 것이므로 예정대로 시행해야 한다'는 입장이고, 보험권은 '정책 도입 초기부터 반대했던 사항이고, 1단계 시행 결과 예상보다 문제가 더 심각하므로 제도와 여건을 개선한 후에 시행하거나 도입을 철회해야 한다'는 입장이다.

　누구 의견이 옳은지 판정하는 기준은 국민 전체의 후생 증진 여부이다. 즉, 올바른 정책은 국민에게 주는 이익이 손해보다 커야 한다는 것이다. 그렇지 않다면 그 제도는 도입되지 말아야 하고, 이미 도입되었다면 폐지돼야 한다.

　방카슈랑스는 모두에게 이득이 된다고 판단되었기 때문에 도입되었다. 보험 소비자는 보험료 인하와 보험 구입의 편리성 증진, 보험

회사는 신시장 개척과 사업비 절감, 은행은 새로운 수익원 창출이라는 혜택을 본다는 것으로서, 소위 '트리플 윈'이라고 하는 것이다.

그러나 현실은 은행만 약간의 이득을 보고, 보험사와 소비자는 오히려 손해를 보고 있으며, 트리플 윈에 포함되지 않은 보험 설계사와 보험 대리점은 생존이 위협받을 정도의 타격을 받고 있다.

은행만 이득을 보게 된 근본 원인은 은행이 보험사 및 보험 소비자에 비하여 월등한 협상력을 갖고 있기 때문이다. 즉, 방카슈랑스의 도입 여부가 보험사에는 생존이 걸린 문제이지만, 은행에는 기껏해야 수익성의 증감이 걸린 문제이다. 그래서 은행은 보험 상품의 판매에 따르는 제반 비용과 리스크를 모두 보험사에 떠넘기고 있고, 자신의 예금 금리는 내리면서 보험사에는 고금리 상품을 판매할 것을 강요하는 등 현장에서는 다양한 불공정 행위가 벌어지고 있다. 이러한 과정에서 보험사는 자신에게 돌아올 이익의 거의 전부를 은행에 양도해야 하는 처지가 되었다.

은행 대출을 받은 보험 소비자들은 방카슈랑스 도입 이전에는 자신에게 유리한 상품만을 구입하였으나, 이제는 은행의 압력 때문에 원치 않는 상품을 구입(끼워팔기 또는 꺾기)해야 하게 되었다. 그렇다고 해서 은행에서 판매하는 보험 상품의 가격이 더 낮은 것도 아니다. 은행에서 판매하는 보험 상품의 대부분은 단기 상품인데 그 이유는 강매하기가 쉽기 때문이다. 단기 상품은 장기적 보장이라는 보험의 주목적과 부합하지 않아서 최근에는 보험사들이 판매를 지양해 오던 상품이다. 방카슈랑스가 보험 산업의 발전에 기여하기는커녕 오히려 후퇴를 조장하고 있다.

방카슈랑스의 도입으로 가장 어려운 입장에 놓이게 된 것은 보험 설계사와 보험 대리점이다. 이들은 영세한 생계형 사업자들로서 심각한 실직의 위기에 처하게 되었다.

제1단계 방카슈랑스가 시행된 지 1년 만에 은행이 1단계 대상 보험 판매의 약 65%를 차지하고 있다. 제2단계 시행 대상인 자동차 보험과 개인 보장성 보험은 설계사와 대리점의 주요 상품으로서, 2단계가 시행되면 1년 이내에 약 10만 명에 달하는 대량 실업이 발생할 것이다.

현행 방카슈랑스 제도는 은행의 작은 이익을 위하여 보험 업계와 보험 소비자에게 큰 희생을 강요하는 비효율적인 제도이다. 그리고 은행의 불공정 행위는 협상력의 불균형이 근본 원인이므로 피상적인 규제로는 해결이 불가능하다. 그러므로 협상력의 불균형을 해소한 후에 도입하거나, 아니면 도입을 취소해야 한다. 경기 침체와 실업 문제로 어려움을 겪고 있는 현재 영세한 보험 설계사와 보험 대리점의 밥줄을 끊어 놓는 방카슈랑스 제2단계의 도입은 시기적으로도 대단히 부적절하다. 〈조선일보 2004. 11. 01.〉

## 뉴딜 정책이 경제 살릴까?

이필상
고려대 교수, 경영학과

경제가 불황의 늪에서 사경을 헤매고 있다. 경제의 양대 동력인 소비와 투자 심리가 실종 상태다. 최후 버팀목인 수출은 고유가와 해외 시장 위축으로 불안하다. 이 가운데 경제를 살리는 데 앞장서야 할 기업들은 너도나도 문을 닫거나 해외 탈출을 서두르고 있다. 어떻게 먹고 살 것인가.

최근 노무현 대통령은 국회 시정 연설에서 뉴딜적 종합 투자 계획을 실시하겠다고 밝혔다. 핵심은 경기 부양을 위해 건설 투자를 크게 늘린다는 것이다. 정책의 윤곽은 정부 재정, 연기금, 민간 자본에서 모두 10조 원 안팎의 자금을 유치해 사회 간접 자본, 학교와 기숙사, 노인 요양 시설, 정부 공공 건물, 임대 주택 등에 투자한다는 것이다.

뉴딜 정책은 미국이 1930년대 대공황을 맞아 대대적 공공 사업을 통해 경기를 부양시킨 정책이다. 정부가 이런 정책을 내세운 것은 사실상 경제 난국을 인정하고 긴급 대책 마련에 나선 것으로 볼 수 있다. 따라서 실업과 부채의 2중 덫에 걸려 고통과 좌절에 빠진 국민들로서는 보통 반가운 일이 아니다. 더욱이 가능한 건설 사업을 망라해 대대적으로 투자할 계획이어서 효과가 클 것으로 기대되고 있다.

그렇다면 뉴딜 정책은 과연 성장 동력이 바닥난 우리 경제를 살릴 것인가? 일단 이 정책이 탈진 상태인 경제에 새 활력을 불어넣을 수는 있다. 지난 8월 건설 수주액이 작년 동기 대비 40%가량 줄어 5년 5개월 만에 최악을 기록하며 경기 회복의 발목을 잡고 있는 사실에서 쉽게 짐작할 수 있다.

### 근본적 체질 개선·회복 한계

그러나 근본적으로 경제의 체질을 바꾸고 성장 잠재력을 회복하는 데는 한계가 있다. 더구나 부작용이 심하면 대규모 거품 정책으로 변질될 수도 있다. 중요한 사실은 현재 우리 경제가 부양 조치를 쓰면 회생하는 순환적 불황 상태가 아니라는 것이다. 근본적으로 소비 수요와 생산 공급 기반이 붕괴하고 있어 경제 운영의 새로운 패러다임 구축 없이는 자생력 회복이 어려운 상태이다. 경기 부양만 강조하면 경제는 잠시 거품으로 들떴다가 다시 더 깊은 수렁으로 빠지는 결과가 나타날 수 있다. 또 정부 재정은 악화되고 민간 부분의 부실 채권은 크게 늘어 나라가 더 큰 빚에 시달릴 수 있다.

이러한 우려는 정부의 지속적 재정 팽창과 금리 인하에도 불구하고 경기 침체가 악화되고 있는 사실을 볼 때 현실화 가능성이 크다. 현재 우리 경제는 아무리 금리를 내리고 돈을 풀어도 소비와 투자가 살아나지 않는 과잉 유동성 상태이다. 전국을 먹구름처럼 돌아다니며 투기 바람을 일으키고 있는 부동 자금이 400조 원에 달할 정도인데 경기는 깜깜하다.

한국판 뉴딜 정책은 국민의 정부 때 실시한 신용카드사태의 악령을 연상케 한다. 당시 정부는 카드 빚을 마음대로 쓰게 해 소비를 늘리는 방법으로 경기를 살리려다 카드 사용자들을 부도의 수렁에 빠뜨리고 경제를 극도의 침체 상태로 몰아넣는 최악의 결과를 가져왔다. 이번에는 국민 빚을 끌어다가 건설 투자를 늘리는 방법으로 경기를 살리려다 유사한 결과를 초래하지 않을까 걱정이다.

그렇다면 해법은 무엇인가. 한마디로 뉴딜 정책의 내용을 다시 담아야 한다. 한국판 뉴딜 정책의 핵심은 우리 경제의 지적·기술적 우위를 확보하는 미래 산업과 부가 가치 산업의 육성이 돼야 한다. 정부 주도 아래 강력한 산학 연구와 첨단 산업의 기반을 건설해 시중의 부동 자금을 흡수하는 선순환 구조의 회복이 절실하다.

### 고부가 가치로 기술 우위를

정보 통신, 신소재, 생명 공학, 나노 산업 등 첨단 지식 산업은 물론 반도체, 자동차, 조선 등 고부가 가치 산업에 새로운 바람을 불어넣어 나라 곳곳에서 공장 돌아가는 소리가 다시 들리게 해야 한다. 물론 사회 간접 자본 등 건설 사업의 추진이 함께 이루어져야 함은 말할 나위가 없다.

더불어 중요한 것은 기업인들이 사명감을 갖고 우후죽순처럼 일어나 경기 위기를 떨치고 세계 시장으로 뻗어 나가게 하는 것이다. 이를 위해 기업하기 좋은 나라를 만들기 위해 규제, 노사, 조세 등의 문제로부터 기업을 해방시켜야 한다.

 우리나라는 규제가 첩첩이 쌓여 기업을 살리기는커녕 숨을 막고 있다. 고용 구조가 극도로 불안하고 노사간 불신과 대결은 끝이 보이지 않는다. 세금 종류는 준조세까지 합쳐 세기조차 어렵고 세무조사에 걸리면 살아남기 어렵다. 국민 모두가 힘을 모아 기업하기 좋은 나라를 만들도록 경제 개조 작업을 서둘러야 한다.

〈경향신문 2004. 11. 03.〉

사 회

## 광우병 너무 걱정할 필요 없다

이영순
서울대 교수, 수의학과 · 전 식품의약품안전청장

광우병은 1986년 영국에서 처음 발생했다. 과학자들은 양이나 소의 필요한 고기를 떼어 낸 나머지 부산물(머리, 뼈, 내장 등)을 갈아서 만든 육골분 사료를 사용했기 때문에 발생한 것으로 추정하고 있다. 즉 풀만 먹도록 만들어져 있는 소에게 육골분을 먹인 게 잘못이었다. 같은 종의 고기를 먹인다는 것은 윤리적으로 용서할 수 없다고 사용을 거부한 스웨덴에서는 광우병이 발생하지 않았다. 이것은 얄팍한 과학 지식의 한계와 과학에서 윤리가 강조되어야 하는 이유를 단적으로 보여 준 사례이다.

그러나 국제 수역 사무국(OIE)에서는 소의 살코기나 우유 등은 안전하다고 밝히고 있다. 그렇기 때문에 187,664마리의 소와 153명의 인간에게 광우병이 발생한 유럽 30개국에서도 특정 위험 부위를 제외하고는 자국민들에게 유통을 허용한 것이다.

우리나라는 광우병이 처음 발생한 유럽 및 그 인접 국가로부터는 소, 양, 염소 등의 살코기나 부산물을 수입하지 않고 있다. 이것은 국제 교역상 전례 없는 강력한 조치이며, 광우병의 공포가 그만큼 국민을 불안하게 하기 때문에 취한 조치인 것이다. 그러나 우리나라는 일본 등과 똑같이 광우병이 발생하지 않은 국가에서 수입되는 쇠고기에 대한 수입 검역에서 광우병 검사를 실시하지 않고 있다. 이는 광우병은 도축할 때 뇌의 연수를 채취해 검사하여야 하기 때문이다. 즉 하지 않는 것이 아니고 못하는 것이다.

또 우리는 광우병 예방을 위해 육골분 사료의 사용을 금지하고 예찰 검사를 국제 기준에 비해 많이 실시하고 있다. 그러나 광우병 검사를 검역원 한 곳에서만 실시하는 것은 미흡하다고 본다. 정부는 올 예산에 9개 시도에 검사 시설을 설치할 수 있는 예산을 확보했다고 하지만 가금 인플루엔자, 구제역, 돼지 콜레라 등 당장 발생하는 가축 질병 방역에 매달리는 상황에서 추가 인력의 지원 없이 제한된 검사 인력으로 충분한 검사가 이루어질지 의문이다.

이런 사실을 차치하더라도 전문가의 입장에서 볼 때 현재 우리 국민들은 광우병에 대해 크게 걱정할 필요는 없다. 당국이 광우병 발생국으로부터의 반추류 제품 수입을 원천적으로 봉쇄했고 육골분 사료 사용을 금하고 있어 광우병 발생 위험은 실질적으로 없다고 볼 수 있다. 광우병이 실제 9마리나 발생한 일본도 아직 사람에서의 광우병 발생은 없었고, 홍콩에서 몇 년 전 광우병 환자가 처음 발생했다는 보도도 나중에 아닌 것으로 판명되었다.

광우병 환자의 발생은 유럽의 7개국에만 국한되었다. 이는 광우병 발생 초기 병에 대해 잘 알지 못해 소의 특정 부위까지 유통시켰기 때문이다. 아시아, 아프리카, 북·남미, 호주에서는 아직까지 사람의 광우병 발생이 한 건도 없으므로 너무 과민하게 대응하지 않는 것이 우리 몸에 더 좋지 않을까 생각한다. 오히려 이렇게 언론에서 크게 다뤄 파동에 가까운 현상을 나타내는 나라는 우리밖에 없는 것 같아 답답하다. 〈한국일보 2004. 01. 05.〉

# 국민연금 '4불(不)' 편견과 진실

배병준
보건복지부 연금재정과장

국민연금을 바라보는 우리 국민의 시각이 곱지 않다. 이른바 '4불(不)' 현상이다.

우선, '강제가 아니면 안 내고 싶다'는 불만(不滿)이다. 자신의 노후는 자신이 알아서 한다는 인식이다. 연금은 전 세계 160여 개 국가가 시행할 정도로 노후 기본 생활 보장의 핵심이다. 계층 간·세대 간 부양 기능도 제공한다. 기금을 미리 적립하므로 운용 수익만큼은 보험료를 덜 내도 되는 장점이 있다. 따라서 연금 제도가 없다면 노후 복지를 위한 조세 부담이 오히려 더 크게 늘어나게 된다.

둘째는 '연금 기금을 잘못 운용하고 있다'는 불신(不信)이다. 지난해 말 현재 112조 원의 기금이 채권·주식 등의 형태로 투자돼 있고 지난 한 해에만 8조 2천억 원의 운용 수익을 올렸다는 정부의 발표를 믿지 않는 현상이다. 국민연금이 시행된 1988년 이후 기금 운용으로 총 40여조 원을 벌었다는 것은 더욱 믿지 않는다. 정부가 마치 연·기금을 '주머닛돈이 쌈짓돈'으로 인식한다는, 잘못 알려진 소문 때문이다.

셋째는 '노후에 연금을 못 받게 될 것'이라는 불안(不安)이다. 국민들이 걱정하는 주된 이유는 '기금이 2047년이면 고갈된다'는 소식 때문이다. 국민연금은 낸 돈에 비해 어떤 민간 보험보다도 유리한 혜택이 보장되는 확정 급여형(defined benefit)이므로 현재의 '저부담-고급여'가 개선되지 않는다면 기금이 고갈되는 것은 자명하다.

하지만 5년마다 수지를 분석하여 보험료와 급여 수준을 조정하는 재정 재계산 제도가 있으므로 기금이 고갈되지 않는다. 제1차 재정 재계산에 따라 정부가 마련한 국민연금법 개정안이 국회 보건 복지 위원회에 계류 중이다. 이 법안이 처리되면 2070년까지는 기금이 고갈되지 않는다.

설사 기금이 고갈된다 하더라도 연금을 받지 못한다는 생각은 지극히 잘못된 것이다. 우리나라보다 형편이 훨씬 어려운 나라에서도 연금을 지급하지 못하는 사례는 없을 뿐만 아니라 적립 기금이 소진되면 정부가 조세를 통해 연금 지급을 책임지기 때문이다.

앞으로 지급해야 할 연금 총액의 현재 가치에서 적립 기금을 뺀 것을 '잠재적 연금 부채(implicit pension debt)'라고 한다. 일부 전문가가 '국민연금의 잠재 부채가 254조 원에 달한다'는 연구 결과를 내놓기도 했다. 제도가 현세대에게 행복하게 설계된 관계로 잠재 부채는 존재한다. 선진국에도 잠재 부채는 있다. 그러나 사보험의 계산 방식을 적용하여 잠재적 연금 부채를 국민연금연구센터의 추산보다도 3배 이상 과다 추정한 것은 국민을 불안하게 할 수 있다. 아직 논의 중인 정부 회계 기준이 명확히 정립되면 연금의 잠재적 부채에 대한 전문가 간의 견해 차이는 작아질 것이다.

넷째는 '국민연금은 세금'이라는 부지(不知)이다. 부담은 현존하나 혜택은 아직 멀게 느껴지기 때문이다. 정부의 적극적인 홍보가 필요하겠으나, 제도 시행 20년이 넘어서는 2008년에 수급자가 300만 명 이상으로 늘어나면 제도의 장점을 국민들이 피부로 느낄 수 있을 것이다.

국민연금 기금은 거대한 민족 자본이다. 2010년이면 300조 원을 넘어설 것으로 전망된다. 거대 기금은 자본 시장의 육성과 국가 총저축(national savings)의 증가로 연결된다. 경제와 복지의 선순환이 가능하다. 일단 국민연금법이 개정되면 이러한 장점이 있는 기금이 소진되지 않게 된다.

제도의 지속 가능성이 확보되므로 '4불' 현상은 조기에 불식될 수 있다. 한 걸음 더 나아가 국민연금을 노후 소득 보장의 기본 축으로 하여 근본적인 개혁도 가능할 것이다. 이것이 국민연금법 개정안이 바로 지금 처리되어야 할 이유이다.

사실 모든 종류의 위험으로부터 거대 기금을 보호할 수 있는 투자는 없으나 투자 대상을 다변화하면 위험을 분산할 수 있다. 이 분야의 명저 『주주 가치 창조를 위한 연기금의 우수성(Pension Fund Excellence : Creating Value for Stakeholders)』에서는 '자산 배분 정책 결정은 실제로 가장 가치 있는 투자 의사 결정'이라고 했다. 따라서 자산 배분 정책을 결정하는 기금 운용 위원회의 전문성을 보완하는 것도 재정 개혁에 버금가는 중요한 과제다.

〈문화일보 2004. 02. 18.〉

# 운수 안 좋은 날

박완서
소설가

    상상력은 남에 대한 배려, 존중, 친절, 겸손 등 우리가 남에게 바라는 심성의 원천이다. 그리하여 좋은 상상력은 길바닥의 걸인도 함부로 능멸할 수 없게 한다.
    아침 신문을 뒤적이다가 원로배우 백성희의 사진이 크게 난 것을 보았다. 표정은 기사에서 밝히고 있는 연세를 믿을 수 없을 만큼 젊고 품위 있고 당당해 보였지만 손은 보통의 할머니처럼 거칠고 늙어 보였다. 나는 그 사진으로 그의 전체를 본 것처럼 느꼈고 존경하는 마음과 친밀감으로 흐뭇해졌다. 인상적인 손 때문이었을까, 달포도 넘게 전에 전철 안에서 당한 일이 생각났다. 너무 창피해서 내 자식들한테도 안 하고 묻어 두었던 얘기다.
    노약자 석에 앉아 있는 내 옆 자리에 어린이를 손잡고 탄 엄마가 앉았다. 네댓 살가량 돼 보이는 귀여운 아이가 내 얼굴은 쳐다보지 않고 내 손만 유심히 바라보았다. 그러다가 마침내 말을 걸어왔다. "할머니 손엔 왜 이렇게 주름이 많아?" 당돌한 질문이지만 귀엽기도 해서 성의 있게 대답하려고 노력했다. "넌 내가 할머니인 걸 어떻게 알았어?" "이렇게 주름이 많으니까." "그래 맞았어. 오래 살면 남들이 할머니라는 걸 알아보라고 주름이 생긴 거야. 아줌마나 언니들하고 헷갈리지 말라고." 아이는 쉽게 고개를 끄덕이고는 그다음에는 손등에 푸르게 내비치는 힘줄에 대해서 물었다. "이건 힘줄인데 네 몸에도 있지만 예쁜 살 속에 숨어서 안 보이는 거야. 주사 맞을 때나 필요한 건데 아이들은 주사 맞기 싫어하잖아. 그래서 꼭꼭 숨어 있는데 늙으면 주사 맞을 일도 자주 생기고, 주사 맞는 걸 좋아하니까 자꾸 겉으로 나오나 봐." 말대꾸를 해 주니까 아이는 계속해서 이것저것 묻고 또 물었다. 나도 계속해서 그런 식으로 대답했다. 우리는 어느 틈에 서로 죽이 잘 맞는다는 걸 느끼고 재미있어하고 있었다.

그쯤 되자 아이는 나하고 충분히 친해졌다고 믿은 것 같다. 다시 내 손에 관심을 보이더니 내가 끼고 있는 반지의 알을 손가락으로 만져 보면서 "이 반지 나 주면 안 돼?" 하고 물었다. 나는 웃으면서 반지를 빼려고 했다. 물론 반지를 그 아이에게 주려고 그런 건 아니다. 그런 어리광을 부려도 될 만큼 그 반지는 아이 눈에도 만만해 보이는 반지였고, 실제로도 비싼 반지가 아니지만 나에게는 추억이 깃든 소중한 건데 아무리 귀엽더라도 오다가다 만난 아이에게 빼 주겠는가. 나는 일단 아이 손가락에 끼어 보게 할 작정이었다. 끼어 보면 보나마나 헐렁할 테고 그러면, "이건 네 손가락에 안 맞으니까 네 것이 아니잖니?" 하면서 도로 빼 가지면 알아들을 아이지 그래도 막무가내 떼를 쓸 아이가 아니라는 것 정도는 서로 알아볼 만큼 우리는 친해져 있었다. 또 그 반지는 아이들이 좋아하는 반지라는 걸 나는 벌써부터 알고 있었다.

우리 손녀도 어렸을 때 그 반지만 보면, "할머니 그 반지 얼마짜리 뽑기에서 뽑았어?"라고 물어보곤 했더랬다. 그때만 해도 동네 문방구 앞에는 100원짜리나 500원짜리를 넣고 돌리면 내용물이 빙글빙글 돌다가 동그란 게 하나 굴러 떨어지는데, 까 보면 사탕이나 반지나 열쇠고리 같은 싸구려 장난감이 들어 있곤 했다. 그걸 뽑기라고 했다. 그만큼 아이 눈에 만만해 보이는 반지라는 걸 알고 있었기 때문에 가벼운 마음으로 일단 끼어 보게 하려고 했는데 뜻하지 않은 일이 생겼다. 아이 엄마가 아이 팔을 거칠게 낚아 채더니 자리를 박차고 일어섰다. 정거장도 아닌데 출입문 쪽으로 아이를 끌고 가면서 중얼거렸다. "보자보자 하니 나잇살이나 먹어 가지고……" 다음 말은 알아듣지 못했다. 나잇살이나 처 먹어 가지고였는지도 모르겠다. 모욕감 때문에 더는 듣고 싶지 않았다. 전동차가 멎자 모자는 황급히 내렸다. 아이가 나를 자꾸 돌아보았지만 나는 그 아이를 웃는 얼굴로 배웅할 수 없었다. 그 역은 실은 내가 내릴 역이었지만 내리지 못했다.

나이가 들면 기억력뿐 아니라 식성, 취미 등에도 U턴 현상 같은 게 일어나 옛날 것만 다 좋은 것 같고 마음이 통하는 것도 우리가 길러 낸 30, 40대보다는 어린이가 편하다. 특히 오늘의 주역인 30, 40대의 본데없음과 상상력 결핍은 우리가 저들을 어떻게 길렀기에 저 모양이 되었나, 죄책감마저 들게 한다. 상상력은 남에 대한 배려, 존중, 친절, 겸손 등 우리가 남에게 바라는 심성의 원천이다. 그리하여 좋은 상상력은 길바닥의 걸인도 함부로 능멸할 수 없게 한다.

〈서울신문 2004. 02. 23.〉

## 이혼 열풍의 시대를 살며

최연실
상명대 교수, 생활환경부

최근 우리 사회 전면에 등장하고 있는 독신 열기, 동거 유행, 저출산, 이혼 증가, 게다가 서구 사회 일부에서나 목격되었던 부부 스와핑의 출현까지 바라보고 있으면, 과연 우리 사회가 가족의 가치를 그토록 중요하게 생각해 왔던 것이 맞는가 하는 의문이 들게 된다. 예전의 눈으로 볼 때는 결코 평범치 않은 현상들인데, 보다 주목해야 할 사실은 다른 선진국에서조차 오랜 시간에 걸쳐 이루어지던 일이 우리 사회에서는 지극히 단기간에 일어나고 있다는 것이다.

결혼이나 가족과 관련된 이러한 지표 중에서 단연 눈길을 끄는 것이 이혼율이다. 2003년 말 통계청의 자료에 의하면 우리나라의 조이혼율(인구 1천 명당 이혼 건수)은 1990년에는 1.1건이었던 것이 1995년에는 1.5건, 2000년에는 2.5건, 2002년에는 3.0건으로 증가했다. 미국의 4건에는 못 미치는 수준이지만, EU 국가 평균 1.8건을 훨씬 초과하고 있다. 물론 이 국가들의 경우 법적 결혼보다는 사실혼 관계에 있는 사람들이 많아서 실제의 이혼율은 이 수치를 훨씬 뛰어넘을 것이라고 짐작해 볼 수 있다. 하지만 일본만 해도 조이혼율이 2.3건이라면 우리 사회의 이혼율 수치가 결코 심상치 않다는 것을 자각할 수 있게 된다.

동창회라도 나가면 주위에서 누구 하나 둘은 최근에 이혼했다는 소리들이 빠지지 않고 나오고 개인적인 모임에서 자신을 '돌총(돌아온 총각)'이나 '돌처(돌아온 처녀)'라고 스스럼없이 소개하는 사람들도 심심치 않게 있다. 얼마 전 알고 있던 갓 결혼한 '새댁'이 성격 차이의 사유를 대며 2개월 만에 이혼하겠다고 해서 충격을 받은 적이 있었다. 하지만 더 놀라운 것은 주변 사람들의 태도였다. 예전 같았으면 어떻게 해서든 결혼 생활로 돌아가게 노력했을 가까운 친지들이 순순히 그 이혼 의지를 받아들여 주었다. 그만큼 이혼에 대해서 관대해진 사회적 분위기를 반영하는 듯했다.

이혼과 관련해서 또 한 가지 주목할 사실은 이혼 대열에 참여하는 부부들이 모든 연령대에 골고루 퍼져 있다는 사실이다. 1990년대 이후 우리나라 이혼 관련 통계치를 살펴보면, 동거 기간이 10년을 넘긴 부부들의 이혼율은 꾸준히 증가하는 추세이며, 특히 주목할 것은 결혼 생활 20년을 지속한 부부들의 이혼율이다. 이는 1990년대에 비해 작년에는 거의 3배 가까이 급증한 형편으로 소위 '황혼 이혼'은 신문지 상의 기삿거리나 멀리서 일어나는 일이 아닌 것이 되고 있다.

미국에서는 대략 계산해서 결혼한 부부 두 쌍 중 한 쌍은 어느 시점에서 이혼하고 또 재혼하는 비율도 높기 때문에 이혼이나 재혼이 시간의 경과에 따라 가족들이 밟아 갈 정상적인 가족 생활 주기에 포함되는 지경에 이르렀다. 현재와 같은 추세로 나간다면 우리의 사정도 미국 사회와 다르지 않을 것이다.

예전처럼 참고 살아라 하는 것이 결코 대세가 될 수 없는 상황이라면 이제 가족 복지는 이혼과 관련된 '이혼 복지' 중심으로 이루어져야 한다는 전문가들의 의견 개진도 나온다. 이혼을 미연에 방지하는 대책의 일환으로 대만처럼 결혼 전에 가족의 가치를 강조하고 결혼 생활에서 부부가 각자 노력해야 할 바를 교육시켜서 '결혼 자격증'을 발급하는 것도 일부에서 제시되고 있다. 결혼 이후에는 부부 상담 등을 적극적으로 받도록 하고 관련 기관을 활성화시키는 방안도 모색되고 있다. 어떤 의미에서 이혼의 주된 사유는 '성격 차이'가 아니라 성격 차이의 '조화나 적응 실패'인데, 이는 상담 등을 통해서 충분히 조율해 볼 여지가 있으며, 연령대별로 대체로 다른 사유에 의해 이혼이 발생한다면 이를 고려한 차별적인 상담의 전략도 개발할 필요가 있다는 시각도 있다. 한편 이혼을 결정한 이후에도 정식 이혼을 유예하고 숙려 기간을 갖도록 의무화하자는 의견도 발표된 바 있다.

겪는 당사자들에게 개인적으로는 불행한 사건임에 틀림없는 이혼은 다분히 사적인 성격이 강하지만 그 여파가 사회에 미칠 것을 고려하면 이혼 방지나 '건강한 이혼', 그리고 이혼 이후 적응을 돕는 것에 있어서 사회나 국가에도 분명히 그 몫이 있다는 것이 '이혼 열풍의 시대'를 살며 드는 생각이다. 〈국민일보 2004. 03. 01.〉

# 북한은 변화하고 있다

최광식
고려대 교수 · 박물관장

2003년에 갔을 때는 아침에 두고 나온 팁 1달러가 저녁에 없어진 것을 보며, 변화하고 있다는 것을 실감하였다.

2월 24일부터 28일까지 평양에서 남과 북의 역사학자들이 '일제 약탈 문화재 반환을 위한 남북 공동 학술 토론회 및 자료 전시회'를 갖고 남북 역사학자 협의회를 발족하기로 합의하였다. 남과 북의 박물관이 공동으로 전시회를 개최하였다는 것은 분단 이후 처음으로 있는 일이다. 더구나 남과 북의 역사학자들이 공동으로 협의회를 구성하였다는 것은 그야말로 역사적인 사건이라 할 수 있다. 이를 계기로 여러 분야에서 교류와 협력이 확대되기를 바라며, 통일부는 사회문화분과를 활성화시켜 적극적인 지원을 아끼지 말아야 할 것이다. 북한 당국이 변화하고 있는 만큼 남한 당국도 유연하게 대처해 나가야 되리라고 생각한다.

이번 방북에서 또 하나 엄청난 이벤트는 북한 당국이 조건 없이 덕흥리 무덤 벽화와 강서대묘 사신도를 보여 준 것이라 할 수 있다. 역사학자들이 이들 무덤 벽화를 내부에서 볼 수 있도록 배려를 하였으며, 방송용 촬영도 허락하여 주었다. 중국의 고구려사 왜곡에 대하여 즉자적으로 중국에 항의하는 방법 대신 고구려가 우리의 역사라는 것을 남과 북의 학자들이 공동으로 인식하고 있음을 확인시키는 방법을 택한 것이라 할 수 있다. 중국의 고구려사 왜곡에 대해 중국과의 외교 문제 때문에 표면적으로는 대범한 척하고 있지만 속으로는 매우 속이 상해 있는 상황에서 매우 현실적인 방법을 취하였다고 할 수 있다.

따라서 이번 행사를 계기로 고구려의 역사와 문화에 대해 남과 북이 자료를 교환하고 공동으로 조사하고 연구할 수 있는 관계망을 형성하였다고 할 수 있다.

특히 북한은 고구려의 문화유산을 남한에서 전시하는 방법에 대해 많은 관심을 갖고 있었다. 2005년 고려대학교 100주년 기념관에 들어설 새로운 박물관에 고구려 유물을 전시하는 문제에 대해서 매우 긍정적인 자세를 보였다. 한창규 조선미술박물관장과 김송현 조선중앙역사박물관장 모두 남한에서 고구려 전시회 문제에 대해 매우 적극적이었다.

외형적으로 피부에 와 닿는 변화들이 곳곳에서 감지되었다. 평양 시내를 오가며 시내 풍경이 매우 달라지고 있다는 것을 참가자 모두가 공감하였다. 가장 눈에 띄는 변화는 가게가 많이 생기고, (판)매대가 곳곳에 생겨 심지어 만경대에서도 물건을 팔고 있었다. 그리고 '봉사소'라는 간판의 가게가 여러 군데 생긴 것이 또한 큰 변화라 하겠다. 봉사 시간(영업 시간)도 늦게까지 연장이 되었으며, 복무원에게 물으니 손님이 있으면 봉사 시간에 구애받지 않고 늦게까지 영업을 한다고 한다. 늦게까지 영업을 하는 가게가 많아지게 되니 밤에 네온사인을 켜 놓았으며, 밤늦게까지 불을 켜 놓은 건물들도 있어 평양의 야경이 2002년 처음 평양에 왔을 때와 비교하여 매우 다르다.

갈 때마다 달라지는 것 중의 하나가 팁에 대한 태도 변화라고 할 수 있다. 2002년 평양에 처음 갔을 때 호텔을 나오며 1달러를 팁으로 놓고 나왔으나 저녁에 숙소에 돌아오면 1달러가 고스란히 놓여 있었다. 그러나 그다음 날도 1달러를 더 두고 나와 일을 마치고 돌아와 보니 그대로 탁자에 놓여 있었다. 그러다 복무원을 마주치게 되어 왜 팁을 가져가지 않느냐고 물으니 "일없습니다" 하며 받지 않았다.

그러나 2003년에 갔을 때는 1달러를 두고 나오면 저녁에 없어진 것을 보며, 변화하고 있다는 것을 실감하였다. 그런데 이번에는 숙소에 들어가자마자 복무원이 와서 친절하게 설명을 해 주며 어려운 일이 있으면 부탁을 하라고까지 하였다. 다음 날 1달러를 팁으로 두고 나왔더니 그에 대한 대가인지 양말을 빨아 놓았으며, 그다음 날 다시 1달러를 놓고 나왔더니 이번에는 와이셔츠를 빨아 놓았다. 복무원을 마주치게 되어 빨래를 해준 데 대해 고마움을 표하려 하였더니 "일없습니다"라고 하여 그런 내가 머쓱하였다. 그러나 일을 한 것에 적절한 대가만 받으려는 순박함과 자존심은 아직 변하지 않았다는 것이 오히려 상큼하게 느껴졌다. 〈서울신문 2004. 03. 05.〉

## 장애인은 이민 가고 싶다

이익섭
연세대 사회복지대학원장

　우리나라가 선진국이 되기를 진정으로 희망하는 사람들이 있다. 장애를 갖고 있는 사람들과 그 가족들이 바로 그들이다. 아직도 조기 유학 등 선진국으로의 유학 열풍과 이민 바람은 끊임없이 불고 있지만, 사실 선진국 이민을 가장 바라는 계층이 있다면 장애를 갖고 있는 사람들이 그 첫 번째일 것이다.
　'경제적인 이유만 아니라면 모두 이민을 떠나 우리나라에는 한 사람의 장애인도 남아 있지 않을 것'이라는 장애인들의 탄식은 한국의 장애인 복지 수준을 말해 주는 단적인 예라고 하겠다.
　장애인이 선망하는 선진국이란 어떤 나라를 말하는 것일까? 한국에서는 이민 갈 돈을 주고도 살 수 없는 것이 있다면 도대체 그것은 무엇이란 말인가? 놀랍게도 그 답은 '인간답게 살고 싶다'는 소박한 말속에 담겨 있다. 장애 이전이나 이후를 막론하고, 평범한 선택이 보장된 시민으로 살고 싶은 희망이라고 할 수 있을 것이다. 그것도 어떤 혜택이나 도움에 의해 제공되는 서비스가 아니라, 권리에 의해 누릴 수 있는 기본권이 보장되는 인간다운 삶이다. 장애를 갖고 있는 우리는 왜 전철을 타기 위해 차량 봉사대나 복지 서비스에 의존해야만 할까? 수화 방송은 왜 복지적 관점에서만 제공되어야 하는가? 정보 사회를 대변하는 각종 인터넷의 장벽은 왜 평등권의 침해로 규정되지 않고, 다른 사람의 도움이나 서비스에 의해 극복되어야만 하는 것인가?

최근 우리나라는 '장애인 차별 금지법'을 추진하는 등 장애인의 불평등을 초래하는 각종 차별을 없애려고 노력하고는 있다. 하지만 아직도 장애인의 기본적인 권리마저도 저버리는 환경 제약은 여전하다. 과거에 비해 나아진 것은 많지만, 도움 받아 살아가야 하는 장애인의 근본적인 현실은 어제나 오늘이나 변하지 않았다. 과연 도움보다는 인간적인 권리를 갈망하는 우리의 바람은 지나친 욕심일까? 최근 국제 사회는 이에 대한 명쾌한 답을 준비하고 있다. 바로 다음 달과 8월에 열리는 '국제 장애인 권리 조약을 위한 유엔 특별 위원회'가 그것이다. 그동안 유엔이 채택한 아동 권리 조약이나 여성 차별 금지 조약 등과 같은 일련의 인권 협약에 이어 장애인 권리 조약이 성안되고 있는 것이다.

그렇다. 21세기 우리 사회가 해결해야 할 장애인 복지의 화두는 '권리'이다. 모든 버스를 유모차와 휠체어로 탈 수 있도록 바꾸어 나가는 노력은 예산이 허락되는 대로 추진해야 할 서비스가 아니라, 이동의 권리를 보장하는 당연한 조치이다.

수화나 자막 방송도 복지의 수준이기 이전에 인권의 지표이다. 활자와 정보 접근권은 장애를 가진 한국인도 누려야 하는 기본권이기 때문에 음성 보조기나 특수한 보조 장치로도 읽을 수 없게 만든 홈페이지는 권리의 위협이 된다. 이는 단지 예산의 문제가 아니라 평범한 시민이 가진 기본권의 핵심이다. 이러한 권리가 보다 공고하게 뿌리내린 나라야말로 장애인과 그 가족들이 살고 싶어 하는 선진국이며, 이러한 나라야말로 진정한 의미에서 성숙한 사회를 대변한다. 왜냐하면 강자가 판치는 나라보다 약자가 보호받는 나라가 선진국이고, 최약자인 장애인의 권리가 보장되는 정도가 그 나라의 진정한 성숙도와 선진 수준을 나타내는 상징적 지표가 되기 때문이다.

〈조선일보 2004. 04. 17.〉

## 양심적 병역 거부가 무죄?

이상훈
대한민국재향군인회 회장

　종교적 이유로 병역 소집을 거부한 여호와의 증인 신도 3명에게 무죄가 선고되었다. 비록 1심 판결이지만 대다수 양심적인 대한민국 국민들은 허탈과 충격을 금치 못하고 있다. 이는 양심을 빙자한 비양심의 극치이며, 우리의 안보 현실을 외면한 무책임한 판결이라는 생각에서다. 양심적 병역 거부가 논란의 가치조차 없는 이유는 자명하다.
　첫째, 양심의 자유는 지킬 힘이 있을 때만 지켜질 수 있다. 우리 민족은 역사상 970여 회의 외침을 받았다. 그때마다 생존을 위협받았지만 그것 말고도 가장 위협을 받은 것은 종교의 자유였다. 일제 하에선 신사 참배를 강요당했고, 수많은 기독교인들이 종교의 자유를 지키기 위해 순의 길을 택했다. 6·25 전쟁 때는 종교 자체를 부정하는 공산주의자들과 싸웠다. 그 결과 오늘 우리는 종교의 자유를 누리고 있는 것이다.

둘째, 군대는 전쟁을 억지(抑止)하기 위해 존재한다. 양심적 병역 기피자들이 크게 잘못 생각하는 게 있다. 군대는 전쟁을 하는 집단이고 총은 사람을 죽이는 무기라는 것이다. 그렇지 않다. 강도는 사람을 해치기 위해 총을 갖지만 경찰은 강도로부터 인명을 보호하기 위해 총을 갖는다. 군대의 존재 목적은 전쟁을 하는 것이 아니다. 전쟁을 예방하자는 것이다. 우리의 군사력이 약할 때는 외침을 당하지만, 강한 우리 군이 버티고 있으면 적이 침략할 엄두를 내지 못한다. 6·25 이후 반세기 동안 전쟁이 없었다. 우리가 총을 버려서인가? 아니다. 우리 모두가 굳게 총을 잡고 있기 때문이다.

셋째, 우리의 안보 상황은 대체 복무를 허용하는 나라들과 다르다. 독일을 비롯하여 40여 국가에서 대체 복무를 허용하고 있긴 하나, 이들의 안보 상황은 우리와 전혀 다르다. 독일 장병들은 복무 기간의 절반을 교육으로 보낸다. 인구 8천만 명에 병력은 30만 명이다. 병역 자원이 남아도는 것이다. 대만은 여호와의 증인 신도가 4천여 명에 불과, 30여 명만이 대체 복무를 하고 있지만, 우리나라는 9만여 명의 신도에 매년 700여 명이 병역을 거부한다. 더욱이 최근 우리는 출산율 저하로 병역 자원이 줄어들고 미군의 감축으로 복무 기간의 연장까지 우려되고 있지 않은가.

넷째, 비양심적 병역 기피자를 양산할 것이 뻔하다. 안타깝게도 우리 사회에서는 병역 비리 문제가 끊이지 않는다. 이유는 무엇인가. 군에 자녀를 보내는 부모들은 한결같이 몸 성히 다녀오라고 한다. 우리 안보 환경이 그만큼 위험하고 때로는 생명의 손실도 감수해야 할 정도로 절박하기 때문이다. 그래서 온몸에 험한 문신을 새기고,

멀쩡한 무릎의 연골을 잘라 내는가 하면, 심지어 뇌물을 주는 등, 무슨 수를 써서라도 군대에 안 가려는 사람들이 나온다.

그들에게 특정 종교의 신도가 되는 것쯤이야 식은죽 먹기 아니겠는가. 더구나 국민들의 다수를 차지하는 기독교와 불교가 양심적 병역 거부에 동참할 경우 이 나라의 국방은 용병에게 맡길 것인가.

결론은 자명하다. 양심적 병역 거부는 친구들이 총을 들고 전선을 지키는 동안 자기는 후방에서 편안을 도모하자는 비양심일 뿐이다. '양심적 병역 거부'라는 용어도 '종교를 빙자한 병역 기피'로 바꾸어야 한다. 이번 판결로 전·후방에서 근무하는 70만 장병들의 사기는 흔들리고 있는 반면, 군대 기피 구실을 찾아 헤매던 비양심적 인사들은 쾌재를 부르고 있다. 부디 2심에서는 현명한 판결이 있기를 기대한다. 〈조선일보 2004. 05. 26.〉

## 건강한 민족주의 재구성 가능

도정일
경희대 교수 · 문학평론가

 2년 전 월드컵 축구 경기 때의 '명장면' 하나를 나는 늘 기억한다. 내가 말하는 그 명장면은 우리 팀 골잡이들이 만들어 낸 신명나는 슈팅 장면도, 수비수들의 뛰어난 태클 장면도 아니다. 물론 경기의 명장면들은 그것들 자체로 기억되고 칭송되어야 할 것이지만, 나의 뇌리에 아직도 선연히 남아 있는 감동적 장면은 한국·터키 간 3, 4위 결정전이 끝나고 났을 때의 것이다.
 그 경기에서 우리는 터키에 져 4위로 밀리고 사람들은 진한 아쉬움에 사로잡혔다. 그런데 바로 그 순간 테니스 코트만 한 대형 태극기가, 똑같은 크기의 터키 국기와 나란히 사이좋게 물결치고 펄럭이며 관중석에서 흘러내렸다.
 만약 그때 우리 관중이 경기장에 콜라병, 소주병, 먹다 남은 팝콘 봉지, 방석 같을 것을 내던지며 욕설 퍼붓는 야유의 장면들을 연출했다면 어찌 됐을까. 우리는 영락없이 '훌리건' 수준으로 내려앉았을 것이고, 축제는 초라한 끝 장면과 함께 막을 내렸을 것이다.

모든 스포츠 경기는 '우리 편'과 '저편'이라는 2분법의 드라마 위에서 펼쳐진다. 분할과 대결은 이 드라마의 구조적 원칙이며 재미의 원리다. 그래서 스포츠 경기는 항용 부족적 열기를 조장하고 민족주의적 열정에 불을 댕긴다.

지난번 월드컵 대회 때에도 우리에게 민족주의적 열정의 폭발이 없었던 것은 아니다. 그러나 그 열정이 추악해지지 않은 것은 한·터키 전에서 우리 관중들이 보여 준 것처럼 '너도 잘했고 나도 잘했다'는 탁월성의 상호 인정과 타자 존중의 정신이 동시에 발휘되었기 때문이다.

민족주의는 사람들을 비합리적 충동으로 이끌 수 있는 추악성의 위기를 늘 안고 있다. 타민족·타문화를 멸시 배척하는 국수주의에 빠질 때, 자민족 우월론의 정치적·정서적 보루가 될 때, 민족주의는 공존의 반대 원리가 된다. 국가주의나 국민주의적 지배 담론으로 발전할 때 민족주의는 억압·배제·폭력·불관용의 장치로 추락한다. 그러나 민족주의가 부정적 측면만 있는 것은 아니다. 그것은 억압·배제·폭력의 장치가 되기도 하고, 해방과 공존을 위한 투쟁의 에너지가 되기도 한다.

민족주의가 없어지기만 하면 세계가 평화로워질 것이라고 믿는 것은 '이론의 망상'이다. 민족은 본질론적 실체가 아니라 정치적 실체다. 이 실체는 물론 역사적·문화적 구성물이다.

그러나 역사적 구성물은 순수 허구와는 다르다. 민족주의에는 같은 시간과 공간(장소)에서 함께 살아가는 자들이 공유하는 가치와 명제, 꿈과 신화, 애정과 헌신이 들어 있다. 민족주의는 현실의 일부이고 인간학적 진실이며 거대한 에너지원이다.

역사적으로 민족주의는 정치 민주주의의 성립과 불가분의 관계에 있다. 민주주의 없는 민족주의는 있을지라도 민족주의 없는 민주주의는 사실상 불가능하다. 정치 민주주의는 껴안으면서 민족주의는 폐기하자고 말하는 것은 목욕통 없이도 목욕물을 퍼 담을 수 있다고 믿는 식의 난만한 착각이다.

민족주의가 반드시 타자 배척의 국수주의, 자민족 우월론, 억압과 지배의 담론 같은 것들에 항구한 포로로 묶일 필요는 없다. 역사적 구성물이기 때문에 민족주의는 역사적 변화에 열려 있다. 이것이 '열린 민족주의'다.

열린 민족주의는 열린 믿음의 체계와 마찬가지로 타자를 배제하지 않는다. 그것은 삶, 경험, 가치의 다원적·복합적 양식의 하나로 발전될 수 있다. 민족주의 없는 세계를 몽상하기보다는 민족주의를 복합적 경험 양식으로 재구성하고 공존 평화 관용의 열린 체제로 변용시켜 나가는 일이 더 중요하고 필요하다. 민족을 말하는 일이 꼭 절대 진리나 보편주의 도그마에 빠지는 일은 아니므로 민족주의의 역사적 재구성 작업은 가능하다. 〈국민일보 2004. 06. 13.〉

## 이 땅을 떠나는 이유

정갑영
연세대 교수, 경제학과

얼마 전 미국에서 돌아온 동료가 전한 체험담이다. 몇 년간 그곳에서 생활한 터라 아이를 현지 고등학교에 보내려는데, 입학 허가가 잘 나오지 않아 노심초사했다는 것이다. 미국 고등학교가 언제부터 그렇게 입학이 어려워졌을까. 결국은 교장을 만나 하소연했다. 그런데 고민을 털어놓는 것은 오히려 학교 측이었다. "한국계 학생은 3명 정도 받을 수 있겠는데, 이번 학기에 무려 1천여 명이 지원했습니다." 도저히 믿을 수 없는 설명이었다.

뉴저지 주에 있는 L고등학교의 얘기다. 문제는 그 학교만 그런 게 아니란 점이다. 기숙사 시설이 있는 어지간한 사립 고등학교들은 한국에서 몰려오는 조기 유학생들로 행복한 고민에 빠져 있다. 1천 명이 몰렸다면 입학 지원서 수입만도 10만 달러가 넘는데, 이런 학교가 한두 군데가 아니라고 한다. 정작 한국의 학교들은 재정난으로 허덕이는데, 외국 학교들은 한국 학생으로 호황을 누리고 있는 셈이다.

한국을 떠나는 흐름은 여기에만 그치지 않는다. 한 민간 연구소의 설문 조사에서는 응답자 6천여 명 중 74%가 '이민 준비 중'이라고 대답했다. 그러니 홈 쇼핑에서 캐나다 이민 상품이 대박을 터뜨리는 것은 너무 당연하지 않은가. 중소기업에 대한 여론 조사에서는 390여 개 기업 중 80%가 2년 또는 5년 이내에 해외로 진출할 수밖에 없다고 말하고 있다. 실제로 국내의 설비 투자보다 해외 투자가 더 크게 증가하는 현상도 수년째 지속되고 있다. 올해 1/4분기(1~3월)에 우리 기업이 중국에 투자한 규모만 해도 14억 달러를 넘었다.

사람과 기업만 한국을 떠나는 게 아니다. 해외 이주비와 재산 반출, 증여성 송금 등 자본의 해외 유출을 보면 올 초 넉 달 동안 45억 달러가 나갔고, 유학과 연수 비용은 작년 한 해에만 18억 달러에 이르렀다. 모두 전년 대비 20% 이상의 급속한 증가율을 나타내고 있다. 최근 미 로스앤젤레스는 한국인들의 수요로 부동산 값이 급등했다지 않는가. 국내 증시에 투자한 외국 자본마저 최근에는 이 땅을 빠져나가는 비율이 높아지고 있다.

한국을 떠나려는 현상이 갈수록 심화되는 이유는 무엇일까. 표면적인 이유는 대부분 자녀 교육과 실업, 불안한 사회와 노후 대책의 마련 등이다. 기업은 높은 임금과 노사 불안, 규제 등으로 더 이상 국내에서 경쟁력을 확보하기 어렵다고 말한다. 그러나 탈(脫)코리아의 궁극적인 원인은 미래에 대한 불안, 개개인의 다양한 특성을 수용하지 못하는 사회 정서, 자율과 창의성을 억제하는 과다한 규제 정책에서 비롯되고 있다.

물론 탈코리아는 글로벌 경제에서 어쩔 수 없는 일시적 현상으로 치부할 수도 있다. 아직은 우리 경제에 큰 영향을 미치지 않는 것도 사실이다. 그러나 시간이 흐르면 이것은 우리에게 큰 부담으로 작용할 수밖에 없다. 이런 현상이 구조적인 패턴으로 자리 잡기 전에 한국을 매력적인 나라로 만드는 전략을 마련해야 한다.

해외 유출을 엄격히 단속한다고 해결될 문제가 아니다. 우선은 소외 계층을 배려하되 부유층도 숨쉴 수 있게 하며, 부(富)가 국내에서 선순환될 수 있는 제도를 적극적으로 개발해야 한다. 대학만이라도 완전히 자율화해 다양한 입시 제도를 개발한다면, 조기 유학의 열풍은 쉽게 잠재울 수 있을 것이다. 기업의 해외 탈출을 막는 대안도 역시 획기적인 규제 철폐를 통한 시장 자율에서 찾아야 한다.

공자가 노나라의 혼란을 피해 제나라로 가던 중 무덤에서 슬피 우는 여인을 만나는 고사를 생각해 보자. 그 여인은 가혹한 정치를 피해 산으로 숨었다가 가족 모두가 호환(虎患)을 입었음에도 폭정이 호환보다 무섭다(苛政猛於虎)고 말한다. 나라를 떠나는 것은 누구든 쉬운 결정이 아니다. 그럼에도 불구하고 주변의 많은 사람과 기업이 모국을 떠나려 하는 마음을 진지하게 헤아려 보아야 한다. 사람과 기업과 자본이 빠져나가는 나라가 어떻게 부강해질 수 있겠는가.

〈동아일보 2004. 06. 28.〉

## 주 5일제와 가족 여가의 질

김외숙
방송통신대 교수, 가정학과

2003년 9월 국회를 통과한 근로 기준법 개정에 근거하여 7월부터 금융·보험업과 공기업 및 1천 명 이상 사업장에서는 주 5일 근무제가, 공무원의 경우 월 2회 토요휴무제가 시행되기 시작하였다. 앞으로 2011년까지 점차적으로 모든 사업장에 주 5일 근무제가 시행된다.

주 5일 근무제 시행은 삶의 중심축이 노동과 생산성으로부터 여가와 삶의 질로 옮겨 가는 경향을 한층 강화할 것이다. 주 5일 근무제가 사회적 이슈로 등장한 이후 가족 중심의 여가 생활이 큰 관심을 끌고 있는데, 이는 충실한 가족 여가가 삶의 질과 직결되기 때문이다.

가족 단위 여가 생활이 가족의 응집성 및 의사소통성을 높이고, 부부간의 결혼 안정성과 자녀에 대한 교육적 효과를 높이는 등 긍정적 기능이 많다는 점에서 가족 여가에 대한 높은 기대는 바람직한 현상으로 보인다.

그러나 주 5일 근무제 자체가 성공적인 가족 여가 생활을 보장하지는 못한다. 여가 인프라의 확대나 기존 인프라의 효율성 제고를 포함한 종합적인 여가 정책 등 공공 부문의 준비뿐 아니라 개인 및 가족 수준에서의 대비도 필요하다. 그렇지 못할 경우 여가 생활의 일탈화, 부부 관계의 악화나 이혼, 청소년의 비행 증가 등 오히려 심각한 사회적 문제가 제기될 수 있다. 여가 생활에서의 가족 간 차이와 이에 따른 상대적 박탈감 내지 소외감도 더욱 확대될 수 있는 문제이다.

**상대적 박탈감 확대 우려**

개인 및 가족 수준에서의 준비에 초점을 맞추어 볼 때, 가족 여가의 질을 향상시키기 위해 중요한 점은 여가 생활 관리 능력을 중요한 생활 기술로 인식하고 개발하는 일이다.

충실한 여가 생활은 여가 시간만 주어진다고 해결되는 것이 아니라 장기적인 관점에서 계획하고, 규칙적으로 실천할 때 얻을 수 있기 때문이다. 특히 우리 국민의 강한 동조성은 여가 생활에서도 모방적 참여로 나타나고 있다. 따라서 자신 및 가족의 여가 선호나 가족 생활 주기, 경제적 여건 등을 고려하여 주체적이고 개성적인 가족 여가 문화를 개발하는 일이 중요하다.

주 5일 근무제 시행과 함께 서비스업을 중심으로 기혼 여성의 취업 증가가 예상되는 점과 관련해 볼 때 가족 간의 민주적이고 평등한 관계의 구축도 성공적인 가족 여가를 위해 필요한 전제이다.

1980년대 중반 일본에서 주 5일 근무제를 단계적으로 시행할 당시 성(性) 역할에 대해 전통적인 태도를 가진 남편들이 낮잠을 자거나 텔레비전을 틀어 놓고 주말 연휴를 보냄으로써 부인의 가사 노동만 늘려 놓는 부작용을 낳기도 했다. 이에 남편의 출근을 오히려 기대했다는 일본 주부들의 불평도 있었다. 주 5일 근무제의 정착을 위해서는 함께 일하고 함께 즐기는 가족 문화가 중요함을 보여 준다.

가족 여가가 중요하다고 해서 개인의 여가 생활이나 동료·친구·이웃과의 여가 생활 중요성을 간과해서는 곤란하다. 일과 여가 사이의 조화가 필요하듯 여가 생활에서도 개인 여가와 가족 여가, 사회적 여가 간의 조화가 필요하다. 개인적인 여가 활동에 지나치게 몰입하여 가족 관계에 부정적인 영향을 주면 곤란하다. 또 자기 가족만이 아닌 다른 가족과 함께 여가 생활을 함으로써 사회성과 여가 만족감을 증가시키는 것도 중요하다.

주 5일 근무제 시행 이후 다양한 여가 활동들이 매스컴을 장식하고 있다. 이러한 분위기 속에서 여행이나 야외 활동 등 특별한 활동을 즐겨야만 제대로 된 여가 생활을 한다는 강박 관념도 버릴 필요가 있다.

### 주체적 가족 문화 개발 절실

일상을 벗어난 활동들을 통하여 새로운 경험을 하는 것도 풍요로운 삶을 위하여 바람직하지만, 텔레비전이나 비디오 시청, 독서와 같은 활동도 계획적인 프로그램 선택이나 감상 표현, 토론 등이 연결된다면 훌륭한 가족 여가 활동이 된다. 특별 요리나 DIY 가구 조립 등도 가족이 함께 함으로써 여가화할 수 있는 활동이다. 규칙적인 가족 단위 봉사 활동 참여는 소비적 활동에서 제공하지 못하는 여가 만족감을 제공할 수 있다.

　주 5일 근무제는 점차 확대될 것이 분명하다. 가족과 함께 즐거운 여가 생활을 누리기 위해서는 여가 시간을 확보하는 데서 나아가 질 높은 여가 생활을 준비하는 개인적·사회적 노력이 필요하다. 현명한 여가 생활을 통하여 보다 향기로운 삶을 가꾸어야 할 때다.

〈경향신문 2004. 07. 05.〉

## 인간의 권리는 어디서 시작되는가

한정숙
서울대 교수, 서양사학과

'안티고네'는 고대 그리스의 비극 작가 소포클레스의 작품 제목이자 주인공 이름이다. 그리스 도시 국가는 '인간은 정치적 동물'이라는 아리스토텔레스의 명제가 태어나는 배경이 되었을 만큼 공적 생활을 중시했으며, 공적 시민만을 가치 있는 인간으로 인정했다. 바로 그런 사회에서 안티고네는 특정한 정치 공동체에 속하는 데서 비롯되는 시민적 가치와 이를 넘어선 인간적 가치의 관계에 대한 근본적 문제를 제기했고, 소포클레스는 양자의 갈등에서 빚어진 파국을 장엄한 비극으로 그려 냈다.

테바이의 왕녀 안티고네에게는 두 남자 형제 폴리네이케스와 에테오클레스가 있었다. 형제 사이에는 불화가 빚어졌다. 망명한 폴리네이케스가 군대를 일으켜 테바이를 치는 바람에 전쟁이 일어났고 형제는 전투에서 맞붙어 전사했다. 비극「안티고네」는 형제 사망 후의 상황에서 시작된다. 테바이 왕 크레온은 에테오클레스에게는 후한 장례를 베푼 반면, '반역자' 폴리네이케스에 대해서는 시체의 매장을 금지하면서 어기는 자는 돌로 쳐 죽이라 명했다. 고대 그리스적 사유에 따르면 매장되지 못한 주검은 명부에 이르지 못하며 영혼의 안식을 얻을 수 없었다. 인간에게는 국가 내에서의 삶뿐 아니라 그 너머의 삶도 있으며, '반역자'도 영혼의 존엄성을 보호받아야 한다고 믿고 있던 안티고네는 폴리네이케스를 위해 장례 의식을 베풀다 체포되어 왕 앞에 끌려온다. 왜 국법을 어겼느냐는 크레온의 힐문에 안티고네는 그 법은 신에게서 주어진 것이 아니라고 대답하며 죽음을 받아들인다.

크레온은 국법의 수호자를 자처했지만, 안티고네를 사랑하던 그의 아들 하이몬은 연인을 따라 죽고, 상심한 왕비마저 자살해 버린다. '반역자'가 전사하여 공적 영역에서 완벽히 물러났음에도 만족하지 못하고, 법으로 인간 영혼마저 통제하려 했던 데 대해 크레온은 벌을 받은 것이다. 유명한 국가주의 철학자 헤겔은 「안티고네」의 열렬한 독자였는데, 그도 크레온의 손을 일방적으로 들어 주지는 않았다. 국가 권력이 미치지 못하는 인간 내면과 정의의 영역이 있음을 알았고, 이를 무시할 때 국가 체제 자체가 경직됨을 간파했기 때문이다.

의문사 진상 규명 위원회가 유신 시절 빨치산·남파 간첩 출신자들의 사망을 국가 폭력에 의한 의문사로 인정했다고 해서 한국 사회가 소란해졌다. 일각에서는 '간첩을 영웅으로 만들고 있다'고까지 표현하며 반발하고 있다. 여기서 사태의 본질을 다시 생각해 봐야 할 것 같다. 의문사위가 '민주화 운동과 관련한 의문사' 결정을 내린 것이 해당자들의 '간첩', '빨치산' 활동에 관한 게 아님은 너무나 명백하다. 이들은 국법 위반에 대한 당연한 처벌을 받아 수감돼 있었고, 사회에 더는 위협이 되지 않는 존재들이었다. 이들은 시민으로서 모든 권리를 박탈당했다. 남은 것은 인간의 기본권뿐이었다. 그러한 사람들에게 사상 전향을 강요하며 고문을 가한 것은 국가가 개인의 머릿속까지 완벽히 통제하겠다는 의도의 소산이었다. 이들은 적대 행위를 하지 않고 있던 상태에서 신념의 변경을 강요당했고, 이를 거부함으로써 죽음을 당했다.

의문사위는 그들의 '무저항의 저항'과 죽음이 일으킨 파장이 강제 전향제 폐지를 가져왔고, 이로써—그들의 의도는 아니었을지라도—'결과적'으로 국가의 민주화와 인간화가 촉진됐다고 보았을 뿐이다. 그렇다면 논의의 초점은 '간첩을 민주 인사로 만들었네 아니네'가 아니라, '비동조자에 대한 국가 권력의 행사는 어디까지 미치는가, 시민의 권리는 어디서 끝나고 인간의 권리는 어디서 시작되는가' 하는 기본적 문제에 놓여야 한다. 무방비 상태의 인간에게 무차별적 폭력을 가한 국가 권력의 야만성은 문제 삼지 않고 자기 집단에 속하지 않는 사람이라고 인간적 권리를 무시하려 든다면, 적국 포로에 대한 인격적 대우 같은 것은 어떻게 논의할 수 있겠는가. 민주화운동 기여 자체에 대한 이견은 얼마든지 있을 수 있고, 의문사위의 결정은 민주화 운동 보상 심의위에서도 수용되지 않았다. 다만, 문제에 대한 진지한 논의는 지금부터 시작돼야 할 것이다.

〈한겨레신문 2004. 07. 21.〉

## 해외 입양, 이젠 그만!

김성이
이화여대 교수 · 한국사회복지협회 회장

지난 5일부터 4일간 서울 소피텔 앰배서더 호텔에서는 세계 한인 입양 대회가 열렸다. 전 세계 15개국에 입양 간 430여 명이 함께 조국의 정을 나눈 자리였다. 이 자리에서 김근태 보건복지부 장관은 감동적인 축사를 했다. "사랑한다고 말하고 싶었습니다. 하지만 망설였습니다. 과연 그렇게 말할 자격이 있는지 고민하지 않을 수 없었습니다. 여러분이 감당했던 고뇌와 상처를 짐작하기에 쉽게 사랑한다고 말할 수 없었습니다. 그래도 말해야겠습니다……. 여러분, 사랑합니다!" 이 말에, 참석한 입양인들은 "엄마, 아빠 이해해요……. 사랑해요!"라고 화답하였다.

지금까지의 해외 입양 총 인원은 약 20여 만 명으로 추정된다. 많았을 때는 한 해에 7천~8천 명이나 해외에 입양되었고 최근에는 연간 2천 명 정도를 해외에 입양시키고 있다. 해외 입양은 6·25 전쟁

이후 급증한 고아들의 문제를 경제적으로 허약했던 그 당시 정부가 책임질 수 없어 해외로 내보낸 데서부터 비롯되었다. 우리가 먹고 살 만하게 된 지금, 아직까지도 우리 아이들을 해외로 내보내야 하는지를 재검토해 보아야 한다.

이번 입양 대회에서는 이미 입양된 우리 자녀들을 위한 입양인 상호 간의 교류뿐만 아니라 범세계적인 입양인 네트워크 구축이 제안되었으며, 구체적인 사후 관리 프로그램이 마련되어야 한다는 논의도 있었다. 해외 입양인은 모국과 그들이 자란 나라를 연결하는 핵심 인력이 될 수 있기 때문에 개인이나 국가를 위해서도 사후 관리가 필요하다는 데에는 전적으로 동의한다.

그러나 이제는 해외 입양을 계속할 것인가를 본질적으로 생각할 때이다. 해외 입양 기관의 장으로 오랫동안 일하셨던 분이 퇴직하는 자리에서 주변에서 큰일을 하셨다고 말씀드리자 "본인은 죄인이다"라며 흐느낀 적이 있다. 낯도 설고, 물도 선 이국땅에 안 떨어지겠다는 어린아이들을 떼어 놓고 돌아설 때 그 아이들의 눈에 맺히는 눈물방울을 생각하면 지금도 가슴이 저려 온다고 고백하면서 정말 내가 아이들에게 못할 짓을 한 것 같다고 후회하였다.

해외 입양은 개인적 차원에서 상처를 주는 문제일 뿐만 아니라, 국가적으로도 문제가 된다.

얼마 전 외국에 가서 한국의 발전을 이야기한 적이 있다. 그 이야기를 듣던 한 외국인이 "그렇게 나라가 발전되었으면 왜 지금까지 아이들을 해외에 입양시키고 있느냐?"라며 반문했다. 그 옆에 있던 다른 외국인들이 '자기들의 아이들을 다른 나라에 키워 주길 부탁하는 나라'보다 '다른 나라 아이들을 받아들여 키우는 나라가 더 위대한 나라이며 훌륭한 국민'이라고 평가하는 이야기를 들은 적이 있다. 이처럼 해외 입양은 국가적 차원에서 국력의 문제이며, 국가 주체성의 문제이다.

해외 입양 문제를 해결하기 위해서는 국내 입양에 대한 인식 전환 운동이 필요하다. 지금까지 우리 사회는 혈연 중심 사회로, 입양은 같은 집안의 피를 받은 아이들만 하고, 부득이 혈연관계가 없는 아이를 입양하였을 경우에는 숨기는 문화였다. 이러한 문화 속에서는 국내 입양이 확산되는 데 한계를 가질 수밖에 없다. 최근 일부 종교 단체들이 펼치는, 혈연관계를 초월한 국내 입양 문화 개혁 캠페인에 국민 모두가 참여하여 입양에 대한 인식 개선이 되어야 한다.

이런 인식 개선 운동에 앞서 정부가 정책적으로 우선 시행해야 될 일도 많다. 첫째, 정부는 국내 입양으로 소화시키지 못하는 아이들을 위한 보육 체계를 만들어야 한다. 예를 들면, 입양하기는 힘드나 아이들을 돌볼 마음을 가지고 있는 가정을 선정하여 정부가 양육비와 교육비를 지원하는 제도를 둔다면 어렵지 않게 해외 입양 문제를 해결할 수 있을 것이다.

둘째, 정부는 미혼모나 편모, 편부가 자녀들을 키울 수 있는 양육 지원 제도를 만들어 고아 발생을 예방해야 한다. 최근에 버려지는 아이들은 미혼모의 자녀나 해체 가정의 자녀들이 많다. 미혼모나 편부모가 자녀를 양육할 수 있는 지원 제도를 강화하여 이들이 자녀를 상실하는 아픔을 갖지 않게 하며 사회적 부담도 감소시키는 제도를 마련하여야 한다.

셋째, 정부는 지금 곧 해외 입양을 중단해야 한다. 금년은 해외 입양을 시작한 지 50주년이 되는 해이다. 언제까지 고아 수출국이라는 오명 속에 갇혀 국가 위신을 추락시킬 것인가? 이제 더 이상 해외 입양아들 앞에서 무슨 말을 해야 할지 막막해하고 두려워하는 일은 없어야 할 것이다. 〈서울신문 2004. 08. 10.〉

# 아이들이 사라지는 사회

김승권
한국보건사회연구원 연구위원

통계청에 따르면 우리나라 출산율은 세계 최저 수준이다. 1970년 100만 명이 넘던 신생아 수는 지난해 49만 3,500명으로 줄었다. 낮은 출산율(2003년 1.19명)이 사회 문제가 되는 것은 우리 사회가 정상적인 인구 구조를 유지하기에 필요한 '인구 대체 출산율'(2.1명)과 괴리가 크기 때문이다. 경제 개발 협력 기구(OECD) 국가 평균 출산율(1.6~1.7명)의 70%에 해당하는 우려할 만한 수준이다.

여전히 인구 밀도가 높고 실업자가 많으며 인구도 증가하고 있어, 낮은 출산율에 대한 우리의 국민적 관심은 저출산을 일찍 경험한 서유럽이나 일본보다 낮다. 더구나 복잡한 교통 환경, 환경 오염 확산, 과도한 경쟁, 높은 주거비 등을 우려하며 인구 증가 억제를 주장하는 목소리도 없지 않다.

그런데 문제의 심각성은 출산율 저하 속도와 이로 인하여 나타나는 인구 변동의 속도를 제어하기 어렵다는 데 있다. 이미 대학 정원이 수험생보다 많은 '대입 역전 시대'에 돌입했고, 병역 의무 대상자 중 현역 입영자의 비율이 늘어나는 현실이다. 앞으로 예견되는 부정적 영향은 이뿐이 아니다.

### 저출산 부정적 영향 현실화

첫째, 인력 자질 향상, 기술 발전, 생산력 제고 등이 이루어지기 전에 인구 감소가 이루어질 전망이다. 현재 수준의 출산율이 유지된다면 인구는 2017년 4,925만 명으로 절정에 달한 후 2050년 4,046만 명, 2100년 1,621만 명으로 줄어든다. 20~30년마다 인구 1천만 명의 감소는 국내 총생산(GDP) 감소로 직결될 것이다.

둘째, 생산 인구는 2016년에 3,638만 명을 정점으로 2050년 2,442만 명, 2100년 1,193만 명으로 줄어들 것으로 보여 노동력 부족이 우려된다. 앞으로 이러한 경향은 더욱 심해져 여성·노인 인력이 노동 시장에 들어온다고 해도 엄청난 해외 노동력이 유입되지 않으면 경제 발전을 기대하기 어려울 것이다.

셋째, 전체 인구 대비 노인 인구 비율이 7%인 고령화 사회는 2000년에 이미 도달했고, 2026년에는 노인 인구가 20%인 초고령 사회로 진입할 전망이다. 현재 약 10명의 젊은이가 노인 1인을 부양하고 있지만, 2050년에는 젊은이 7명이 노인 1인을, 그리고 2100년에는 젊은이 1명이 노인 1명을 부양하게 된다.

넷째, 사회 보장비 과다 지출로 국민의 재정 부담이 가중될 것이다. 보험료율 인상과 급여 지출의 축소가 없다면 적립 기금의 고갈이 우려된다. 병·의원의 총 진료비 중 노인 진료비 비율은 2001년

17.8%, 2002년 19.3%, 2003년 21.3%로 매년 상승하고 있다.

한국 사회가 늙어 가는 것은 어쩔 수 없는 현실이다. 그렇지만 인구노화 속도를 지연시키는 노력을 하지 않으면 엄청난 경제·사회적 위기에 직면할 것이다. 세계에서 가장 낮은 출산율의 회복을 어느 수준까지, 얼마나 빨리 정책적으로 추진할 수 있는지에 우리의 장래가 달렸다. 이젠 정책적 실천이 뒤따라야 할 시점이다. 일본은 출산율이 1.57이었던 1987년 에인절 플랜, 골드 플랜 등 종합 대책을 마련해 출산율 저하 속도를 낮춰 현재는 우리보다 높은 1.29명이다.

한국의 미래를 위해 다양한 정책을 개발하고 과감한 재정 투자를 해야 한다. 청년 실업 해소, 근로자의 직장 안정화, 최저 임금의 보장 등 사회 구조적 문제 해결을 위한 정책이 강화될 필요가 있다. 출산 및 자녀 양육을 위한 환경 조성 정책도 다각적으로 추진됨이 마땅하다. 보육 서비스의 공공성 강화, 자녀 양육비 지원 및 세제 감면, 아동 수당 지급, 사교육비 감소 등도 요구된다.

### 출산·양육 환경 개선 시급

'가정과 직장의 양립'을 위한 산전·후 휴가와 육아 휴직이 양성 평등적 측면에서 확대돼야 하며, 적정 수준의 급여와 대체 인력 급여 등에 대한 정부 지원을 늘려야 한다. 임신부터 출산까지의 보건·의료 서비스를 강화하여 건강한 아이의 출산을 유도하고, 50만~60만 명에 이르는 불임 부부를 위한 검사 및 치료 지원에도 신경을 쓸 때이다.

다만 정책 추진 과정에서 반드시 염두에 두어야 할 것은 결혼과 출산은 개인의 자율적 판단이 강조되는 사생활이므로 강요되어서는 안 된다는 점이다. 정부 정책은 결혼·출산·자녀 양육 등을 위한 적절한 환경을 조성하는 데 있음을 명심해야 한다.

〈경향신문 2004. 08. 30.〉

## 로스쿨-법조인 증원 연계돼야

서보학
경희대 교수, 법학부

　사법 개혁 위원회가 곧 로스쿨 도입 여부에 대해 결론을 내릴 예정이라고 한다. 현재 일부 법조인을 제외한 다수 위원들이 찬성을 하고 대법원이 자체 로스쿨 안을 마련해 적극적으로 나서는 상황이어서 사실상 결론은 난 것으로 보인다. 우리 사회의 다수가 지금의 사법 시험 제도와 법학 교육 방식을 획기적으로 개선하지 않고서는 미래 한국 사회의 경쟁력 추락이 분명하다고 느끼는 상황에서 로스쿨의 도입은 법조인 양성 제도의 근본적인 변화일 뿐 아니라 국민이 바라는 사법 개혁의 핵심 요구 사항 중 하나인 점에서 긍정적으로 받아들일 수 있다.
　다만 로스쿨 제도는 개혁의 명분에 쫓겨 도입 자체가 목적이 되어서는 곤란하다. 로스쿨은 기존의 법조인 양성 제도가 갖는 문제점들을 근본적으로 해소할 수 있는 프로그램을 갖추어야 할 뿐만 아니라 특히 사법 개혁을 원하는 국민의 요구에 부응할 수 있는 방식으로 도입될 때 비로소 의미를 갖는다. 사법 개혁에서 바라는 국민들의 요구는 간단하다. 질 좋은 사법 서비스를 저렴하게 이용할 수 있게 해 달라는 것이다. 우리나라에서 현재까지의 사법 서비스 시장은 철저하게 공급자 위주로 형성되어 왔다. 법률 서비스는 송무 사건 위주로만 제공되어 국민들은 일상생활에 필요한 법률 서비스를 주변에서 쉽게 제공받지 못할뿐더러 우리의 경제력에 비추어 과도한 서비스 비용을 치르고 있다. 변호사 보수가 독일보다 평균 10배, 국민총생산(GNP)을 감안하면 40배 정도 비싸다는 연구 보고서도 나와 있다. 이렇게 법률 서비스의 가격이 높다 보니 소송 당사자의 약 65% 이상이 변호사 없이 '나홀로 소송'을 진행하는 실정이다.

공급자 위주로 형성된 고비용의 법률 시장을 깨고 소비자 위주의 시장으로 바꾸기 위해서는 법률 서비스 제공자를 대폭 늘려야 한다. 법조인이 늘어날 때 먼저 소비자를 찾아 나서게 되고, 이런 과정에서 자연스럽게 서비스 질은 향상되고 문턱은 낮아지게 마련이다. 또한 법조인들의 증가는 다양한 직역으로의 활발한 진출을 촉진해 민·관을 아우르는 사회의 각 영역에서 법적 사고의 정착과 법치주의의 증진을 가져오게 된다. 법조인들이 서초동으로 대표되는 폐쇄된 영역을 넘어 국민들의 생활권으로 진출해 일상 주변에서 저렴한 법률 서비스를 제공할 수 있게 된다.

필자가 독일에서 유학할 당시 집주인과의 분쟁이나 자동차 접촉 사고 등이 있을 때 집 주변의 변호사 사무실에서 저렴하게 법률 조력을 받은 것은 지금도 독일 사회에 대한 인상 깊은 기억 중의 하나로 남아 있다. 국제화 시대를 맞아 우리 사회가 필요로 하는 경쟁력 있는 법조인의 배출도 결국 법조인 증원을 통한 법조인들 간의 치열한 경쟁 기반이 마련될 때 가능하다. 변호사 단체에서 법조인 증원에 따른 부작용을 지나치게 강조하면서 법조인 수를 줄여야 한다고 주장한 것은 이기주의의 발로에 불과하다. 법조인 증원에 따른 부작용이 전혀 없을 수는 없지만 그로 인해 우리 사회가 얻게 될 긍정적 이익과는 비교할 수 없다.

이런 점에서 사법 개혁을 표방하는 대법원의 로스쿨 안이 법조인들의 기득권 보장을 위해 총 정원을 현 수준에서 묶기로 한 것은 비판을 받아 마땅하다. 법조인의 증원을 통한 법률 서비스의 개선이라는 사법 개혁의 본래 취지와 연결되지 않은 로스쿨 도입은 아무 의미가 없다. 오히려 현 제도의 문제점을 그대로 갖고 가는 '무늬만의 개혁'이 될 가능성이 크다. 법조인들의 밥그릇을 지켜 주기 위한 인위적인 정원 통제는 시장 원리와 국민의 사법 개혁 요구에 반하는 개악이 될 뿐이다. 앞으로의 논의 과정에서 미래 한국 사회의 경쟁력 강화를 위해 현재보다 적어도 3배의 법조인 배출을 상정한 로스쿨 안이 확정되기를 기대한다.   〈한겨레신문 2004. 09. 23.〉

## '일하는 노인'이 해법이다

김연명
중앙대 교수, 사회복지학과

영국에 가정용품 업체로 유명한 B&Q라는 회사가 있다. 전체 종업원 3만 5천 명 중 18%가 50세 이상의 '노인'인 이 회사는 노인 고용에 대한 잘못된 통념에 도전하기 위해 1989년 종업원 전원이 50세 이상으로 구성된 점포를 연 적이 있다. 6개월 후 이 점포의 생산성을 측정해 보니 놀라운 결과가 나왔다. 수익률은 18%가 늘었고, 종업원 이직률은 6분의 1로 줄었으며, 결근율은 39%가 낮아졌다. 파손이나 절도로 인한 상품 손실량도 59%가 줄었다. B&Q의 사례는 노인에 대한 사회적 인식의 전환이 시급한 과제임을 보여 주는 사례로, 세계에서 가장 빨리 늙어 가고 있다는 한국에는 중요한 타산지석이다.

엊그제 통계청 발표에 따르면 우리나라 30개 농촌 지역 시군에서 65세 이상 인구가 전체 인구의 20%를 넘어섰다고 한다. 고령화 속도를 실감나게 한다. 아직은 외국에 비해 노인 인구가 많은 것은 아니지만 세계 최저 수준의 출산율 때문에 노인 문제가 '공포'로 받아들여지기까지 하는 상황이다. 그러나 노인 문제를 '공포'로 느끼는 한 아무런 생산적인 해결책이 나오지 않는다. 노인은 허약하고, 생산성이 낮으며, 젊은 세대의 행복을 앗아 가는 '사회의 짐'이 될 것이라는 생각을 근본적으로 바꿔야 한다.

우리나라 노인 의료 정책은 기본적으로 '노인은 병약하고 자주 병원에 갈 수밖에 없다'는 인식에 기초해 있다. 병약한 노인을 어떻게 치료하고 돌봐 줄 것인가에 초점이 맞춰지다 보니 노인 스스로 적극적인 건강 관리를 하도록 도와주는 프로그램은 미약하다. 한국의 평균 수명은 76.5세이지만 건강하게 살 수 있는 건강 수명은 64세에 불과하다. 국가가 건강 관리 프로그램에 적극 투자해 건강 수명을 5년만 늘려도 젊은 세대가 내는 건강 보험료를 줄일 수 있고, 사회 전체의 노인 부양 부담은 더욱 크게 줄일 수 있다. 중진국 수준의 경제력에 치료 위주로 짜인 의료 체계로는 고령화의 부담을 견딜 수 없다.

B&Q의 사례에서 보듯, 노인의 생산성이 무조건 떨어지는 것은 아니다. 기업이 효율성이란 명분으로 50세도 안 된 직원을 내치면 이들에 대한 부양 부담은 현역 세대 전체의 몫으로 고스란히 되돌아온다. 개별 기업의 효율성을 높이는 전략이 사회 전체의 효율성을 갉아먹게 되는 것이다. 국가가 노인 복지 정책을 강화해 사회 전체의 효율성을 높일 수 있으나 노인 인구가 15%, 20%를 넘으면 국가의 능력에도 한계가 있다. 노인들이 생산성을 발휘할 수 있는 업무와 직종을 기업과 국가가 보다 적극적으로 개발해 더 오래 일할 수 있는 사회를 만들어야 고령화 사회를 견딜 수 있다.

노인 문제에 관한 발상의 전환을 위해 규제 영향 평가나 환경 영향 평가처럼 정부의 각종 정책에 '노인 영향 평가제'를 도입하는 방안도 검토해 봄 직하다. 예를 들어, 이제 보편적 주거 양식이 된 아파트도 노인 친화적으로 건설되지 않으면 안 된다. 어느 정도 몸을 가눌 수 있는 노인은 집에서 혼자 목욕할 수 있도록 욕조가 설계돼야 한다. 비단 주택뿐 아니라 버스나 지하철 등의 대중교통, 여가 문화 시설, 그리고 고용 문제 등 국가 정책 전반이 노인 친화적 환경으로 설계될 수 있도록 지금부터 준비해야 한다.

고령화 사회는 인류가 상상조차 할 수 없던 미증유의 사건이다. 그러나 피할 수 없는 숙명이다. 노인에 대해 우리 사회의 물질 문명에 기여한 시민의 일원이자 생산적 잠재력이 충분한 사회적 동반자라는 인식을 가질 때만이 고령화의 '공포'에서 벗어날 수 있다. 노인 정책은 이제 효를 실천하는 도덕적 정책이 아니다. 인류 사회의 최대 난제로 떠오른 고령화 사회를 슬기롭게 대처하기 위한 '사회적 투자'가 바로 노인 정책임을 인식해야 할 시점이다.

〈동아일보 2004. 10. 04.〉

## '눈물의 계곡'이 너무 길다

송호근
서울대 교수, 사회학과

더 나은 사회로 가는 길은 멀고도 험난하다. 참여 정부가 출범할 때 그럴 줄을 예상하기는 했지만, 도(度)를 뛰어넘는 혼란상에 국민들의 심사는 어지럽다. 정의와 불의가 착종되고, 옳고 그름이 엇갈리고, 청(淸)과 탁(濁)이 뒤엉켜 옥석을 가려내기 어려운 지경이 되었다.

한때는 진보 세력의 공세가 하늘을 찌르더니, 이제는 보수 집단이 쏘아 대는 화살이 사방에서 날아들고 있다. 지지하는 집단과 저항하는 집단 간에 말싸움, 몸싸움이 한창이다. 혼비백산한 국민은 천지사방으로 쪼개져 정치권이 연출하는 공방전에 너도나도 합류하는 형국이다. 여당 대표의 해석과는 달리, 이건 사회의 건강성을 말해 주는 지표는 아니다. 한국 사회는 총체적 난투극으로 빠져 들고 있다.

**한국 사회 총체적 난투극 빠져**

개혁 정치의 미래 효과를 기대하기에는 현실의 고통이 너무 커졌다는 게 일반 서민들의 판단일 것이다. 그렇지 않고서는 생계에 바쁜 서민들이 거리로 쏟아져 나올 이유가 있겠는가. 정치 1번지 여의도는 집단 민원의 물류 센터로 바뀐 지 오래다. 시위대의 유형이 이렇게 다양해진 까닭도 참여 정부의 이름 때문인지, 한국 사회는 세계에서 보기 드문 '시위 전시관'이 되었다. 택시 기사들이 LPG 가격 인하를 외치고, 식당 주인들이 솥을 집어 던졌다. 집창촌 여성들이 거리에 누웠고, 사학 재단 관계자들이 피켓을 들었으며, 종교인이 궐기 대회를 열었다. 양계 업자가 허약 체질의 토종닭을 집어 던지는 장면은 섬뜩하다. 말하자면, 시위는 참여 정부에서 국민이 채택한 보편적 행동양식처럼 보인다. 교육자, 재향 군인, 자영업자, 종교인, 사회 원로, 농민, 노점상, 각종 이익 집단들이 시위에 나섰으며, 급기야 공무원이 총파업을 예고하고 있다. 이쯤 되면 정치권은 단안을 내려야 한다. '민란(民亂)'의 불길이 전국으로 파급되기 전에, 정치권 내부에 '비상 계엄령'을 발동해 주기를 바란다.

현 정권의 정치인들은 계엄령에 익숙할 터이니, 무슨 뜻인지 스스로 잘 알 것이다. 내용은 이렇다. 하나, 무슨 일이 있어도 다투지 말 것(국민은 당신들의 싸움에 지쳤다). 둘, 막말하지 말 것(국민도 막말하고 싶다). 셋, 자신만이 옳다고 하지 말 것(생계가 급한데 딴전 피우는 사람들이 자꾸 미워진다). 넷, 양보도 가끔 할 것(왜 이리 외골수가 많은지). 마지막으로, 제발 정신 좀 차릴 것(경제는 괜찮다고 확신하는 사람이 더욱 밉다). 그렇지 않으면, 국민이 빠져 있는 이 '눈물의 계곡'은 끝이 없을 것이다. 그러나 이런 권고는 공염불이 될 게 뻔하다.

마음을 바꾸면 지혜가 없는 것은 아니다. 무엇보다, 일반 서민들이 도덕과 정의를 수용하는 데에는 임계점(臨界點)이 존재한다는 사실을 깨닫는 것이 중요하다. 그래서 집권 세력과 청와대에 포진한 정책 브레인들에게 이런 말을 해 주고 싶다. 서민들은 '정의로운 사회'보다 '풍요한 사회'를 더 원한다는 것, '정의로운 정책'일수록 부작용에 주의해야 한다는 사실을 말이다. 차제에 몇 가지만 주문하자.

첫째, 수출이 내수로 연결되지 않는 이유는 재벌 중심 경제를 견제하는 집권 세력의 오랜 혐오 때문이다. 재벌이 주식 가치 방어에 몰두해서 고위험 프로젝트를 실행할 여력을 상실하면 투자도 소비도 살아나지 않는 게 한국 경제의 현실이다. 정책 브레인들은 새로운 성장 패러다임을 만들어 낼 실력이 없다.

### 서민들 '정의'보다 '풍요' 더 원해

둘째, 경제 침체는 IMF 외환 위기 후유증이기도 하지만, 경기 하락을 부추기는 '의로운 정책'들의 남발에 더 큰 원인이 있다. 집값 잡고, 건설 경기 죽이고, 적자 재정의 대규모 국책 사업을 벌이는 악순환은 아마추어나 하는 일이다. 현 정권에는 인재가 이렇게도 없는지, 아니면 아예 그러기를 작정했는지 알 수가 없다.

셋째, 거듭되는 악순환을 세금 인상으로 때우거나, 연기금 같은 국민 저축을 동원해 해결하려고 하는 것은 1970년대 발상이다. 자동차세와 LPG값을 급격히 올리고 서민 생계를 걱정하는 모순도 문제거니와, 성장 효과가 불분명한 대형 사업을 남발하는 것은 더욱 문제다. 국가 재정을 그렇게 쓰라고 누가 허락했는가. 틀이 잡힌 분배 정책에 쓴다면 또 모를까. 위헌 결정에도 불구하고 '행정특별시'면 괜찮다고 밀어붙이려는 오기로는 현 정권의 최대의 무기인 '정의'와 '도덕'이 아무런 감흥도 주지 못한다. '서민의 대통령'이 서민 다 죽이는 역설적 장면들을 언제까지 봐야 하는가.

〈중앙일보 2004. 11. 12.〉

# 좋은 신문, 바른 정치의 조건

김민환
고려대 교수, 언론학부

　미국 신문사(新聞史)를 전공하는 학자들은 20세기를 뉴욕 타임스의 시대로 규정하는 데 주저하지 않는다. 이 신문은 뉴욕의 독자를 대상으로 하는 지방지에 지나지 않지만 미국은 물론 세계 그 어느 신문도 넘볼 수 없는 권위와 영향력을 자랑한다. 그래서 고급 신문이니 지적 신문이니 권위지니 하는 말이 모두 이 신문을 위해 만들어진 것 같은 착각을 하게 한다.

　이 신문이 이런 성가를 얻은 것은 두 가지 탁월한 전략 덕분이다. 정치적으로 중립적인 지식층을 대상으로 삼은 것이 그 하나다. 미국 언론은 한동안 정파 저널리즘에 빠져 있었다. 신문은 모두 특정 정파의 기관지에 지나지 않았다. 이런 상황에서 퓰리처나 허스트 같은 신문 경영의 거목이 나타나 정치적으로 중립적인 사람들을 대상으로 황색 신문을 만들었다. 그러나 질 낮은 신문으로는 중립적인 지식 계층의 마음을 붙들 수 없었다. 뉴욕 타임스는 거대 신문이 방치한 바로 그 사람들을 겨냥함으로써 단시일에 놀라운 성공을 거둘 수 있었다.

지식 수준이 높은 사람을 주 대상으로 삼는 편집 전략은 판매 부수를 한정하는 요인이 되기도 한다. 수준을 낮추면 독자가 늘 게 뻔하다. 그러나 이 신문은 독자 수를 늘리기 위해 정보의 수준을 희생하지 않는다. 좋은 언론이 얻어야 할 것은 수가 아니라 질임을 알기 때문이다.

뉴욕 타임스를 믿을 수 있는 권위지로 우뚝 서게 한 또 하나의 전략은 사실에 대한 충성이다. 이 신문은 책임 있는 당국자에게 확인한 사실을 객관적으로 균형 있고 공정하게 보도한다는 편집 정책을 우직하게 지켜 왔다. 1970년의 이른바 서피코 사건은 이 신문이 그런 편집 정책에 얼마나 충직한지를 말해 준다. 이 신문사 번햄 기자는 은퇴한 경찰에게서 경찰의 부패상에 대해 놀랄 만한 정보를 얻었다. 기자는 엄청난 특종을 했다고 생각했지만 그의 기사는 신문에 실리지 않았다. 번햄 기자에게 정보를 준 경찰이 이미 현직에서 은퇴했기 때문에 책임 있는 당국자라고 할 수 없다는 이유로 간부들이 그 기사를 쓰레기통에 버렸기 때문이다. 경찰의 부패상은 뒤에 죄다 사실로 밝혀졌지만 뉴욕 타임스의 기자는 다른 신문사의 여러 기자들에 섞여 발표문만을 받아 적을 수밖에 없었다.

교과서적인 편집 원칙 때문에 이 신문은 여러 차례 특종을 놓쳤어도 사실에 대한 이 신문의 충성은 몇 번의 특종 따위로는 감히 넘볼 수 없는 크기의 반대급부로 보상받았다. 독자에게 이 신문만은 믿을 수 있다는 확고한 신뢰를 얻은 것이 그것이다. 독자의 그런 믿음이야말로 뉴욕 타임스의 든든한 자산이다.

어떤 신문이 좋은 신문인가. 그 답은 뉴욕 타임스가 말하고 있다. 정파적으로 독립적이며 지적으로 수준 높은 독자를 대상으로 삼는 신문이 좋은 신문이다. 한두 번 특종을 놓치더라도 사실에 충실한 알찬 정보를 제공하는 신문이 좋은 신문이다. 좋은 신문이 되게 하는 요소는 둘 같지만 사실은 하나여서 어느 하나를 외면하면 다른 하나도 저절로 폐기된다. 어느 신문이 정치적으로 편향된 독자를 붙들기에 연연하면 그 신문은 현대 저널리즘의 흔들릴 수 없는 원칙인 객관성·균형성·공정성을 기할 수 없다. 방송도 인터넷 매체도 마찬가지다.

그러나 뉴욕 타임스의 두 가지 성공 전략에 누구보다 관심을 가져야 할 부류는 바로 정치인들이다. 여건 야건 중립적인 지식인이야 안중에도 없고, 정치적 성향이 같은 사람들 입맛 맞추는 일에만 몰두하는 분열의 정치에 국민은 지칠 대로 지쳤다. 사실을 바탕으로 누구나 공감할 수 있는 대안을 내기보다 흠집 내고 덮어씌우기에 급급해하는 저질 정치에 식상한 지 오래다. 중립적인 지적 공중(informed public)이 차기 대통령 감투를 들고 임자를 찾고 있는데 모두 단골손님한테만 매달려 있으니 참으로 딱한 노릇이다.

〈중앙일보 2004. 11. 14.〉

## 공무원 노조와 역사의 교훈

황상익
서울대 교수, 의학과

"거기 들어가 보니 다르더라." 청와대 고위직에 들어간 지인을 며칠 전에 만났을 때 들은 말이다. 그러면서 잘못하는 점이 있으면 지적해 달라기에 같이 있던 동료들이 몇 마디 건네니, 잘 몰라서 그런 말을 한다는 것이다. 서로가 딱한 일이다. 들어가면 세상 보는 눈이 달라진다는 건지, 접하는 정보가 달라진다는 건지, 처지가 달라진다는 건지 알 수 없지만 달라진다는 사실만은 공무원 노조에 대한 대통령의 태도를 보아도 분명하다.

"일반법에 의해 공무원 노조를 인정해야 합니다." 1988년 12월, 당시 통일민주당 노무현 의원이 공무원의 노동 기본권을 보장하는 '노동 조합법 개정안'과 '노동조합 쟁의 조정법 개정안'을 발의하면서 한 말이다. 또 그 무렵 노무현 의원은 어느 파업 현장에서 "악법을 깨기 위해 노동자들이 할 수 있는 것이 무엇입니까?"라는 질문을 던지고는 "파업이죠"라고 자답했다.

2002년 11월, 대통령 선거 기간 중에 열린 대규모 농민 대회에 참석한 노무현 후보는 쌀 개방 저지 확약을 하라는 농민들의 요구에 대해 지키지 못할 약속은 할 수 없다는 뜻을 의연하게 밝혔다. 현장의 분위기에 눌려서라도, 또 한 표가 아쉬운 처지에서 듣기 좋은 소리를 할 법도 하건만 노 후보는 끝끝내 소신을 지켰다. 이러한 노 후보의 태도에 대해 다른 해석도 가능하지만 그의 진지성과 당당함을 마음 한구석에라도 간직하고 싶다.

### 노동자가 악법을 깨려면……

정부는 16년 전 노무현 의원 등이 발의했던 일반법 형식이 아닌 '공무원노조특별법(안)'을 국회에 제출했다. 형식만 다른 것이 아니라 내용도 전혀 다르다. 16년 전과도 다르고, 2002년 10월 당시 한나라당 이부영 의원(현 열린우리당 의장)이 대표 발의하고 천정배 의원 등 현재 여권의 핵심 세력이 찬성한, 노동 3권을 완전히 보장하는 법안과도 하늘과 땅만큼이나 다르다.

정부는 법안이 단결권과 단체 교섭권을 온전히 보장하고 있고 다만 단체 행동권만을 금지하는 법이며 국제 기준에도 부합한다고 국민들을 오도하고 있다.

그리고 이렇게 '괜찮은' 법에 대해 공무원 노조가 불법적인 행동으로 반대한다면서 미군의 팔루자 공격을 연상케 하는 무차별 공세를 취하고 있다.

정부의 태도가 타당한지 차근차근 검토해 보자. 법안은 정부의 주장처럼 노동 2권을 보장하는 법도 아니고, 또 언론 등에서 말하는

1.5권에도 훨씬 못 미친다. 단체 교섭 대상에서 임금, 인사 사항과 법령, 조례, 예산 관련 부분을 원천적으로 배제하고 있으므로 교섭권은 허울뿐이다.

또 단결의 범위를 6급 이하로, 그것도 지휘, 감독, 인사, 보수 업무 종사자 등 광범한 직종을 제외하고 있다. 게다가 노동조합의 최소 조직 형태를 기관별로 분리시키고 있으니 단결권 보장법이 아니라 단결권 금지법이라고 하는 것이 마땅하다.

이러한 법은 0.5권법이라고 하여야 하나, 0권법이라고 하여야 하나? 그리고 웬 벌칙 조항은 그렇게 많고 가혹한지. 그래서 정부의 특별 법안은 공무원 노조법이 아니라 '공무원 노예법'이라는 지적이 나오는 것이다.

단결권과 단체 교섭권조차 사실상 부정하는 것이 국제 기준에 부합한다? 정부의 주장과는 달리 단체 행동권까지 보장하는 것이 국제 '관례'이다. 유엔 경제사회문화 권리 위원회가 우리 정부에 대해 '공무원의 파업권을 법과 실제에서 모두 보장해야 한다'고 여러 차례 권고한 것은 그러한 국제적 흐름의 한 예일 뿐이다. 사실 우리나라와 같이 고위 공무원과 정치인들의 부정부패가 만연하여 국가 발전을 가로막는 나라에서는 부정부패를 감시하여 공직 사회를 개혁하기 위해서도 하위직 공무원들에게 노동 3권을 보장해야 한다.

### 정부 법안 단결권 제한 급급

이래도 공무원 노조의 행동이 무리하다는 말인가? 노무현 의원이 말했던 것처럼 '공무원 노예법'이라는 악법을 깨기 위해 공무원 노동자들이 자신들의 생존권마저 위협받으면서 벌이는 파업이 국가 기강 문란인가?

참여 정부는 적극적이든 소극적이든 파업에 참가하는 모든 공무원을 공직에서 완전히, 그것도 영원히 배제하겠다고 한다. 이번에 파직되는 공무원들은 전교조 교사같이 복직도 안 될 것이고, 민주화 운동으로 인정받지도 못할 것이라고 한다. 전교조 교사들을 복직시킨 김영삼 정부와 전교조 운동을 민주화 운동으로 받아들인 김대중 정부 시절의 결정이 잘못되었다는 말인가? '역사의 교훈'이라는 말이 낯을 들지 못한다. 〈경향신문 2004. 11. 17.〉

## '복지에 강한 국가' 보고 싶다

함인희
이화여대 교수, 사회과학부

엊그제 오랜만에 시내에 볼일이 있어 서울 세종로를 지나게 되었다. 밤거리 중앙 분리대 가로수를 휘감은 따스한 불빛이 제법 운치를 더하는 길에, 세종문화회관 앞쪽으로 오색영롱한 구슬 빛을 가득 뿌려 놓은 환상적 분위기가 펼쳐져 있는 것이 아닌가. 그러고 보니 크리스마스가 내일모레요, 연말도 며칠 남지 않았음을 알았다.

한데 어째 거리 풍경이 수상하다. 서울시청 앞을 지나든, 중심가의 백화점 거리를 지나든 불빛은 휘황하기만 한데 그 불빛 속을 지나는 이들의 모습은 왠지 스산하기만 하다. 어깨를 잔뜩 움츠린 채 걸음을 재촉하는 품이 갑자기 들이닥친 추위 탓만은 아닌 듯하다. 마침 택시 운전사도 한몫 거드는 것이 "손님, 요즘 택시 잡기 정말 쉬우시죠. 우리 같은 운전사가 하루 10만 원을 집에 가져가려면 몇 시간 일해야 하는지 아십니까. 무려 17시간을 꼬박 택시를 몰아야 합니다."

국제 통화 기금(IMF) 구제 금융 사태 때도 이렇게까지 힘들진 않았다는 후렴을 덧붙였다.

올 한 해 끝이 보이지 않는다는 경기 불황 속에서도 우리 정부는 국민을 향해 희망적 메시지 보내기를 포기하지 않았다. 오히려 일부 언론들이 비관적 정보를 유포하여 소비 심리를 과도하게 위축시킴으로써 잘나가는 경제의 발목을 잡는다고 강한 불만과 질타의 목소리를 높이지 않았던가.

한데 서민들 입장에서 체감한 올해 경기는 풀리지 않은 수수께끼로 남을 것 같다. 수출은 단군 이래 최고라는데 신용 카드 빚은 눈덩이처럼 불어만 가고, 아버지의 고용 불안도 서럽기만 한데 아들딸까지 청년 실업에 시달리는 현실이고 보니 더욱 그럴 것 같다. 그나마 새해부터는 우리 정부가 경기 부양 및 민생 안정에 전력을 경주하겠다는 얘기가 나오니, 희망의 끈을 계속 잡긴 잡아야 할까 보다.

이제 우리도 고속 성장기를 거쳐 저속 성장 사회로 접어든 만큼, 개인적으론 누구라도 생애 주기를 거치는 동안 취업의 안도감과 실업의 불안감을 오고갈 것이요, 가족이나 동네 차원에서는 개천에서 용 나는 인재를 보기는 점차 어려워질 것이고, 세대 간 계층 상승의 기회 또한 지금보다 눈에 띄게 제한될 것이다.

이런 상황에서 삶의 불안정성에 안전판 역할을 해 주고, 현실의 예측 불가능성에 보호막 기능을 해 주는 것이 바로 '복지' 아니겠는가. 우리가 늘 부러움의 시선으로 바라보는 서유럽의 복지 국가는 국민을 향해 최소한의 인간적 삶을 유지할 수 있는 권리를 보장해 주고, 평생 적정 수준의 의료 보건 혜택을 받을 수 있도록 보살펴 주며, 퇴직 후 안락한 노년을 보낼 수 있도록 배려해 준다지 않는가.

이 대목에서, 국민 복지를 위해 국가가 충분한 재원을 확보한 상태에서 강력한 의지를 갖고 정책을 추진해 가는 경우 이를 '강한 국가'라 하고, 거꾸로 국민 복지를 위한 현실적 가용 재원이 충분치 않은 상황에서 복지 마인드조차 제대로 갖추지 못한 경우를 '약한 국가'로 분류한다는 사실이 우리에게 시사하는 바가 큰 듯하다. 지금 우리는 과거의 '약한 국가'로부터 명실상부한 '강한 국가'로 발돋움하고 있는 것인지, 아니면 혹 '무늬만' 복지를 표방하는 여전히 '약한 국가'는 아닌지.

어린 시절 이민자를 위한 집단 거주 시설에서 성장해 후일 미국의 명문대 교수가 된 입지전적 인물인 사회심리학자 리처드 세넷의 주장에 따르면, 불평등이 일상화된 사회에서 정부의 개입을 통해 이루어지는 복지 정책이 결정적으로 간과하고 있는 가치가 있는바, 그건 바로 '인간 존중(respect)'이라는 것이다. 인간 존중을 저버린 정책은 나아가야 할 방향 감각을 상실한 채 중요한 목적을 오히려 수단의 편의에 종속시키는 어이없는 과오를 반복하고 있다는 것이다.

우리도 이젠 복지의 단순한 구현을 넘어 복지의 고양된 가치를 논할 수 있을 만큼 사회 전반의 분위기가 한층 진지해지고 더욱 성숙해지길 진심으로 기대해 본다. 〈동아일보 2004. 12. 22.〉

문 화

## '디지털 TV' 다른 나라들의 경우

김학천
건국대 교수, 신문방송학과

　디지털 텔레비전 전송 방식에 관한 정보통신부, 업계의 미국식 주장과 방송사 및 기술인을 포함한 여론의 유럽식 주장의 갈등은 꽤 오래되었다. 결국 적지 않은 공공의 비용을 들여 17명의 조사단과 기록을 위한 방송사 기자단이 미국식 사용국(미국·캐나다)과 유럽식 사용국(영국·독일·오스트레일리아·싱가포르·대만·일본 등)의 기술, 정책, 산업 실태를 돌아보았다. 정통부와 업계 외에 방송위원회, 학계, 기술계 등에서 참여한 조사 단원은 대체로 세 가지 궁금한 사항에 관찰을 집중했다.

　첫째로 정통부가 주장하는 미국식의 필연성과 유용성, 둘째로 방송사와 기술인들의 주장대로 유럽식으로 변경했을 경우 우리 가전 업계에 끼칠 산업적 영향력, 셋째는 미국과 미주를 제외한 모든 나라들이 선택한 유럽식의 타당성 확인이었다.

우선, 미국의 정책 기구(FCC), 방송사(CBS), 그리고 이른바 미국식의 기술 개발 기구(ATSC)는 먼저 디지털 방송의 이동 수신은 포기했고, 그 대신 50인치 이상의 큰 수상기로 영화 산업에 준하는 영상 산업을 겨냥한다는 것을 조사단에 응답해 줬으며, 그 시장으로는 미국의 영향력이 절대적인 남북 미주를 꼽았다. '비싸고 큰 수상기'와 '오락을 주로 하는 영상 콘텐츠'가 그 답인 셈이다.

두 번째 의문과 관련해서는 관찰이 매우 어려웠다. 그것은 조사단에 참여한 굴지의 국내 가전 업체 2개사가 이미 미주 대륙과 유럽 대륙에 현지 공장을 세워 놓고 그곳에 필요한 제품을 제조 판매하는 데 국제적 경쟁력을 갖추고 있었기 때문이다. 결국 국내에서 '비싸고 큰 수상기'의 독점 생산과 판매가 미국식 주장에 깔려 있다는 결론밖에 얻을 수 없게 되었다. 현재 50인치 이상의 수상기는 미국에서 2천만 원 정도의 가격이 붙어 있다.

마지막으로 미국 외의 주요 나라들이 모두 선택한 유럽식은 이동 수신, 고화질 텔레비전(HD TV), 아날로그와 에이치디의 중간급인 에스디 방식 등을 나라별로 활기 있게 응용, 활용하고 있었다. 이들이 내건 유럽식의 타당성은 기존 방송을 활용하여 디지털 방송을 무료로 전송한다는 것이며 이동 수신 기능을 한껏 늘려 '새로 개척한 방송수신 영역'으로 서비스한다는 것이다.

차량의 운전대 옆 텔레비전 설치가 허용되는 나라는 없다. 모두 운전대 뒤의 승객을 위해 에이치디든 에스디든 흔들림 없는 완벽한 서비스 체제를 갖추고 있었다. 특히 대만은 우리처럼 미국식으로 결정을 했다가 토론 결과 문제를 인정하고 정부는 기술적 중립을 선언한 뒤 비교 테스트를 하고 유럽식으로 바꾼 인상적인 경우였다. 또한 일본의 엔에이치케이의 에비사와 회장은 조사단을 맞는 자리에서 방송을 문화로 인식한다는 의지와 미국식의 결함, 그리고 유럽식을 토대로 스스로 개발, 보완한 경위를 소상하게 보여 주었다.

미국식 결정을 기정사실화하려는 조사 단원은 전문적이되 매우 지엽적인 기술 구조와 특성을 지적하여 미국식의 장점과 유럽식의 취약점을 부각하려 애썼지만 모두의 인정을 받지는 못했다. 방송의 보편적 서비스와 방송 자체의 본질적 기능을 우선한 유럽식 선택국들의 취약점을 찾아내지 못했기 때문이다. 역시 미국식을 강조하는 사람들은 '비싸고 큰 수상기' 위주의 보급에 대해 시장 논리를 주장했지만, 그 시장 논리야말로 작은 텔레비전, 큰 텔레비전 마음대로 골라서, 텔레비전 성격에 따라(SD, HD), 어디에서나(이동 수신), 무료로 볼 수 있는 유연성이 아니겠는가. 돌아본 나라 중에는 가전 업체나 관료가 앞장서서 기술 제도를 결정하는 나라도 없었을 뿐 아니라 대부분 비교 테스트를 바탕으로 정직하게 결정하는 모습이었다. 4년 전, 10년 걸려 만들어 놓은 방송법(통합방송법)이 총선을 앞두고 결정을 머뭇거리다가 여론의 질타에 밀려 어렵게 통과되고 어느만큼의 개혁을 이룬 일이 있었다. 공정한 관찰과 여론을 이유도 모른 채 억지 산업 논리로만 뒤트는 일이 있어서는 안 될 것이다. 어쨌든 유럽식 전송 방식이란 시청자, 소비자에게 무게를 둔 방식임은 분명했다.

〈한겨레신문 2004. 01. 07.〉

## '벗기기'와 문화 상품

오미영
경원대 교수, 신문방송학과

생각할수록 기분 좋은 일이다. 영화 「실미도」가 개봉 58일 만에 사상 처음으로 입장 관객 1천만 명 돌파라는 신기록을 수립했다. 수출 최고가를 경신하며 해외 시장에서 팔리는 경사도 겹쳤다.

불과 10년 전 할리우드 영화 「쥐라기공원」을 마냥 부러워하던 처지를 떠올리면 자못 흥분되는 소식이다. 「실미도」 한 편이 유발하는 경제 효과가 무려 3,400억 원이라는 추산이다. 「태극기 휘날리며」의 흥행 성공까지 뒷받침되면서 승승장구하는 분위기다. 음반계에선 가수 보아가 일본 진출 후 3년 남짓 동안 벌어들인 돈이 자그마치 1천억 원이다. 보아를 1인 기업으로 보자면 경제적 가치가 1조 원에까지 이른다고 한다. 국내 연예 관련 산업의 시장 규모가 어느새 10조 원대로 성장한 최근의 눈부신 모습들이다.

생각할수록 기분이 개운치 않다. 이른바 '위안부 누드'를 둘러싼 파문이 사진과 동영상 촬영분을 소각하면서야 가까스로 진정 국면에 들어섰지만 놀란 가슴은 쉽사리 진정되지 않고 있다. 분노와 비난의 여론이 거세게 빗발치고 흥분과 격앙의 목소리가 높아지고 난 다음 겨우 수습을 도모한 기획사의 처신도 여전히 논란거리이다.

'위안부 누드' 치졸한 상혼

마치 빛과 그림자처럼 대비되는 이 사례들은 오늘날 우리 대중문화가 뿌리내리고 있는 자본주의적 현실을 적나라하게 보여 준다. 분위기와 성격이야 전혀 딴판이지만 사회적 흥분을 자아내고 있다는 공통점 외에, 문화 상품은 돈으로 교환되는 것이며 바로 그 교환 가치를 위해 생산되는 속성과 숙명을 지닐 수밖에 없다는 사실을 직시하게 한다.

실제로 이즈음 국내 연예 산업이 달성한 쾌거는 다름 아닌 조직적이고 거대한 물량 동원을 불사한 대기업형 투자의 쾌거로, 치밀한 사전 기획 아래 엄청난 제작비와 스타를 앞세우는 할리우드식 국제 표준 양식을 구현한 결과이다. 수요가 공급을 결정하는 것이 아닌 공급이 수요를 결정하는 문화 산업 현장의 큰손, 막강한 자본의 위력이다.

그러나 문화 상품에는 이에 반하는 또 다른 속성을 포함하는 이중적인 면모가 있다. 투자에 따른 수익을 전혀 예측할 수 없는 도박성이 존재한다는 사실이다.

이 때문에 오늘날 전 국민의 화두가 되다시피 한 '대박'의 허황된 꿈이 문화 상품을 향해 투사되고 이윤의 극대화라는 이름 아래 수없이 무모한 도전이 이뤄진다. 치졸한 상혼을 염치없이 드러내면서도 아무런 거리낌조차 없다. '위안부 누드'는 분명히 이 연장선상에 존재한다.

그러므로 자본주의 체제를 살아가는 우리들이 '위안부 누드'를 향해 제아무리 큰 소리로 질타를 퍼붓는다 해도 단지 무분별한 상업성에 대한 질타라면 속절없다. 고도의 자본주의 시각에서 바라보자면 몰지각한 발상은 불확실성이 극도로 높은 문화 상품의 위험성을 극복하기 위한 하나의 수단이며, 따라서 언제 어디서든 필요에 따라 재연될 수 있기 때문이다.

본질적인 문제는 결국 윤리다. 마주 대하는 것이 고통스러울 만큼 절망적인 오늘날 우리 시대의 윤리와 심각한 도덕적 해이를 반성하는 것 외에는 대안이 없다. 그러지 못했기에 기존의 누드 영상물과 차별화된 마케팅을 하려고 성폭력마저 손쉽게 센세이셔널리즘의 도구로 삼았다는 업자들의 자발적 고백을 이끌어 낼 수 없었다.

상업주의 비판만으로 해결할 수 없는 비관적인 상황이 또 하나 있다. 최근의 누드 산업 열풍을 몰고 온 디지털 매체의 시장 논리이다.

누드 산업의 성공은 휴대 전화와 인터넷이라는 매우 개인적인 매체의 수익 구조가 기반이 되었다. 개인의 자유를 최고선으로 지향하며 모든 간섭을 배제하는 이들 매체의 특성은 윤리적 여과 장치가 미흡하다는 결정적인 단점을 갖지만, 선악 개념을 떠나 자본의 재생산 기회를 호시탐탐 노리는 자본주의 체제가 노릴 만한 최적의 대상이다.

### 윤리의식 회복이 급선무

그러니 아무리 자본에 대해 윤리성을 요구하더라도 사실상 윤리

실천은 불가능해 보인다. 이제 막다른 골목에서 꺼내들 카드는 매체와 대중뿐이다. 매체는 대중이 원하는 것을 보여 준다는 명목 아래 숨겨 왔던 윤리성의 거울을 꺼내 쌓인 먼지를 닦아야 한다. 그리고 대중은 언제 어디서나 상업 논리에 기만당하지 않고 깨어 있을 수 있는 진정한 윤리성을 회복해야 한다. 그 길만이 오늘의 절망적인 상황을 희망으로 바꿀 수 있다고 믿는다. 〈경향신문 2004. 02. 20.〉

## 비문화적인 문화재 환경

최공호
한국전통문화학교 교수, 전통미술공예학과

　문화재는 시대와 민족, 지역의 범주를 넘어서는 인류 공동의 자산이다. 얼마 전 아프가니스탄의 바미안 석불을 이슬람 원리주의 집권 세력인 탈레반이 무참히 파괴하고, 이라크 전쟁 초기에 국립박물관 소장품 대부분이 도난당했을 때 세계인이 분노했던 것도 모두 문화재가 개인이나 특정 국가의 소유일 수 없다는 생각에서다.
　문화재 소유권의 성격은 두 가지로 나뉜다. 하나는 지금 실효적으로 점유하는 자가 그 권리를 갖는 상식적인 물건의 소유 개념이다. 다른 하나는 마치 소크라테스나 괴테를 그들의 모국이 독점하지 않듯 특정한 민족의 문화적 성과를 인류 보편의 가치로 공유하는 개념이다.
　내 돈을 주고 산 것일지라도 문화적 소유권은 나만의 것이 아니다. 더불어 그 시간적 범위 또한 당대에 그치지 않고 미래의 후손들에게까지 영구적으로 이어져야 한다. 과거와 앞으로 생산할 모든 문화유산은, 그 가치를 온전히 드러내고 원형이 손상되지 않게 보존할 책임을 우리가 사는 동안 잠시 맡고 있는 셈이다.

이런 관점에서 보면 주변 곳곳에 비문화적인 환경에 노출된 문화유산이 널려 있어 안타깝다. 새 도로를 뚫고 건물을 신축하는 현장에서 무관심과 인식 부족으로 훼손되는 경우가 많지만, 무엇보다 문화 시설의 핵심이라 할 박물관에서조차 보존 상태가 위험 수위에 도달하여 결과적으로 문화재의 수명을 단축하는 일이 벌어지고 있음을 부인하기 어렵다.

수집하는 데 쏟는 열정에 비해 전시 환경과 보존 처리를 위한 배려가 거기에 미치지 못한 탓이다. 현실을 간과한 제안일 수 있으나 충분한 보존 능력을 갖추기 전에는 수집보다 보존과 전시 환경의 질을 높이는 데 더 많은 노력을 기울여야 마땅하다. 발굴도 유물의 수명을 최대한 연장할 수 있는 준비를 할 때까지 유보하는 것이 문화적인 태도다.

개인이 운영 주체인 사립 박물관의 문화재 환경은 더욱 열악하다. 270개가 넘는 국내의 각급 박물관 가운데 사립 박물관의 비중은 막중하다. 사립 박물관 운영은 사재를 털어서 어렵게 수집한 문화재를 개인의 노력으로 전시하고 연구하는 일이어서 어떤 면에서는 국가의 문화적 책무를 개인이 대신한다고 해도 과언이 아니다. 그럼에도 정부의 지원은 인색하기 짝이 없다. 어렵게 문을 연 문화지기들의 노력에 대한 지원은 거의 없고 규제가 많아 운영 주체가 겪는 정신적 경제적 어려움이 한두 가지가 아니다.

음향기기를 소장한 한 사립 박물관의 경우 강릉시 바닷가의 허름

한 건물을 전시관으로 쓰고 있어 보는 이들을 안타깝게 하고 있다. 15만 점이 넘는 소장품 가운데는 미국의 에디슨 박물관에도 없는 희귀 자료가 있을 만큼 그 내용이 탄탄하다. 그러나 전시 환경은 어설프기 짝이 없다.

전시 시설이 소장품에 비해 턱없이 부족할뿐더러 낡은 상가 건물과 컨테이너 박스를 쓰고 있는 전시장은 보기에도 애처롭다. 더욱이 창고에 쌓인 소장품은 큰 비가 오면 물이 차 곤욕을 치를뿐더러 가장 심각한 것은 바다에 인접한 박물관의 위치다. 소금기를 머금은 해풍이 예민한 음향 기기에 치명적이기 때문이다.

그것도 부지를 시에서 배려한 결과가 이 정도니 나머지 작은 박물관의 경우는 말할 것도 없다. 하루 관람객 수가 많아야 10여 명에서 적게는 서너 명이 고작인 작은 박물관들은 3천 원 내외의 관람료만으로는 수익은커녕 운영비도 건질 수 없다.

박물관 등록을 위한 최소한의 요건이 일정 수의 유물과 전시장의 규모, 수장고와 함께 큐레이터 한 명 이상의 고용이다. 박물관에서 소장품을 연구하고 전시 기획을 맡길 큐레이터의 존재가 어찌 귀하지 않겠는가. 그러나 이 규정을 제대로 지킬 만한 박물관도 많지 않지만 큐레이터를 둔 박물관의 운영난은 더욱 심각해진다. 최근 사립 박물관의 큐레이터 고용 여건을 개선하려는 움직임이 일고 있어 고무적이지만, 근본적으로 문화적 책무의 한 축을 담당하고 있는 각종 사립 박물관에 대한 정부의 인식과 체계적인 지원이 절실하다. 뜻은 있으나 어려운 여건 때문에 문화의 이름으로 문화재가 훼손되는 일만은 최대한 억제되어야 하지 않겠는가. 〈국민일보 2004. 05. 03.〉

## 나비 축제와 겨울 연가


허인순
전북대 교수, 일문학과

　일본에서는 지금 배용준 신드롬이 한창이다. 서양 콤플렉스에서 벗어나지 못하던 일본에서 이 금기를 깬 사람이 바로 배용준이다. 무엇이 그토록 강건한 일본인의 빗장을 풀어 놓은 것일까? 일본어와 더불어 일본 문화를 10여 년 이상 가르쳐 온 나에게도 이것은 쉽게 이해하기 어려운 현상이었다.
　작년 12월 일본 NHK에서「겨울 연가」를 재방송할 때부터 배용준 열기는 달아오르고 있었다.『겨울 연가로 시작하는 한국어』라는 책이 베스트셀러가 되고,「겨울 연가」에 나오는 음악과 DVD · 비디오도 모두 각 부문 1위를 달렸다. 당분간 일본에서의 배용준 인기는 식을 것 같지 않다.
　일본인의 맹목에 가까운 반응이 무엇 때문일까 하는 문화적인 호기심에서 출발한 것이 이제는 거의 매일 인터넷을 통해서 일본인들의 반응을 들여다보게 됐다. 그리고 왜 그들이 배용준을 좋아하게 되었는지를 막연하게나마 느낄 수 있게 되었다.

일본의 배용준 신드롬을 들여다보며 전남 함평에서 열리는 '나비 축제'가 떠올랐다. 인구 4만 2천 명의 시골 마을에서 열리는 나비 축제가 연인원 수십만 명의 관람 인파로 붐빈다. 서울·부산에서 먼 길을 마다 않고 나비 축제를 보러 가고 있다. 2008년에는 나비 곤충 엑스포 개최를 계획하고 있다고 한다.

배용준과 나비 축제의 닮은 점은 청정함과 차별화이다. 일본인들이 배용준에게 열광하고, 한국인들이 나비 축제로 몰리는 이유가 바로 그것이다. 초등학교 때 선생님을 좋아하던 아련한 기억 때문에 커서 선생님이 되고 싶다는 꿈을 갖고 있는 사람들, 중·고등학교 시절 좋아하는 선생님 때문에 그 선생님이 가르치는 과목에 높은 점수를 받아 그 선생님께 기억되고 싶고 칭찬받고 싶어 했던 그들이 찾고 있던 청순하고 아름다운 옛 모습을 바로 「겨울 연가」에서 찾은 것이다. 연예인 하면 떠오르는 상투적인 이미지 대신에 배용준은 청정한 이미지로 일본인 팬들을 사로잡았다.

수학을 전공한 한 젊은이가 나비 표본을 들고 여러 지방 자치 단체를 찾아다녔을 때, 대부분은 그의 말에 귀를 기울이지 않았다. 그러나 농학을 전공한 함평 군수가 그의 꿈을 알아보면서 소박한 꿈은 '나비 축제'라는 아름다운 잔치로 다시 태어났다. 나비로 축제를 한다는 계획을 무모하다고 비난하던 이들도 이제는 공해 없는 청정한 이미지를 가지고 있는 나비에게 사람들의 관심이 쏠리는 이유를 알았으리라.

배용준의 일본어 홈페이지에 만족하지 못하는 일부 일본인들은 짧은 한국어 실력과 번역기를 동원해 한국어 홈페이지에 나들이한 후, 그 내용을 다시 일본 홈페이지에 전해 주기도 한다. 이렇듯 배용준 홈페이지에서 양국의 문화 교류는 한층 촉진되고 있다.

일본에서는 5월 초에 골든 위크라고 해서 많은 사람들이 해외로 여행을 떠난다. 이때 많은 일본인들이 수학여행 떠나듯 설레는 맘으로「겨울 연가」의 촬영지를 찾아온다. 한글만이 아니라 한국 문화와 역사를 배우고자 한국에 찾아온다. 김대중 대통령이 청사초롱을 손에 들고 "한국에 놀러 오십시오"라는 광고를 일본에서 방영한 적이 있었다. 얼마나 효과가 있었는지는 한번 생각해 볼 일이다. 배용준이 문화 대사(大使)로서 한 일은 지금껏 한국의 어느 정치인도, 스포츠 스타도 못했던 일이라고 평한 어느 신문의 기사가 생각난다. 한국과 일본의 모처럼의 화기애애한 문화 교류를 위해 제2, 제3의 배용준이 나오기를 바란다. 〈조선일보 2004. 05. 08.〉

# 한국 영화의 미래

김의석
한국영화아카데미 교수 · 영화감독

지금 프랑스 칸에서는 영화제가 개최되고 있다. 12일 시작돼 23일까지 열리는 이 행사는 올해 57회의 세계 최고 권위 영화제로, 올해는 칸 영화제가 생긴 이래 가장 많은 한국 영화가 출품되었다. 홍상수 감독의 「여자는 남자의 미래다」와 박찬욱 감독의 「올드 보이」가 경쟁 부문에 출품되었고, 주목할 만한 시선 부문에 필자의 영화 「청풍명월」이 운 좋게 초청받았다. 그 외 두 편의 단편 영화가 보태져 총 다섯 편이 선보일 예정이며, 재작년에는 「취화선」으로 임권택 감독이 감독상을 받은 바 있다.

지금 필자는 칸에 있다. 종전에도 본란을 통해 소개했지만 한국 영화는 과거에 비해 비약적인 발전을 해 오고 있다. 그리고 영화에 있어서만은 더 이상 한국은 변방이 아니라는 것을 이곳에서도 피부로 느끼고 있는 중이다. 이달 초에 나온 뉴스위크는 '블록버스터의 나라'라는 특집에서, 작년 말 전 세계에서 유일하게 한국만이 할리우드 영화인 「반지의 제왕」을 제치고 자국 영화(「실미도」)가 흥행 1위에 오른 국가라는 것을 강조하고 있다. 이뿐 아니라, 배용준을 비롯한 스타들의 아시아 전역에서의 록 스타와 같은 환호와 「엽기적인 그녀」, 「폰」, 「장화, 홍련」 등 할리우드에서 리메이크가 결정된 영화에 대해서도 언급하며 한국 영화의 비약을 경이적인 눈으로 바라보고 있다.

하지만 중요한 것은 과연 한국 영화의 미래가 이러한 핑크빛만 계속될 수 있는 것일까 하는 점이다. 얼마 전 외신의 기사 제목에 이런 게 있었다. '대만 영화 폐업 간판 내거나?'였는데 침체기를 맞고 있는 대만 영화의 현주소를 다룬 기사로, 그렇게 된 이유야 여러 가지가 있겠지만 그중 하나의 원인으로 1990년대 말 대만 정부가 미국의 압력에 완전히 항복하여 대만의 스크린 쿼터를 내주면서 상황이 악화되었다고 적고 있었다. 물론 그 이유가 절대적인 것은 아니라고 하더라도 죽어 가는 대만 영화에 기름을 부은 격이 되었다는 것이다.

즉, 대만은 이제 동아시아의 싱가포르가 되었다는 얘기다. 영화 취향이 서구화된 입맛에 길들여져 자국 영화는 곁다리 신세밖에 안 되는 싱가포르와 비슷한 처지가 되었다는 것이다. 결국 그동안 줄기차게 스크린 쿼터를 외쳤고 그 결과 활황을 이뤄 낸 한국 영화의 경우와는 상반된 처지가 되었으니 우리로서는 다행이라 할 수 있다.

하지만 요즘도 우리는 미국의 스크린 쿼터 축소의 압력을 받고 있는 것 또한 사실이다. 항간에서는 한국 영화의 관객 점유율이 과거에 비해 월등히 올랐고, 또 여타의 무역 마찰의 문제로 인하여 스크린 쿼터를 조심스럽게 축소해야 하는 것 아니냐는 움직임이 있는 것 같다.

하지만 이것은 극히 위험한 발상이라는 생각을 떨칠 수 없다. 세계의 많은 나라 중에서 미국만 한국의 스크린 쿼터 축소를 요구하고 있는데, 그 의도는 결국 스크린 축소를 통해 궁극적으로 자신들의 영화 수출을 확대해 마치 현재의 대만이나, 10여 년 전 우리의 열악했던 영화 상황으로 돌아가자는 것이 자명하기 때문이다. 10년 전만 해도 우리는 홍콩 영화의 번영을 목격했었다. 그 당시 우리는 유명한 홍콩 배우들과 관객 점유율 70%의 역동적인 홍콩 영화를 부러워했다. 홍콩 영화는 홍콩 반환을 기점으로 사양화되었으며, 오늘날은 그런 시절이 정말 있었을까 하는 신기루와 같은 느낌이 들 정도로 가라앉아 있다.

영화에 있어 미국은 하나의 완벽한 세계다. 그 시장의 크기는 세계의 절반이며, 그들은 자신의 나라 영화 외에는 보지 않는다. 정보고 싶으면 외국 영화의 시나리오를 사와 자기들 식으로 다시 만들어 보는 나라. 외국 영화가 들어가서 같이 경쟁한다는 것은 낙타가 바늘구멍으로 들어가는 것만큼 어려운 일이다.

아이러니하게도 그런 미국에서 한국 영화를 지금 의아하게 바라보고 있다. 유일하게 지구 상에서 「반지의 제왕」을 이긴 나라라고 말이다. 〈국민일보 2004. 05. 17.〉

# 삶의 거울, 연극

최준호
한국예술종합학교 교수 · 예술의전당 공연예술감독

　대한민국의 영화가 질적 양적으로 대중흥기를 맞고 있다. 몇몇 TV 드라마 시청률도 역대 최고를 기록하고 있다. 그런데도 이 두 분야의 기초가 되는 예술인 연극은 왜 침체에서 벗어나지 못하고 있는가. 이런 가운데도 각 지방 자치 단체가 마련한 연극 축제들은 호황을 누리고 있는 것 같다. 이를 연극과 축제 활성화의 시작으로 보아야 하나.
　연극의 침체는 우선 연극의 특성에서 기인하는 바가 크다. 영화나 TV는 대중 또는 군중으로 하여금 모두 카메라의 눈을 따라가게 한다. 동시에 많은 장소에서 상영될 수도 있고 또 언제든지 재생이 가능하다. 하지만 연극은 결코 대규모 군중을 만날 수도 없고, 대중을 한 가지 시선으로 몰고 다니지도 않는다. 다만 대중 가운데 극히 제한된 개개인과 만나고, 그 개인의 수를 늘려 가고자 하는 예술이다.

연극의 관객들은 열린 공간에서 각자의 시선으로 때로는 주제에, 때로는 인물에, 때로는 사건에, 때로는 시청각적인 아름다움에 몰두하며 자신의 인생과 관련지어 생각해 본다. 연극 관객은 개인적인 반응을 통해 공연을 더 살리기도 하고, 침체시키기도 하며, 동시에 곁에 있는 다른 관객들에게도 영향을 끼친다. 웃음 울음 감동 지겨움 몰입 등 관객의 반응과 행동이 동일하게 재생될 수 없다는 점이 공연의 변화에 기여하는 것이다. 즉, 공연의 필수 요소인 관객 개개인을 최대한 배려하는 예술이 바로 연극이다.

배우 한 사람 한 사람의 숨결, 빛 한 줄기, 소리 한 줌조차 같은 공간에 있는 관객의 오감을 두드린다. 거기에는 우리의 인생이 압축돼 있어 관객의 가슴과 머리에 직접 가 닿는다. 그런 연극의 매력은 느껴 보지 않는 한 설명이 구차할 뿐이다. 그런데 우리 국민 대다수는 어려서부터 일상 가까이에서 연극을 경험할 기회가 지극히 적어 수많은 유행성 소모성 자극보다 연극이 멀게 느껴질 수밖에 없다.

연극 예술가가 가난할 수밖에 없는 이유는 대단히 현실적이기도 하다. 우선 대부분의 연극 극장이 100석 안팎의 소극장이어서 한 달 동안 아무리 관객을 채운다 해도 5천만~6천만 원이 기본적으로 들어가는 '원금'을 회수하는 일조차 어렵다. 공연의 수명이 길어질 수 있도록 공연장을 늘리고 특히 당장 300~600석짜리 극장 몇 개라도 세우는 일부터 시작한다면 '빈곤의 악순환'은 한결 풀기 쉬워질 것이다.

다행히도 전국의 여러 지자체가 마련하는 연극 축제에는 사람들이 모여들고 있다. 축제의 넘치는 에너지와 정선된 작품 덕택에 일정 수준의 성과가 있어 보인다. 하지만 대개는 1회성 이벤트에 그친다. 질적 양적 경영상의 발전을 이루지 못해 미래는 불안하다. 게다가 지자체는 축제의 성과를 일상에서의 문화 예술 활성화와 그 향수권 회복에 연결시키려 하지 않고 행사를 통한 민심 확보라는 달콤한 과실에 탐닉하고 있으니 말이다.

축제는 연극처럼 공동체에서 뿔뿔이 흩어진 시민을 숨 막히는 경쟁과 기계적인 현실에서 벗어나게 하면서 동시에, 현실에 새로운 생기를 불어넣어 주는 숨구멍과도 같은 존재다. 축제와 연극은 참여자로 하여금 소모적으로 지치게 하지 않으면서 즐거움과 현실에 대한 성찰, 새로운 시각을 함께 느끼게 해 일상으로의 복귀를 싱그럽게 하는 소금과 같은 존재다. 〈동아일보 2004. 06. 19.〉

# 이단아, 그는 '읽는' 사람이었다

박철화

중앙대 교수 · 문학평론가

자크 데리다가 세상을 떠났다. 서양의 종교와 형이상학의 공통적 근거가 되었던 선험적 말의 권위를 해체하는 데 애쓴 그는 20세기 후반의 철학계를 내내 들쑤셔 놓은 이단아였다. 그의 철학은 수 세기에 걸친 서양의 사유 체계를 뒤집어 보는 일이었다. 그 체계란 전제된 도식 안에서만 유효한 체계이다. 데리다는 바로 그 도식 자체의 한계에 대해 질문을 던진다. 모든 도식이 어쩔 수 없이 갖게 되는 배제의 지점을 들여다보는 것이다.

그리하여 '텍스트의 표식, 흔적 또는 미결정 특성과 텍스트의 여백, 한계 또는 체제, 그리고 텍스트의 자체 한계선 결정이나 자체 경계선 결정과의 연관 속에서 텍스트를 텍스트로 읽는 독법'을 통해 텍스트의 다른 가능성을 찾았다. 따라서 그를 따라다니는 해체의 꼬리표는 파괴를 의미하지 않는다. 그의 벗인 들뢰즈가 그러했듯이 데리다의 철학은 긍정이며 생성이다. 기존의 사유를 비판하고 부정하는 데에서 멈추는 것이 아니라, '문제를 이동'시킴으로써 그 안에서 배제되거나 감추어져 있는 것을 드러내 밝히는 작업이기 때문이다. 사람들이 데리다에게 그의 철학에 대해 묻자 그런 것은 없다고 답한 것도 그러한 이유에서이다. 즉 데리다로서는 세상에 보내는 철학적 메시지가 아니라, 그 메시지를 철저하게 읽어 내는 규범이 중요한 것이다. 그러한 텍스트 읽기의 규범을 사람들은 해체라 불렀다. 데리다는 그 해체의 시선으로 고대 그리스의 철학자들로부터 시작해서 헤겔과 마르크스 그리고 현상학의 정전들을 읽어 내는 작업을 수행했다.

그런데 이러한 데리다의 철학적 실천은 그의 삶과 연관시켜 보면 흥미로운 점을 갖고 있다. 그는 1930년 북아프리카의 알제리에서 태어난 유대계 프랑스인이다. 따라서 그에게는 뿌리가 없다. 존재의 뿌리 없음이 바로 철학사의 전통을 비껴 나가 텍스트를 뒤집어 읽는 데에 영향을 미치지 않았을까? 한 가지 더 흥미로운 것은 프랑스에서 교육을 받고 철학자로서의 발걸음을 내밀었지만 그를 먼저 인정해 준 곳은 오히려 미국이었다는 사실이다.

실제로 프랑스의 학계는 오래도록 데리다를 받아들이지 않았다. 그의 저서가 발표된 직후부터 미국에서는 매년 그를 초청하여 특별 세미나를 개최하였고, 철학과 문학계를 가리지 않고 열렬한 관심을 표명했다. 반면에 프랑스의 학계는 데리다를 냉대했다. 대중의 관심에도 불구하고 대학에서는 그를 거부했다. 물론 데리다 자신이 1980년 국제철학학교를 창설하여 교장을 역임했고, 마침내는 고등사회과학원에 자리를 잡았으나, 미국의 물질적 후원 없이는 불가능한 일이었다. 이것은 단절 없이 서양 문명의 전통을 지켜온 유럽과 새로운 지적 전통을 세워야 하는 미국의 차이에서 오는 현상으로 해석할 수 있다.

어쨌거나 논란이 그치지 않았던 생을 마치고 이제야 데리다는 존재의 고향으로 돌아간 셈이다. 그가 떠난 자리에 이런 말이 적혀 있을 것이다. 그는 '읽는' 사람이었다. 〈서울신문 2004. 10. 11.〉

## 인터넷 시대의 착각

최인숙
동국대 교수, 철학과

　인간은 본성적으로 게으르다. 그렇기 때문에 육체노동을 싫어하며 복잡한 생각을 싫어한다. 가능하다면 우리는 힘든 길보다 쉬운 길을 택하고 싶어 한다.
　인터넷의 일상화는 우리 삶의 방식 및 사고방식에 많은 변화를 가져왔다. 책 읽기 태도에도 변화가 생겼다. 인터넷에 들어가면 누구나 쉽사리 필요한 지식을 얻을 수 있기 때문에 책을 읽을 필요가 없다고 생각하는 사람이 많이 늘었다.
　그러나 과연 그럴까?
　우리는 누구나 성공적인 삶을 살고자 한다. 여기에 가장 중요한 요인은 무엇일까. 나는 그 사람의 생각이라고 본다. 어떤 생각을 갖고 어떻게 실행해 나가느냐가 그 사람의 삶의 성공에 매우 큰 비중을 차지한다.

생각은 학교 생활, 가정 생활, 사회 생활, 글 읽기 등을 통해 형성된다. 일반적으로 우리는 허공을 바라본 채 홀로 명상함을 통해서는 생각의 풍요로운 발전을 기대하기 힘들다.

책 읽기는 생각의 힘을 기르는 데 매우 중요한 요인이다. 독자는 지은이의 생각을 뒤좇으며 더불어 자신의 생각을 전개한다. 남의 책 읽기는 스스로 생각하기, 비판적인 생각 갖기, 자기 자신의 생각 갖기 등의 현상을 동반한다.

그런데 인터넷이 우리 생활에 급속히 전파됨에 따라 달리 생각하는 사람들이 많이 증가했다. 젊은이들의 경우 이러한 증가는 더 두드러진 것 같다.

인터넷에 들어가면 쉽사리 다양한 정보에 접할 수 있는데 애써 책을 읽으며 골머리를 썩을 필요가 없다고 생각하는 경향이 늘어난 것이다. 스스로 책을 읽지 않아도 다른 사람들의 수많은 생각을 인터넷이 연결해 주고 있는데 구태여 책을 읽을 필요가 어디에 있는가.

그런데 정말 그러한가? 스스로 책을 읽지 않아도 인터넷에 들어가면 스스로 독서한 효과, 아니 그 이상의 효과를 얻어 낼 수 있는가?

결코 그렇지 않다. 인터넷에 연결되어 다양한 정보가 모니터 화면에 뜬다고 해서 그것이 곧바로 자기 생각이 되는 것은 아니다. 모니터 화면에 뜨는 정보, 혹은 종이로 출력해 복사해서 보는 정보도 스스로 생각하는 과정을 거치지 않는다면, 모니터 화면이 꺼지고 나면 사라지고 마는 것과 같다. 모니터 화면에 뜨는 정보가 바로 자신의 생각, 자신의 지식인 것은 아니다.

그리고 지식 획득의 과정은 일종의 상보적인 관계에 있다. 인터넷의 정보든 책 속의 정보든 스스로 생각하는 노력을 투입해야 그것들이 어느 정도 자신의 지식으로 되고, 또 그런 과정을 거쳐 자신의 지식이 축적되어야 인터넷의 정보도 책의 정보도 자신의 것으로 소화해 낼 수 있으며, 나아가 자신의 창조적인 생각을 만들어 낼 수 있다.

　미래학자 앨빈 토플러의 말을 빌려 오늘날의 사회 및 문화 형태를 제3물결의 지식정보화 사회라고 한다. 그런데 이러한 사회는 그 어느 때보다도 더 독창적이고 창조적인 지식을 필요로 하는 사회이며, 이러한 지식을 갖기 위해서 우리는 그 어느 때보다도 더 폭 넓고 깊이 있는 독서를 필요로 한다.

　인간은 본성적으로 힘든 일을 싫어하지만 다른 한편으로 노고를 통해서만 더 나은 단계의 삶을 성취하도록 만들어졌다. 책 읽기가 귀찮고 생각하기가 싫더라도 책과 씨름하며 자신의 사고를 길러야 하는 이유가 여기에 있다. 〈한국일보 2004. 10. 18.〉

# 문화가 도시를 만든다

서 현
한양대 교수, 건축대학원

이스탄불은 빛나는 도시가 아니었다. 비잔틴의 모자이크에는 이슬람의 금욕적 문양이 덮여 있었다. 그 위로 회색 먼지가 두꺼웠다. 무심한 여행객의 눈에 비친 도시는 어둡고 신비했다. 6·25 전쟁에 참전했던 삼촌을 떠올리며 포도주를 안겨 주던 사람도, 양탄자를 사라고 을러대던 사람도 모두 검은 수염의 아저씨들이었다. 검은 천으로 얼굴을 가린 여자들은 침묵 속에서 부유하듯 돌아다녔다.

이런 도시에 최근 화려한 색채가 더해졌다. 먼지를 걷어 낸 것인지도 모른다. 건물이 아니고 소설에 의해 드러난 색채였다. 『내 이름은 빨강』. 16세기의 도시와 그림을 치밀하게 그려 나간 이 소설은 단지 터키의 문학적 성취에 그치지 않는다. 이스탄불이라는 도시가 얻게 된 중요한 문화적 자산이다. 건물에만 관심 있던 여행자에게 회색빛이던 도시는 이제 빨갛고 파란 속살을 지닌 도시로 변모했다.

그 색을 보여 준 도구가 바로 소설이다.

도시는 건물로만 이루어지지는 않는다. 소설 음악 영화에 담긴 도시의 모습은 손으로 만질 수 없는 것들이다. 그러나 이들은 도시가 지닌 문화적 자산이고 도시를 의미 있게 만드는 것이다.『토지』를 존재하게 하는 것은 하동이고,『탁류』를 의미 있게 하는 것은 군산이다. 메밀꽃 필 무렵이면 봉평에 사람들이 몰려든다. 건물이 아닌 소설 때문이다.

16세기 이스탄불의 화원들은 술탄에게 바칠 세밀화를 그렸다. 목숨이 걸린 일이었다. 18세기 조선의 화원들은 어람용 도성도를 그렸다. 이들에게도 지도 제작은 목숨이 걸린 문제였을 것이다. 그 지도에는 도성의 길과 개천들이 붉고 푸른색으로 빼곡하게 그려져 있다.

지금 개천은 복개되었고 길은 여기저기가 지워졌다. 그러나 이 지도에 담긴 길로서의 도시의 모습은 아직 놀랄 만큼 많이 남아 있다. 궁은 학교, 병원, 관공서로 변했지만 이들이 바뀌어 나간 역사는 소멸한 왕가의 이야기처럼 비감하다. 그래도 이들은 여전히 이 도시의 역사적 흔적이고 증언이다.

우리의 도시에서 역사는 어디에 있느냐고들 묻는다. 관광 엽서의 사진처럼 도시를 들여다보면 그렇게 물을 수 있다. 도시의 역사와 가치는 건물만이 아닌 문화 전체에서 찾아야 한다. 겸재(謙齋)의「인왕제색도」가 없었다면 인왕산의 의미는 지금 같지 않았을 것이다. 목숨을 걸고 도성도를 그린 화원들의 붓끝을 이 도시 안에서 느껴 보지 않은 채 역사의 실체는 사라지고 숫자만 남았다고 단언할 수 없다.

도시는 이전 시대의 흔적을 박제로 보존하는 창고가 아니다. 자기가 거기 살지 않는다고 해서 비가 새는 집을 그대로 두라고 목청을

돋울 수도 없다. 도시는 살아 있어야 하고 새로운 제안을 통해 계속 변화해 나가야 한다. 좋은 도시는 우리의 야심이어야 한다. 그러나 도시는 선택받은 강자에게 맡겨진 스케치북이 아니다. 마음에 들지 않는다고 찢어 버리고 새로 그림을 그릴 수 없다. 도시는 덧칠해 가면서 발전시켜야 한다. 들춰 보면 과거의 증언이 들려야 한다.

터키의 세밀화가들은 기계적 투시 도법을 앞세운 화풍에 위협받았다. 조선의 화원들이 그린 도시는 지금 계량적 도시 계획의 위협을 받고 있다. 넓은 자동차길과 크고 높은 건물로 이뤄진 도시의 그림은 우리의 도시에 대한 위협이 되고 있다.

세운상가 주변 블록의 대규모 재개발 계획이 진행되고 있다. 현상 공모에 외국 건축가들만 초대했다는 불평도 들렸다. 바라는 만큼은 아니어도 기존 도시 조직을 배려한 흔적이 보이는 계획안이 1등 당선작이 됐다. 그러나 사막에 도시를 짓듯 새 도화지에 그린 계획안을 낸 건축가들도 입상하고 실제 설계의 참여 자격을 받았다. 서울에 대한 이들의 무지와 과감함이 두렵다.

도시가 사라지면 이들을 담았던 문화는 정말 박제가 된다. 좁고 지저분해 보이는 종로의 골목길에는 흰 구두, 흰 양복을 차려입은 원로 가수의 낭랑한 노래가 묻혀 있다. 그래서 이 길이 더 애절하다. "보신각 골목길을 돌아서 나올 때엔 찢어 버린 편지에는 한숨이 흘렀다." 〈동아일보 2004. 11. 10.〉

# 궁궐 박석(薄石)의 미학

유홍준
문화재청장

 지난 3일 나는 일본 도쿄에서 일본 문화청 장관과 내년 한일 수교 40주년 기념 문화 교류를 협의하던 중 서울 종묘(宗廟)의 어도(御道)에 깔려 있는 박석(薄石) 약 100장이 굴착기에 의해 깨졌다는 보고를 받고 순간 망연자실했다. 그게 얼마나 중요한 것인데!
 나는 곧바로 조선일보 오피니언 페이지의 '여론 광장'에 사죄의 글을 전송하고, 이튿날 귀국 즉시 종묘로 향해 현장을 확인한 후, 오늘 이 순간까지 올바른 복원을 위해 전문가들과 머리를 맞대고 연구 중이다.
 그런데 이상할 정도로 박석에 관한 연구를 거의 찾아볼 수 없고, 또 많은 사람들이 궁궐과 능묘 건축에서 박석의 미학을 제대로 인식하고 있지 못함에 놀라움을 금치 못한다.
 본래 '박석'이란 문자 그대로 얇은 돌판으로, 조선 시대의 독특한

도로 포장 방식이었다. 서울의 옛 지명을 보면 '박석고개'가 여럿 있다. 서오릉으로 가는 불광동 고개, 창경궁에서 성균관으로 가는 명륜동 고개, 헌인릉으로 가는 내곡동 고개 등이 모두 박석이 깔려 있던 박석고개다.

박석은 크게는 구들장, 보통은 빨래판만 한 넓적한 돌판으로, 두께는 보통 네 치(12cm)쯤 된다. 박석의 울퉁불퉁한 표면은 미끄럼도 방지하고 햇살을 난반사시켜 눈부심을 막아 준다.

박석이 건축적으로 가장 탁월하게 실현된 곳은 종묘 정전(正殿)의 앞마당인 월대(月臺)와 경복궁 근정전의 아래뜰이다. 자연스러운 박석들이 마치 조각보를 만들듯 이를 맞추며 천연스럽게 돌로 포장되어 있는 것을 보면 너무도 현대적이어서 21세기의 건축가들도 감탄에 감탄을 더한다.

그런데도 많은 사람들이 이 박석의 미학을 아름다움과 슬기로움으로 인식하지 못하고 불성실의 소치가 아니냐고 묻곤 한다. 그럴 때면 나는 창덕궁 인정전의 정연한 돌포장을 가 보라고 권한다. 인정전 앞마당 역시 옛날엔 박석 포장이었다. 그런데 일제 시대에 일본인들은 그것이 맘에 안 들었는지 이를 모두 걷어 내고 잔디를 심었다. 훗날 우리가 다시 창덕궁을 정비·복원했는데, 박석의 기술도 없고 재료도 못 구해서 지금처럼 화강암 사각 돌판을 깔아 놓아 한마디로 멋이 없다.

이런 박석은 궁궐과 왕릉의 어도(御道)와 신도(神道)에서도 멋지게 구현되었다. 이번에 훼손된 종묘의 어도 역시 신향로(神香路), 어로(御路), 세자로(世子路) 등 3단의 박석길이었다. 그런데 이상한 것은 지금의 종묘 어도가 깨진 것이든 성한 것이든 박석들이 가지런히 이를 맞춘 것이 아니라 마치 징검다리 놓듯이 듬성듬성 깔려 있는 것이다. 길도 휘어져 있고, 삼도(三道)의 가운뎃길이 높지도 않다.

뭔가 잘못이 있을 것 같아 자세히 조사해 보니 지금 종묘 정문의 어도는 1972년에 정비 작업을 하면서 부실 시공된 것이었다.

차제에 이것을 바로잡기로 했다. 옛 기록을 찾아보니 1726년 영조 때 제작된「종묘의궤속록(宗廟儀軌續錄)」에서 3도의 정연한 모습을 볼 수 있다. 이대로만 한다면 종묘의 어도는 비로소 제 모습을 찾을 수 있다.

그런데 이 검은 듯 차분한 잿빛 박석의 산지(産地)가 어디인지 아직 모르겠다. 포천, 양구, 음성의 돌이 비슷은 하나 그런 맛이 전혀 안 난다. 이제 그것만 찾아내면 제대로 복원하겠는데……. 누구, 아는 분이 없을까. 〈조선일보 2004. 11. 19.〉

# 남을 배려하는 한국인?

정 민
한양대 교수, 언어문학부

공중전화에 돈이 남으면 뒷사람을 위해 수화기를 얹어 둔다. 일본 기자가 이걸 눈여겨봤던 모양이다. '다른 사람을 배려할 줄 아는 한국인'이란 제목의 기사를 썼다. 일본 사람들은 절대 그런 일이 없다고 했다. 이 글을 본 우리나라의 한 사회학자가 이런 취지의 글을 썼던 것 같다. 일본 사람들은 전화기에 돈이 남아도 그 돈을 국가가 국민을 위해 쓰리라는 확신이 있기 때문에 수화기를 망설임 없이 내려놓는다. 하지만 우리는 남을 위해서라기보다 나라에 공돈 주기가 아까워 수화기를 올려놓는다.

이런 생각은 좀 얄밉다. 남의 칭찬에 꼭 이렇게 초를 칠 것까지는 없지 않은가? 동전이 없어 전화를 못 건 다급한 경험들도 있고 하니 자신도 모르게 그런 배려가 나온 것이지, 도둑놈들에게 내 돈을 한 푼이라도 그저 뺏길 수 없다는 심정이기까지야 했겠는가 말이다. 하기야 위정자란 사람들이 온통 나라를 말아먹는 도둑놈처럼 보이던 시절을 우리는 건너왔다.

10년 전 운전을 갓 배워 지방 도로로 나섰을 때의 일이다. 대낮인데 맞은편에서 오던 차량이 갑자기 전조등을 두어 번 깜빡깜빡했다. 그다음 차도 다시 나를 향해 전조등을 켰다 껐다 했다. 내 차에 무슨 문제가 있어 저러나 싶어 순간 당황했다. 옆에 탔던 사람이 "앞에 경찰이 있으니 주의하란 뜻이야"라고 일러 줬다. 말이 채 끝나기도 전에 내리막길 저편 나무 뒤에 숨어 있는 경찰이 눈에 들어왔.

운전 관록이 쌓여 가면서 맞은편 차가 신호를 보내오면 고맙다는 응답까지 할 정도가 됐다. 후의를 받기만 할 수 없어 가다가 경찰이 보이면 나도 맞은편 차에 신호를 보내 주기 시작했다. 그때의 뿌듯함이라니. 맞은편에서 퉁겨 주는 신호는 '네 앞에 경찰이 지금 입을 떡 벌리고 기다리고 있으니 조심해'라는 메시지였고, 천천히 지나가면서 오늘은 왜 이렇게 걸리는 차가 없느냐는 듯한 표정으로 서 있는 단속원의 모습을 보는 것은 미상불 통쾌하기까지 했다. 남을 배려할 줄 아는 따뜻한 한국인상은 비단 공중전화에서만 찾을 수 있는 게 아니었다.

운전자들 사이에 한때 불문율처럼 굳어진 이 야릇한 신호 동작이 누군지도 모를 상대방이 경찰의 단속에 걸리는 게 안타까워 어떻게든 이를 막아 보려 한 동포애적 배려였다고는 나도 생각지 않는다. 숨어서 몰래 덫을 쳐 놓고 걸려들기만을 기다리는 비신사적 단속에 대한 반감이랄까, 오히려 상대의 떳떳지 못한 노림수를 무위로 돌리고 말겠다는 오기 같은 게 더 크게 작용했던 것으로 기억된다. 규정 속도를 안 지키고 과속하는 것이 좋은 일일 수 없다. 큰 사고를 미연에 방지하려고 단속하는 경찰을 나쁘다고 나무랄 일도 아니다. 하지만 함정을 파 놓고 걸려들기만 기다린 그 방법이 나빴다.

훌륭한 정치의 방법을 묻는 제나라 선왕(宣王)의 질문에 맹자는 백성이 죄에 빠지기를 기다려 뒤따라가 형벌을 주는 것은 백성을 그물질하는 것이라고 했다. 어진 임금이 되려면 망민(罔民), 즉 백성을 그물질해서는 안 된다고 대답했다. 교통 법규 위반 단속을 두고 맹자까지 들먹일 필요는 없겠지만, 잘못한 사람에게 잘못을 지적하면 반성은커녕 재수 없어 걸렸다고 생각하게 하는 상황은 참 곤란하다. 이것은 공권력의 체통과 관련되는 문제다.

다행히 5, 6년 전부터 단속 지점을 예고하는 팻말이 붙고 곳곳에 자동 속도 감지기가 설치됐다. 이제 맞은편에서 깜빡깜빡 던져 주는 신호는 서운하게도 더는 찾아보기 힘들게 됐다. 하기야 이것이 무슨 미풍양속이라고 그리워한단 말인가? 시스템이 바뀌자 자연스레 없어진 것이다. 불합리한 제도가 만들어 낸 미풍양속들이 어디 이것뿐이겠는가.

이제는 차에 장착된 내비게이터가 "주인님! 바로 앞에 속도 감지기가 있습니다"라고 보고해 주는 세상이 됐다. 바야흐로 우리는 점점 남을 배려할 줄 모르는 시대로 접어들고 있는 것일까?

〈중앙일보 2004. 11. 19.〉

## 당동벌이(黨同伐異)가 증오 키운다

김 근
서강대 교수, 문학부

 '교수신문'이 교수들을 상대로 한 설문 조사에서 올해의 정치 경제 사회를 한마디로 정리할 수 있는 사자성어로 '당동벌이(黨同伐異)'가 꼽혔다고 한다. 당동벌이란 「후한서」 당고전(黨錮傳)에 나온 말로 후한 때 환관들의 전횡에 사대부들이 연합하여 대들자 사대부들이 붕당을 지어 조정을 비방한다고 받아치며 싸운 데서 기원한다. 직역하자면 생각이 같은 자들은 편들어 주고 생각이 다른 자들은 친다는 뜻이다.

 아마도 2004년에는 대통령 탄핵, 수도 이전, 그리고 이른바 '4대 법안' 등 첨예한 쟁점 사안이 유독 많았기 때문에 많은 교수들이 이를 선택한 듯싶다.

 니체의 말대로 자기 확장에의 의지가 삶의 근원이라면 '당동'은 자연스러운 행위라고도 볼 수 있다. 더구나 모든 쟁점은 구성원 모두가 참여하는 가운데 민주적으로 해결하자는 것이 노무현 정부의 모토였으므로, 같은 사안이라 하더라도 갈등의 양상이 더 첨예하게 발전하였거나 또는 그렇게 보였을지도 모르겠다.

문화란 자연과 인간의 표면이 맞닿은 곳에서뿐만 아니라 집단과 집단이 맞닿은 표면에서도 느껴지는 법이다. 무슨 말이냐 하면, '진보' 측의 집권이 우리 역사상 처음이었던 만큼 정부와 국민이 맞닿은 부분에서 전에 경험하지 못했던 약간의 생소한 문화적 마찰이 느껴지는 것은 어쩌면 당연하다는 뜻이다.

생존이나 이해관계가 걸려 있는 문제에 혼자 힘으로는 부족하니 같은 처지의 사람들이 모여 공동 대처하자거나 편들어 주자는 것이 비난받을 일은 아니리라. 단지 문제는 다른 생각을 가진 사람들을 공격하는 '벌이(伐異)'를 통해 '당동(黨同)'을 꾀하자는 책략에 있다. 즉, 철저한 이해관계로 모이는 것이 아니라 부화뇌동을 부추겨 세를 키우려는 것이 작금의 경향이기 때문에 사회 구성원들은 직접적인 관계가 없어도 둘로 갈릴 수밖에 없다는 말이다. 이 과정에서 각 방은 서로를 적으로 규정하고 증오를 증폭시킨다. 기실 증오란 사실에 근거해 생기는 것이 아니기 때문에 맹목적인 '벌이'에 매우 효과적이고, 따라서 견고한 '당동'을 반대급부로 얻을 수 있게 된다. 개인주의보다는 집단주의 문화가 지배적인 우리 사회에서 이러한 당동벌이 전략이 저절로 무력해지기를 바라는 것은 어쩌면 군밤에서 싹이 나기를 바라는 것이나 다름없을지도 모르겠다.

아무리 이질적인 것이라 하더라도 동질 속에 고루 섞여 있으면 말썽을 일으키지 않는다. 이것을 인위적으로 분리해 한곳에 모아 놨을 때 부작용이 발생하는 법이다. 중국도 소수 민족을 이웃에 함께 두고 살았을 때엔 종족 갈등이 없었지만, 중국을 한데 모으기 위해 이들을 경외로 내쫓았을 때 만리장성을 계속 쌓아 갈 수밖에 없었고 급기야 오랑캐라고 무시하던 그들에게 나라를 잃었던 것이다.

이처럼 '당동' 행위는 상대방의 실체를 인정하지 않음으로써 자신의 외연을 확장하게 되는데, 문제는 그런다고 상대방이 없어지는 게 아니라는 것이다. 요즘 여야가 부득이 4자 회담이라는 형식의 협상을 벌이고 있다지만 소수의 실체를 소외시킨다는 점에서 당동에 지나지 않는다. 강이 길어 봤자 사흘 흐르는 거리를 넘지 못하고, 폭풍우가 휘몰아쳐 봤자 아침을 넘기지 못한다고 하지 않던가.

안회가 죽자 공자가 예를 어기고 통곡했다고 한다. 예란 남이 지켜보는 것이지만 애절한 슬픔은 그 시선을 의식하지 않고 표출되는 법이다. 이러한 진솔함 속에 당동벌이는 설 곳이 없다. 지난 한 해 우리는 매우 소중한 문화적 갈등을 경험했다. 사람들의 생각이 내 생각 같지 않다는 타자의 개념이 갈등을 통해 인식된 것이다. 이제 자신의 입장과 생각을 솔직하게 표명함으로써 뇌동하지 않는 일만 남았다. 그렇지 않으면 당동벌이는 또 계속될 수밖에 없을 것이다.

〈동아일보 2004. 12. 27.〉

교 육

## 기여 입학제 공론화하자

오인탁
연세대 교수, 교육학과

중앙일보 신년호는 신선했다. 다른 중앙지와 달리 중앙일보만 교육 문제를 신년호의 특집으로 들고 나왔다. 지난해는 우리나라의 정치·경제·교육이 '우왕좌왕한' 해였다. 시민들은 그만큼 많은 대가를 지불했다. 반면 국가 발전에 정치·경제·교육이 얼마나 중요한가를 뼈저리게 학습했다. 정치 불안은 경제 불경기로 이어졌다. 민심은 고약해졌다. 어느 곳에서도 서광이 비치지 않았다. 게다가 새해엔 총선이 있다. 그러니 신년호에 교육 말고도 너무나 중요한 문제들이 많다. 그런데 중앙은 교육을 새해의 '가장 중요한' 문제로 뽑았다. 적어도 나에겐 그렇게 인식되었다. 그리고 중앙의 안목은 탁월하였다.

왜 하필이면 교육인가? 지금 우리는 지속적 성장의 기로에 서 있다. 이것저것을 함께 싸안고 가면 침몰할 수밖에 없기 때문에 둘 중에 하나를 선택하고 이에 온 힘을 집중하지 않으면 안 되는 상황에 처해 있는 것이 기로다. 지금 우리의 상황이 그렇다. 그래서 저마다 정치와 경제에서 진단과 전망을 제시하고 있다.

그런데 중앙은 이런 흐름을 무시하고 '세계는 교육혁명 중'이라고 하면서 교육을 내걸었다! 참으로 탁월한 선택이다. 6개월·1년·3년의 짧은 앞을 내다보면 정치가 보이고 경제가 보인다. 그러나 10년·20년, 그리고 백 년을 멀리 둥글게 내다보면 교육이 보인다. 우리 사회의 시급하고 근본적인 치유의 대상이 교육 현실임이 확인된다. 그리고 교육이 바로서면 정치와 경제가 비로소 바로설 수 있고 우리 민족과 국가는 세계의 일류 국가로 확실하게 우뚝 설 것이다.

중앙의 교육 특집은 교육 문제의 핵심을 정확히 직시하고 외국의 적절한 사례를 소개하면서 대안을 제시하고 있다. 지금은 국가 경쟁력의 끊임없는 제고가 국가의 현상과 발전을 위한 최선의 길이다. 국가 경쟁력은 교육 경쟁력에서 배양된다. 따라서 '교육, 이대로는 결코 안 된다'라는 의식이 국민에게 넓게 퍼져 있다. 이는 평준화 보완을 찬성하는 의견이 59%라는 중앙일보 신년 여론 조사의 결과로 나타났다. 이러한 의식의 변화는 대단히 중요하다. 왜냐하면 중등 교육과 고등 교육이 교육 경쟁력의 중심을 차지하고 있기 때문이다.

우리는 지금 중·고등학교와 대학교를 세계 최고 수준으로 유지하는 국가가 세계를 지배하는 시대를 살고 있다. 따라서 중등 교육의 정상화는 고등 교육의 경쟁력 강화로 이어져야 한다. 그런데 대학은 연구와 교육을 위한 투자에 한계가 없기 때문에, 다시 말하면 투자한 만큼 우수할 수 있어서 무한대로 돈이 들기 때문에, 전 세계의 어떤 국가도 고등 교육의 재정을 보장해 주지 않고 있다.

반면 미국과 서구의 선진 국가들은 대학에 기부금이 해마다 무한대로, 다양한 통로로 들어올 수 있도록 행정적으로 최대한 뒷받침해 줄 뿐 어떤 제재도 취하지 않고 있다. 이와 대조적으로 사립 대학이 80%가 넘는 우리나라에서 기부금이 확실하게 들어올 수 있고 공적으로 투명하게 사용해 대학의 경쟁력을 효율적으로 제고할 수 있는 '한국적' 제도인 기여 우대제의 도입을 정부는 이런저런 이유로 강하게 반대해 왔다.

그런데 중앙일보의 신년 특집호에 실린 '신년 여론 조사'에서 기여 입학제를 허용해야 한다는 의견이 12%, 단계적으로 도입해야 한다는 의견이 40%, 반대한다는 의견이 42%로 나타났다. 이는 기여 입학제를 찬성하는 의견이 52%임을 말한다. 이러한 결과는 전국적인 여론 조사에서 기여 입학제를 반대하는 의견보다 찬성하는 의견이 더 높게 나타난 첫 사례로, 대단히 의미 있다. 연세대학교도 기여 우대제의 단계적 실시를 강조하고 있다. 중앙일보는 이를 주목하고 우리나라의 대학 경쟁력 제고에 크게 기여하기 바란다.

기여 우대제가 도입되면 대학에서 한국과 세계의 경제를 이끌어 가는 기업의 CEO가 될 젊은이들이 한국의 건강하고 단순한 젊은이들과 함께 사귀며 공부해 건강한 지도자로 성장할 것이며, 빈곤해 공부할 수 없는 학생은 없어질 것이고, 세계 최고 수준의 대학들이 생길 것이며, 국가의 세계 경쟁력은 크게 성장할 것이다.

〈중앙일보 2004. 01. 09.〉

## 21세기형 공학 교육 절실

나정웅
광주과학기술원장

어느 나라든 대학은 사회 발전과 변화의 원동력이 되어 왔다. 대학 경쟁력은 국가 경쟁력과 궤를 같이해 왔다. 대학 교육은 지금까지도 많은 변화와 발전이 있어 왔지만 최근 21세기 사회가 요구하는 교육으로 탈바꿈하기 위한 노력, 특히 과학 기술 교육의 대대적인 혁신은 세계적 추세라 할 수 있다.

미국은 10년 전부터 미래에 필요한 교육이 되도록 꾸준히 대학의 교과목과 교육 내용을 변화·발전시켜 왔다. 중국도 교육의 질적 향상을 위해 대학 수를 절반으로 줄여 나가고 있다. 일본 역시 지난 5년간 국립 대학 수를 과감히 줄이고 필요한 예산의 절반을 대학 스스로 마련할 수 있도록 법인으로 전환하고 있다. 독일 또한 정보 지식 산업에 맞도록 법으로 정한 졸업에 필요한 학과목을 바꾸는 등 혁신을 계속하고 있다.

우리나라는 어떤가? 인적 자원이 성장의 견인차인 우리로서는 교육은 사활이 걸린 문제라고 할 수 있다.

이런 측면에서 10여 년 전부터 대학 총장, 노벨상 수상자, 교육자 들이 중심이 되어 연구하고 있는 미국 보이어 위원회(Boyer Commission)가 발표한 보고서 '연구 중심 대학의 대학 교육'은 우리 대학 교육 혁신에 많은 시사점을 준다.

이 보고서는 단순한 정보 전달이 아니라 연구하면서 배우는 교육, 신입생에게 고등학교 과정의 단순 연장이 아닌 탐구 정신을 키워 주고 탐구 영역을 확장할 수 있으며 감동을 줄 수 있는 강의, 기초를 다지는 교육, 학과 간 장벽을 허물고 학제적 방식으로 다양한 부문을 공부할 수 있는 교육 등 10개 개혁안을 제시하고 있다. 이러한 정신을 충실하게 구현한 미국의 올린 공대는 5년여 동안 준비한 끝에 2002년 개교해 우수 신입생을 선발함으로써 세계 공학 교육계의 이목을 집중시키고 있다.

올린 공대의 새로운 교육 시스템은 학생들이 학과 간 장벽을 뛰어넘고 기초 교육을 튼튼히 하여 창의력을 극대화하는 학제적 교육 방식을 채택하고 있다. 예를 들어, 1학년에 배우는 기계 공학 입문은 공학 과제와 수학 그리고 물리를 담당하는 세 명의 교수가 함께 참여하여 교육한다.

공학 과제 담당 교수는 1학년 학생들에게 로켓 설계와 발사 그리고 데이터 측정을 가르치며, 수학 교수는 로켓 궤도를 계산할 수 있는 2차 미분 방정식까지를 가르친다. 물리 담당 교수는 기초 물리부터 열역학까지를 가르쳐 로켓의 추진력을 계산할 수 있게 한다.

교양 과목은 정선하여 졸업까지 한 학기에 한 과목씩을 이수하도록 한다. 예를 들어 생명 공학을 전공하는 학생의 경우 생명 과학은 물론 컴퓨터 과학 등을 선택할 수 있으며, 기업가 정신을 배우고 싶다면 경영학 과목들도 교양 과목으로 선택할 수 있도록 하고 있다. 이처럼 새로운 21세기형 공학 교육은 분명 머지않은 장래에 미래 경쟁력을 갖춘 공학 교육의 핵심으로 자리 잡을 것이다.

최근 국내 공학 교육계에서도 이러한 논의가 활발하게 전개되고 있는 점은 그나마 다행이라 생각한다. 필자가 근무하는 광주과학기술원은 올린 공대와 같이 21세기형의 새로운 교과 과정 및 교육 철학을 추구하면서 모든 과목을 영어로 강의하는 국제적인 공학 학사 과정 신설을 추진하고 있다. 우리나라 대학도 세계적인 공학 교육 경쟁에서 한발 앞서 가기 위해서는 새로운 공학 교육 패러다임을 도입해 정착시키는 일이 시급하다. 〈한국일보 2004. 05. 06.〉

# 대학 '우물 안 개구리' 벗어날까

한민구
서울대 교수, 전기공학부

지난 토요일(15일) 총장 공모를 마감한 한국과학기술원(KAIST)이 국내 대학에 신선한 충격을 주고 있다. 미국인 로버트 로플린(54) 교수가 KAIST에서 총장을 하고 싶다고 지원해서다. 그는 1998년도 노벨 물리학상까지 수상한 양자물리학계의 거목이다. 현재 재임하고 있는 미국의 명문 스탠퍼드 대학을 버리고 한국에 오고 싶다고 손을 든 것이다.

많은 사람이 "이번 기회에 한국 대학의 국제적 위상을 다시 느끼게 됐다"고 말한다. 명문대 석학이 발전시키고 싶은 가능성을 발견했다는 것은 KAIST, 나아가 한국 대학의 국제적 지명도가 그만큼 올라갔다는 것을 뜻한다. 이미 서울대를 중심으로 KAIST·포항공대 등은 세계에서도 충분히 인정받는 대학들이다.

이 기회에 한국 대학은 '국제화'라는 또 하나의 도약을 이루어야 한다. 국제화 바람이 한국에 분 것도 이미 10년이 넘었다. 우리나라 주식 시장에서 외국인이 차지하는 비율은 이미 40%를 넘어섰다. 유명한 히딩크 전 월드컵 대표팀 감독이 아니더라도 경제·사회·문화 등 다방면에서 외국인 활약이 우리에게 자극을 주고 있다. 하지만 그중 대학은 유독 국제화 바람이 민간 부문에 비해 충분하지 못했다.

국제화의 진정한 의미는 오고 가는 물자와 인력이 생산해 내는 새로운 문화다. 이들 사이에 이뤄지는 비전의 공유다.

묵시적으로 생성되는 '글로벌 스탠더드'를 향한 경쟁, 그를 통한 발전이다.

사실 그동안 우리 대학은 순혈주의(純血主義)에 사로잡혀 있었다. 교수 임용 때 얼마나 '순수한 혈통'인지 따지는 것이 관례처럼 되어 왔다. 자기 대학 출신이 그만큼 우대받았다는 거다. 외국인 교수는커녕 다른 대학 출신만 돼도 임용 심사에서 배제되기 일쑤였다. '타 대학 출신 교수 쿼터제'까지 도입할 정도니 더 말할 것도 없다.

교수 임용이 그 정도니 총장 선출은 더더욱 그렇다. 거의 모든 대학의 총장이 그 학교 출신이다. 대학들이 민주화를 앞세워 총장을 선거로 뽑고 있는 것이 중요한 이유다. 자기 대학 출신으로 구성된 교수 단체가 다른 대학 출신 총장을 밀어 주는 일은 거의 없다.

'순수 혈통' 총장의 장점은 내부 사정을 잘 안다는 것이다. 내부 사람들과 인간적·학문적 교류를 지속해 왔기 때문이다. 하지만 이렇게 아는 사람끼리 뭉치다 보니 학문·연구가 다양화하지 못하는 결과가 발생하기도 했다. 비슷한 생각을 하는 사람들이 모여 있으면 매너리즘에 빠지게 된다. 과감한 변신이 어렵다. 서로서로 잘 알다 보니 엄격하게 비판하기도 힘들다.

반면 외부 영입 인사는 얽매일 연고도 없고 기존의 시스템에 길들여지지 않았다는 장점이 있다. 눈치 보지 않고 자기 나름의 소신을 펼 수 있다. 하지만 더 중요한 것은 외부에서 온 총장이 제시할 새로운 비전이다. 전혀 다른 문화가 가져오는 새로운 시각이다. 외국에서 활동하던 교수라면 그 생각의 참신함이야 달리 말할 것도 없을 것이다. 많은 점에서 한국 대학을 각성시킬 것이다.

로플린 교수가 KAIST 총장이 되지 않더라도 우리는 이 기회에 외국인에게 대학의 문을 열 수 있는 시스템을 새로 정비해야 한다. 국제적 수준의 리더를 적극적으로 찾고, 그에 맞는 대우를 해 주며 모셔 와야 한다. 그리고 총장에게 개혁을 할 수 있는 힘을 주어야 한다. '민주화'를 앞세우며 총장의 예산 집행과 인사에 대한 권한을 박탈하다시피 한 현재의 시스템에서 총장이 자신의 비전을 제대로 펴기는 힘들다.

히딩크 감독의 성공 비결은 그에게 축구에 관한 한 전권을 위임해 경기를 맡겼기 때문이다. 총장이 입시·학사·예산 등에서 정부의 간섭 없이 자율적으로 책임과 권한을 갖고 운영할 수 있는 분위기 조성이 필요한 것이다.

총장 임용 여부를 떠나 로플린 교수의 신선한 용기가 한국 사회에서 좋은 열매를 맺길 기대한다. 〈중앙일보 2004. 05. 17.〉

## 국내 박사 할당제 실시해야

김성일
고려대 교수, 교육학과

　국내에서 과학 분야의 노벨상 수상자가 배출되지 않는 이유는 무엇인가라는 어처구니없는 질문을 받을 때면, 동일한 방향으로 움직이는 개미 떼 같은 유학생들의 모습이 떠오른다. 자신이 지도한 박사가 뛰어난 연구 업적에도 불구하고 국내 박사라는 이유로 교수 임용에서 매번 탈락하는 것을 지켜볼 때도, 역시 외국으로만 향하는 유학생들의 모습이 겹쳐진다.
　우리 사회에서 유학의 의미는 무엇인가. 표면적으로는 열악한 교육 환경으로부터의 도피나 선진 학문에 대한 동경이라 내세우겠지만, 그 내면 심리는 치열한 경쟁에서 살아남기 위한 수단이나 학벌과 소속 중심 사회에서 만연된 열등감 극복을 위한 것임에 틀림없다.
　최근 5년간 국내 대학교수로 임용된 사람의 절반 이상이 외국 박사 학위 소지자이고, 한국학 관련 특정 전공을 제외하고 수도권 대학과 국립 대학으로 범위를 좁히면 외국 박사의 비율은 거의 절대적이다. 이렇듯 엄청난 수의 외국 유학 출신자들이 국내 최고 대학의 교수 직을 차지했는데도 국내 대학의 경쟁력이나 연구력이 국제 수준에 미치지 못하는 이유는 무엇인가. 그 이유는 대단히 역설적이다. 오히려 많은 수의 유학 출신 교수들 때문에 외국에 대한 학문적 종속도가 지나치게 높아 학문의 자생력을 갖추지 못하고 있기 때문이다. 동시에 그러한 역할 모델을 보고 자라는 수많은 후학들 역시 또다른 유학을 꿈꾸기 때문이다.

갈수록 많은 학생들이 국내 박사 과정에 진학하기보다는 유학을 선호한다. 이들은 대학원에 진학해서도 전공 공부보다 토플과 GRE 준비에 여념이 없다. 어떤 이들은 유학을 준비하려고 박사 과정에 잠시 진학했노라고 당당하게 이야기하기도 하고, 어떤 교수는 학생들에게 해외 유학을 적극 권장하기도 한다. 국내에서 박사 학위를 마칠 경우 자신이 그 학생을 끝까지 책임질 자신이 없다는 것이 그 이유다.

학생들이 국내 대학의 박사 과정을 기피하는 가장 큰 이유는 학위 후 교수로 임용될 가능성이 낮기 때문이다. 서글픈 현실은 교수 임용 때에 연구 논문의 질과 영향력보다는 국내 대학과 외국 대학의 등급을 차별화하여 출신 학교의 점수가 교수 임용에 지나치게 큰 비중을 차지하는 대학이 많다는 것이다. 물론 자신 없는 지도 교수 밑에서 제대로 연구할 실험실과 장비도 부족한 데다, 쥐꼬리만 한 장학금을 받아 가며 교수의 잔심부름까지 해야 하는 열악한 현실도 우리의 인재를 외국으로 밀어내는 또 다른 원인이다.

외국의 명문 대학에서 박사 학위를 마치면 국내 대학의 교수 직이

기다린다는 암묵적 법칙이 공유되고 있는 한, 국내 대학원은 자조적 분위기에서 벗어나기 어렵다. 국내 대학원이 활성화되지 않으면 국내 학문의 근간은 크게 흔들리게 된다. 각 학문 분야의 연구력에서 대학원생의 역할은 지대하다. 미국이 세계 과학계의 주도권을 쥔 것도 알고 보면 세계 각국에서 제 발로 찾아가는 우수한 두뇌들 덕분이다. 국내에서 아무리 경쟁력 있는 박사를 배출해도 교수로 임용되지 못하면 연구 인력 수급의 악순환은 계속된다.

이 악순환의 고리를 끊으려면 한시적으로 대학교수 임용 때 국내 박사 교수 할당제를 실시해야 한다. 교수 임용에서 성 차별을 없애려고 국립 대학에서 여성 교수의 비율을 정해 놓고 임용을 유도하는 것과 마찬가지 이유로, 각 대학의 교수직 중 일정 비율을 국내 박사에게 할당하는 제도 장치를 마련해야 한다. 그렇지 않으면 국내에서 경쟁력 있는 연구 환경을 만들 수 있는 가능성은 요원해 보인다. 이 땅의 우수한 인재들에게 국내에서 학문과 연구에 힘써 달라고 부탁할 명분과 인센티브를 제공해야 한다.

일본의 경우 박사 학위를 학문의 정점으로 인정하기 때문에 박사 학위를 늦게 주는 편이기는 하지만, 자국의 연구 실정을 익히 아는 국내 박사가 외국에서 학위만 마친 박사보다 더 대접받고 있다. 필요하면 박사후 과정이나 박사 과정 중의 유학으로 외국의 연구 기술을 배우면 된다고 믿기 때문이다. 잠재력 있는 학문 후속 세대를 배출하여 국내 학문의 자생력을 키우기 위해서 국내 박사 할당제는 불가피하다.

〈한겨레신문 2004. 07. 14.〉

## 교육 문제 원인 진단 잘해야

송기창
숙명여대 교수, 교육학부

　모든 문제에는 원인이 있기 마련이다. 문제를 해결하는 첫걸음은 그 문제를 야기한 원인을 찾는 일이다. 원인을 잘못 찾으면 올바른 처방을 할 수 없어 문제를 해결하기 어려울 뿐 아니라 오히려 새로운 문제를 초래할 수 있다. 따라서 교육 문제의 원인을 올바로 찾아내는 일은 교육 정책을 결정하는 데 매우 중요한 과정이다.
　그동안 교육 붕괴의 원인으로 고등학교 평준화 정책을 지목하는 경우가 많았다. 평준화 정책으로 학력 차이가 심한 학생들을 한 교실에 수용함으로써 대부분의 학생은 수업을 이해하기 어렵거나 수업에 흥미를 잃어 과외 수업을 받을 수밖에 없고, 과외 수업을 받는 학생이 늘어나면서 교사들의 수업에 대한 열의나 책무성이 줄어듦으로써 교육 붕괴가 나타났다는 것이다.
　이러한 주장에는 고교 평준화 정책을 폐지하거나 보완하면 고교 교육을 정상화할 수 있을 것이라는 가정이 깔려 있다. 평준화 정책을 폐지하면 과연 효과가 나타날 것인가는 그러한 교육 문제의 원인이 평준화 정책에 있는가에 달려 있다.

평준화 정책은 두 가지로 이루어져 있다. 하나는 고등학교 간 교육 여건을 평준화하는 것이요, 다른 하나는 고등학교에 진학하는 학생을 추첨 배정하는 것이다. 교육 여건의 평준화는 교육 기회의 균등 보장이라는 헌법 정신에 따라 앞으로도 계속 추진해야 한다는 데 이론이 있을 수 없다. 따라서 평준화 정책에서 쟁점은 학생을 추첨 배정하는 정책의 타당성과 파급 효과에 있다.

추첨 배정 정책의 타당성 여부는 정책 철학의 문제로서 평준화 정책이 교육 붕괴의 원인인가에 대한 논의와 관련이 적다. 교육 붕괴 논쟁에서 핵심은 평준화 정책이 수업 집단 이질화를 심화시킨 원인인가에 있다. 평준화 정책을 도입할 당시 어느 정도의 수업 집단 이질화는 교육계가 수용하였고 적어도 1990년대 전까지는 수업 집단 이질화 문제가 심각하지 않았다는 점을 전제할 때 평준화 정책 논쟁에서 우리가 간과하고 있는 점을 주목할 필요가 있다. 그것은 고교 지망 학생의 몇 %를 선발하여 배정할 것인가의 문제, 즉 일반계 고교의 입학 정원에 대한 논의다.

1995년까지만 해도 교육부는 일반고와 실업고의 정원을 50 대 50으로 조정하는 정책을 추진했다. 1980년대에는 평준화 정책을 유지하면서도 입학생의 학력 수준을 어느 정도 유지할 수 있었지만 1990년대 중반 이후 학령 인구가 감소하는 상황에서 일반고 정원을 늘리고 실업고 정원을 줄임으로써 연합고사가 무의미해졌고 지원만 하면 일반고에 배정받는 상황이 초래되었다. 즉 고교 진입 단계에서 학력을 걸러 주는 장치가 작동하지 않음으로써 수업 집단의 이질화가 심화되었던 것이다.

추첨 배정 정책과 수업 집단 이질화가 무관한 것은 아니지만 적어도 수업 집단 이질화를 심화시킨 원인은 추첨 배정 정책이 아니라 일반계 고교 입학 정원 정책임을 알 수 있다. 따라서 일반계 고교 입학 정원을 현재 수준으로 유지하면서 추첨 배정 정책만 폐지하는 방식은 교육 붕괴를 해결하는 대안이 될 수 없다. 일반계 고교를 지망하는 중학교 졸업자의 대부분이 일반계 고교에 진학하는 한 일반계 고교는 수업 집단 이질화 문제를 근본적으로 해결할 수 없고 오히려 중학교 과외 수요를 늘리면서 실업계 고교의 정원 미달을 가속시킬 것이기 때문이다.

요컨대, 현재의 일반고 정원과 다인수 학급 체제를 유지하는 한 고교 입시 부활이 고등학교의 수업 집단 이질화를 해결하는 대안이 아니라는 것이다. 일반계 고교 정원을 줄이는 정책이 수업 집단 이질화 정도를 낮추면서 실업계 고교 문제를 해결하는 대안일 수 있지만 유감스럽게도 일반계 고교 입학 정원을 줄이는 정책에 대한 논의는 이루어지지 않고 있다.

최근의 학교 발전기금 폐지 논의와 사립학교법 개정 논의를 보면서 정말로 문제의 원인을 제대로 진단하고 있는지 의문이 든다. 교육 붕괴의 원인을 잘못 진단하고 있듯 다른 원인으로 초래된 문제를 학교 발전기금 폐지와 사립학교법 개정으로 해결하고자 하는 것은 아닌지 걱정스럽다. 이들 정책을 최종적으로 결정하기에 앞서 원인에 대한 객관적이고 전문적인 재검토와 부작용에 대한 충분한 고려가 필요한 시점이다. 〈국민일보 2004. 08. 16.〉

## 학교 평가제 도입, 공교육 살려야

성원용
서울대 교수, 전기공학부

나는 올해 안식년을 맞아 미국 로스앤젤레스 남쪽의 얼바인 캘리포니아 주립대에 있으면서 애들도 근처의 학교에 보내고 있다. 이 지역은 공립 학교가 좋기로 소문이 나서 교육 이민을 온 사람이 무척 많은 곳이기도 하다. 우리 아이가 다니는 초등학교는 공부 잘하는 학생이 주 평균 35%를 훨씬 넘는 80% 수준이라는 통계가 있으며, 또 중학교에는 '블루리본'이라는 우수 학교 표지가 있고, 재능 있는 학생을 위한 과목별 월반 제도가 있다. 미국에서는 초등 2학년 이상 학생들을 매년 평가해 과목별 전국 석차를 백분율(%)로 알려 준다. 우리나라와 비교할 때 학교 시설이나 한 반의 학생 수 등은 큰 차이가 없지만 학교 운영은 활력이 넘친다. 부족한 재정 때문에 컴퓨터는 학교와 학부모가 같이 돈을 모아 구입하고, 예능 과목 등 추가 선생님을 채용하기 위한 기부금을 모은다. 아이들을 위해 따로 돈을 들일 까닭이 별로 없는데, 학교가 대학 교재 이상으로 두꺼운 교과서로 열심히 가르치고 숙제 준비에도 바쁘기 때문이다. 내가 이곳에서 보는 것은 시설이 아니라 동기 있는 선생님과 학부모회가 좋은 학교를 만들고, 양질의 학교 교육이 과외를 줄인다는 것이다.

한편 우리나라의 많은 고등학교 교실이 평준화된 수업으로 활력이 없고 또 학생들은 사교육에 많이 의지한다는 것은 잘 알려진 사실이다. 어떤 사람들은 한국의 특이한 사회·문화적 변인 때문이라 주장하나 이는 공산주의 사회 등 실패한 시스템을 가진 곳의 전형적 모습이지 설명할 수 없는 돌연변이가 생긴 것이 아니다. 정보의 통제와 선택권 없는 상품의 일방적 공급, 구성원들의 수동성, 그리고 야매 시장(사교육)의 번창이 그 공통 요소다. 정부는 지난 35년간 제도 개편을 계속해 왔으나 학교의 질적 저하 등 문제만을 계속 키워 왔는데 그 까닭은 입시 과열을 없애기 위해 경쟁을 유발하는 일체를 숨기거나 금지해 왔기 때문이다. 각 학교의 평가 결과가 공개되지 않는 것이나 수학 능력 시험을 변별력 없도록 내는 것, 특목고가 갑자기 설 자리를 잃는 것 등이 그 예다. 그러나 링컨의 말과 같이 많은 사람을 장기간에 걸쳐 속이는 것은 불가능하다. 학부모들은 학교 수업의 질에 대해 의심하기 때문에 사교육을 더 시키는 것이다. 결과적으로 교육 정책이 학교의 나태와 사교육의 팽창, 그리고 어려운 가정 학생들의 좌절을 조장하고 있다.

학교 평가가 고등학교의 서열화로 연결될 것이란 우려가 있다. 물론 점수 일변도의 서열화나 평가가 뒤처진 학교 출신에 대한 실력을 떠난 차별은 없어야 한다. 이의 보완책으로 가장 중요한 것은 전형 방법을 각 대학에 일임해 각 학교 독립적으로 성공 가능성이 큰 학생들을 뽑도록 하는 것이다. 다양한 전형 방법이 과열 줄서기를 막기 때문이다. 둘째로는 서울대에서 올해부터 도입한 지역 균형 선발제가 그 한 예로 경제·지역·장애 등 '기회의 차별'을 보완할 방안을 예산이나 입시 제도를 통해 반영하는 것이다. 셋째로 변별력 있는 수학 능력 시험과 다양하고 객관성 있는 학교 평가 시스템을 운영해야 한다.

우리가 외환 위기 사태를 경험하면서 배운 것은 어느 조직이나 투명한 구조와 평가 잣대를 갖고서 구성원들의 노력을 촉구할 때만 지속적인 번영이 가능하다는 것이다.

학교 평가와 공개만이 교사와 학부모를 활성화시켜 학교가 교육의 중심이 되게 하고 학생들의 실력을 향상시키는 방법이다. 최근 벌어지고 있는 대입에서의 고교 평가 반영 논쟁을 보면서 용기 있는 투명성을 선택할 것인가, 현실 호도와 도덕적 해이를 방관할 것인가를 국민과 정부에 안타까운 마음으로 묻는다.

〈중앙일보 2004. 09. 23.〉

# 교육의 왕도, 패도, 술수

김용헌
한양대 교수, 역사철학부

 조선 중종 때의 일이다. 야인(野人) 속고내(束古乃) 체포 문제로 군신 회의에서 설전이 벌어졌다. 그는 북쪽 변경 지역에 살면서 가끔 조선 영토에 들어와 난동을 벌이다 도주하곤 했던 인물인데, 그가 조선 영토에 들어와 사냥하고 있다는 보고가 올라오면서 논쟁은 시작되었다.
 언뜻 보아 죄인을 체포해 처벌하면 간단하게 해결될 수 있을 것 같지만 문제는 그리 간단하지 않았다. 야인들의 반발을 살 우려가 있었기 때문이다. 그래서 내려진 결론이 그 야인을 은밀하게 사로잡자는 것이었다.
 죄인을 사로잡는 것이 무슨 문제가 될까 싶지만 이 소식을 들은 조광조는 "만약 죄가 있다면 죄를 묻는 군사를 일으켜야지, 지금 변경에서 난동을 부리는 것도 아닌데 몰래 군사를 보내 기습하는 것은 옳지 않다"고 반대했다. 명분도 없거니와 몰래 하는 그 방법도 나쁘다는 것이다.

그의 말을 더 살펴보자. "이번 일은 패도(覇道)의 방법이라고 할 수도 없고 오로지 간사한 꾀일 뿐입니다. 왕도 정치를 하려고 하시면서 어찌 차마 패도보다도 낮은 일을 하려고 하십니까?" 죄인을 도덕으로 감화시키는 것이 왕도이고 공개적으로 죄를 묻는 것이 패도라면 은밀하게 기습하는 것은 도적의 술수라는 것이다.

몇몇 대학의 수시 모집에서 벌어진 이른바 고교 등급제 문제로 온 나라가 시끄럽다. "내신 부풀리기 때문에 내신만으로는 변별력이 없다"거나 "우수한 실력을 가졌음에도 특정 학교에 다닌다는 이유로 그 실력을 인정받지 못한다는 것은 또 다른 차별이다"라는 주장은 충분히 이해된다. 우수한 학생들을 선발해 명문 대학을 만들려는 대학의 노력도 가상하거니와 자식을 조금이라도 더 좋은 대학에 보내려는 학부모들의 마음이 눈물겹기 때문이다.

조선 시대에도 과거 제도의 문제점이 자주 지적되곤 했다. 사실 과거 제도는 개인의 능력으로 관리를 뽑는 제도로서 혈연에 의해 상당 수준의 사회적 지위가 결정되는 신분 사회의 약점을 보완해 주는 우수한 제도다.

그럼에도 불구하고 과거 때문에 옛글을 달달 외우는 식의 쓸모없는 공부만 하게 되고 결국 관리가 되어서는 제대로 일을 하지 못한다는 비판이 적지 않았다. 요즘 말로 하면 입시 공부 때문에 정작 사회가 필요로 하는 창의적인 인재가 길러지지 못한다는 것이다. 그래서 과거 제도의 대안으로 늘 거론되던 것이 추천제인데, 아마 인성과 특기 적성으로 뽑자는 정도가 될 것이다.

사지 선다형 시험의 성적은 한 사람의 본 모습을 온전하게 담아 낼 수 없다. 그것은 그 정답을 얼마나 많이 알고 있느냐를 판단하는 지표일 뿐이지 그가 얼마나 창의력이 있는지, 얼마나 건전한 인생관을 가지고 있는지, 얼마나 따스한 정감의 소유자인지에 대해서는 아무 것도 말해 주지 않는다.

교육의 왕도는 '참된 지식인'을 기르는 것이다. 그래서 나는 남의 불행을 나의 고통으로 느낄 줄 아는 학생들이 대학에 많이 들어갈 수 있는 제도가 뿌리내리길 간절히 바란다. 그렇다고 성적이 우수한 학생들을 선발하겠다는 대학을 굳이 이 자리에서 비판할 생각은 없다. '경쟁력 있는 지식인'을 기르는 것이 교육의 패도쯤은 된다고 생각하기 때문이다.

물론 여기에는 손쉽게 과거와 현재의 성적으로 뽑기보다는 대학에서 학업 성취도가 높을 가능성이 있는 학생을 선발하려는 노력을 게을리해서는 안 된다는 조건이 있다. 그리고 이를 위해서는 대학의 학생 선발권이 보장되어야 함은 물론이다.

입시에서 사라져야 할 것은 거짓 선발이다. 특정 지역의 학생에게 가산점을 준다는 것은 지금까지 어느 대학의 입시 요강에도 없었다. 굳이 특정 지역의 학생을 뽑고 싶다면 입시 요강에 명확하게 밝혀라. 학교에 따라 몇 점을 더 준다고. 아니, 더 솔직하게 집안의 재산이나 부모의 지위에 따라 가산점이 있다고. 그것이 오히려 당당하다.

적어도 지금까지 은밀하게 진행되어 왔던 고교 등급제는 패도보다 못한 짓이다. 대학의 자율권이 보장되지 않은 상황에서 대학의 고심을 이해 못하는 것은 아니나, 그렇다고 왕도를 걸어야 할 대학이 패도보다 못한 일을 할 수는 없다. 〈국민일보 2004. 10. 18.〉

# 우리는 어떤 학생을 원하나

정진곤

한양대 교수, 교육학과

　교육인적자원부가 최근 발표한 대학 입학 제도 개선안의 골격은 내신을 강화하기 위하여 석차 등급제를 도입하고, 대학 수학 능력 시험 점수제를 폐지하여 등급제로 전환한다는 것이다. 이에 대해 대학은 고등학교의 내신 성적은 전형 자료로 그다지 쓸모가 없고, 수능 점수마저 폐지하면 무엇을 가지고 학생을 뽑느냐고 불평한다. 학생들은 내신을 강화하게 되면 옛날로 되돌아가 한 반 친구들이 경쟁 상대가 될 것이고, 또한 면접이나 논술 준비를 위해 학원에 다녀야만 할 것이라고 걱정한다.

　대입 제도는 사실상 초·중·고등학교 교육의 모습을 결정짓는다. 우리나라 학생들은 일류 대학에 들어가기 위해 학교에 다닌다고 해도 과언이 아니다. 이러한 상황에서 일류 대학을 없애지 않는 한, 입시 위주의 교육은 불가피하다. 그렇다고 일부 사람들이 주장하는 바와 같이 일류 대학을 없애는 것은 빈대 잡자고 초가삼간을 태우는 꼴이다. 해결책은 제대로 된 대입 제도를 만들어, 대학 입학을 위한 경쟁이 교육적으로 바람직한 경쟁이 될 수 있도록 하는 것이다. 어떻게 해야 할 것인가.

우리나라의 수능 시험 제도 등은 미국에서 수입한 것이지만, 미국 대학에서 이를 입시에 반영하는 방식은 우리와 매우 다르다. 미국의 일류 대학들은 결코 우리나라와 같이 수능 점수(SAT)나 내신 점수만으로 학생을 선발하지 않는다. 수능 점수 20~30점은 연습에 의해 얼마든지 올라갈 수 있는 점수이며, 그 차이는 아무런 의미가 없다고 생각한다. 일류 대학들은 수능 점수를 입시에 거의 반영하지 않는다.

대학에서 가장 중요하게 생각하는 것은 그 학생이 얼마만큼 고등학교 교육 과정을 충실히 이행하였으며, 지적인 호기심을 가지고 수준 높은 교과목에 도전하여 왔고, 과연 대학 공부를 잘 해낼 수 있는 학업 능력을 갖추고 있느냐 하는 것이다. 또 학업 능력이 뛰어나다고 무조건 대학에 입학할 수 있는 것도 아니다. 밤낮없이 그저 공부만 하는 학생을 대학은 원하지 않는다.

공부도 열심히 하지만, 방과 후에는 운동도 하고, 그림도 그리고 피아노도 칠 줄 아는 학생을 좋아한다. 체육과 예술 등에 남다른 특기가 있으면 가산점을 받는다. 나아가 다른 사람을 포용하고 이끌어 나갈 수 있는 지도력, 자신의 뛰어난 능력과 자질을 다른 사람을 위해 쓸 줄 아는 봉사 정신을 갖추어야만 한다. 이 모든 것을 종합적으로 판단하여 입학을 결정한다. 우리같이 어느 한 가지만 잘해서는 일류 대학에 들어갈 수 없다. 지덕체를 골고루 갖추기 위해 노력하는 학생, 그리고 앞으로 그렇게 성장할 가능성이 있는 인재들을 받아들여 사회 지도자로 키워 낸다. 물론 학생이 모자라는 비일류 대학들은 그 정도로 따지지 않는다.

우리도 입시 제도를 정권이 바뀔 때마다 무조건 바꾸지만 말고, 교육의 본질적인 문제부터 출발하여 정기적으로 접근해 가자. 우선 교육을 통해서 길러 내고자 하는 학생들은 어떤 학생들이며, 초·중·고등학교 학생들이 학교에 다니는 동안 어떤 교육을 받고, 어떻게 생활하며, 어떤 활동을 하는 것이 바람직할 것인가에 대하여 광범위하고 깊이 있는 사회적 논의를 시작하자. 그러한 교육이 이루어질 수 있기 위해서는 학교 제도, 교육 행정, 교육 과정, 교원 제도 등이 어떻게 달라져야 할 것인가를 연구해 이를 단계적으로 정착시켜 나가자. 동시에 어떤 형태의 대입 제도를 통하여 그러한 교육이 정착될 수 있도록 할 것인지를 생각하자.

입시 때문에 교육이 망가진다고 불평만 하지 말고, 훌륭한 입시 제도를 만들어 비뚤어진 교육을 바로잡아 보자. 발상의 전환이 필요하다. 한국교육개발원에서 8년이라는 장기간에 걸쳐 이러한 방향에서 입시 제도를 연구하고 있다고 한다. 반가운 일이다. 좋은 결실이 있기를 기대한다. 〈동아일보 2004. 11. 01.〉

## 평생 학습은 국가 경쟁력의 바탕

권대봉
고려대 교육대학원장

현대는 개인 차원에서 일과 학습이 통합되고, 사회 차원에서 교육과 노동이 통합되는 시대다. 개인 삶의 질을 향상시키는 동시에 지식 수준을 높이고, 조직의 생산성을 제고하고, 국가와 사회 발전에 이바지하기 위해서는 평생 교육의 역할이 매우 중요하다.

평생 교육은 연령에 관계없이 지식을 습득하고, 나아가 더 새로운 지식을 창출해 공유하는 과정이다. 한 개인이 창출한 지식은 교육을 통해 그가 속한 조직 내에 효과적으로 전파해 조직 전체가 그 지식을 공유할 수 있어야 한다. 나아가 국가 내의 다른 조직에까지 퍼져야 그 국가의 지식이 되고 비로소 국가 경쟁력으로 자리잡게 된다. 국가 경쟁력은 기업에 인재를 공급하는 학교의 경쟁력과 기업 활동을 지원하는 정부의 경쟁력을 의미한다. 동시에 정부와 기업, 그리고 학교 구성원들의 학습 결과라고도 할 수 있다.

오늘날은 과학 기술의 발달과 지식의 폭발 현상으로 인해 사회는 정신 차릴 수 없을 정도로 급격하게 변화한다. 직장과 사회생활을 하는 데 학교에서 학습한 지식과 기술만으로는 부족하기 때문에 평생 학습을 하는 것이 점차 보편화되고 있다. 또 산업 구조가 산업 사회에서 정보 사회로 재편되고 산업 간 인력 수급의 불균형 현상이 발생하면서 근로자들은 급격히 진행되는 정보 통신의 발달 속도에 대응하기 어렵게 된다. 근로자들은 자기 변화를 위한 부단한 평생 학습과 직장 차원은 물론 중앙 정부와 지방 정부 차원의 직종 전환이나 직업전환 교육을 통해 이러한 문제를 구조적으로 해결하기 위해 노력해야 한다. 또한 국민이 평생 학습을 통해 새로운 산업 환경에 적응하고 지식을 생산할 수 있도록 도와주는 것이 교육 기관과 단체·기업·기초 자치 단체의 책무다.

지식 기반 사회는 지식의 가치가 더욱 커지는 사회다. 지식 기반 사회의 평생 학습자가 지식 창조자로 성장하기 위해서는 개인 차원의 학습이 필수적이다. 나아가 그가 속한 지역 사회와 직장 차원은 물론 지방 자치 단체 차원에서 평생 학습이 활발하게 이뤄져야 한다. 지식 기반 사회에서는 숙련 근로자에 대한 수요가 점차 증대한다. 이는 급격하게 진보하는 지식 및 기술의 증대로 인해 이전에 활용했던 기술을 더 향상시켜야 하기 때문이다. 따라서 평생 학습을 통해 근로자들의 지식 및 기술을 향상시켜야 한다는 것을 의미한다. 단지 학교에서 배운 한정된 지식과 기술만 가지고는 생존할 수 없으므로 평생 동안 교육 및 훈련은 물론 교육과 직업 세계의 협력을 더욱 공고히 할 필요가 있다. 이 같은 교육 및 훈련은 사업주와 근로자 양쪽 모두에게 이익을 가져다준다. 교육 기관과 기업, 국가의 당면 과제는 근로자는 물론 모든 국민에게 효과적인 평생 학습 환경을 제공해야 한다는 것임을 알 수 있다. 특히 사업주와 근로자, 교육 기관, 그리고 중앙 정부와 지방 정부 간의 효율적인 파트너십은 기업과 근로자들이 그들의 훈련 투자를 저해하고 있는 문제점을 극복하도록 도울 수 있다.

  과거에는 투입된 노동과 자본량에 의해 생산량이 결정됐으나 현재는 지식과 기술이 중요한 몫을 차지하고 있다. 미래는 더욱더 지식의 투입 요소가 산출의 중요한 요소로 작용하게 될 것이다. 동일한 노동이라도 지식이 포함된 노동은 생산성이 월등히 높고, 기계 장비도 새로운 지식이나 기술이 추가되면 낡은 방식의 기계에 비해 산출량이 높아질 수밖에 없다. 이제 지식은 생산성과 경쟁력을 결정하는 중요한 요인이 되고 있다. 지식의 획득과 창출·확산·이용의 과정은 기본적으로 학습을 전제로 한다. 이러한 학습의 영역은 기존의 산업 사회에서처럼 정규 교육 과정을 학생들에게 가르치는 학교에만 국한되는 것이 아니라 지식을 생산하는 기업과 정부 등 모든 영역이 평생 학습의 마당이 될 수 있다.　〈중앙일보 2004. 12. 19.〉

## 맞춤형 교육에 힘 모을 때다

조석희
교육개발원 영재교육센터 소장

최근 발표된 교육인적자원부의 '수월성 교육 종합 대책'은 학생 개개인의 능력 수준과 적성에 적합한 '개별화 맞춤식 교육'의 시도로 볼 수 있다. 지금까지 평준화 제도는 중간 이하에 속하는 아이들의 성취도를 높게 끌어올리는 데 큰 기여를 한 것으로 보인다. 1972년 미국 교육부 장관 시드니 말랜드는 상원에 "뛰어나기 때문에 정규 교육 과정 이상의 특별한 교육을 필요로 하는 아이들은 전체 학생의 3~5%에 달한다"고 보고했다. 우리의 평준화 제도 하에서 잠재력을 최대로 계발하지 못한 아이들이 주로 상위 5%에 속한 아이들이라는 점과 유사한 맥락이다. 수월성 교육은 부유한 가정의 우수아에게만 유리한 정책이어서는 안 된다. 그래서 이번 종합 대책에는 사회 경제적으로 어려운 가정의 영재들을 조기에 발굴하고 교육하는 시스템 구축도 포함돼 있다.

영재 교육 진흥법이 통과되던 1999년만 해도 언론과 일반 시민들은 심히 불안해했다. 특히 계층 간, 집단 간 위화감의 심화와 사교육의 과열을 우려했다. 그러나 우려는 없어지고 오히려 이를 확대 실시해도 좋겠다는 정책 결정에까지 이르게 됐다. 이렇게 된 데는 영재 교육을 프로그램의 형태로 실시했고, 점진적으로 확대했으며, 20년 넘게 축적된 연구 개발 결과로 현장에서 필요한 자료와 연수를 즉각 제공해 주었고, 자치 단체별 영재 교육 기관별로 자율적인 시행을 격려했기 때문으로 분석된다. 이들이 영재 교육과 수월성 교육의 확대 정책 결정에 큰 힘이 되었을 것이다.

  그러나 상위 0.3%를 대상으로 특별 교육을 실시할 때와 향후 상위 5%를 대상으로 할 때, 발생할 수 있는 문제는 크게 다르다. 개인의 잠재력 최대 계발이라는 목표를 달성하려 할 때 가장 이슈가 되는 것은 집단 편성이다. 왜 자기 자녀는 우수한 아이들을 위한 프로그램에 참여할 수 없는지 항변하는 부모, 처지는 아이들만 지도하는 것은 힘들고 재미없다고 불만을 표하는 교원이 많아질 것이다. 교실과 교원이 부족하다는 불만도 있을 것이다.

  제도는 도입됐지만 소프트웨어가 준비되지 않았을 때 이런 문제가 발생할 것이다. 학생 특성의 진단, 집단 편성 방법, 수업과 평가 방법에서의 교사의 전문성이 제고돼야 한다. 이에 관한 교원 연수 프로그램을 전문적으로 개발 실시해야 한다. 다양한 분야의 재능과 그 수준을 확인하고 지도하는 데에 필요한 검사 도구와 교수·학습 자료도 개발 보급돼야 한다.

  학부모와 교원들의 인식을 제고하는 노력도 꾸준히 계속돼야 한다. 우수한 아이들은 자기네끼리 공부할 때, 성취가 부진한 아이들은 일반 아이들과 섞여 공부할 때 더 성취도가 높아진다는 점과 학생의 현재 수준과 적성에 알맞은 교육 처방을 해줄 때 잠재력이 최대로 계발된다는 점이 연구 결과 밝혀졌다. 교사와 학부모들이 이를 충분히 인식할 때 여러 구성원들은 합리적인 의사 결정을 할 수 있게 될 것이다. 이렇게 해서 학교마다 각 아이들에게 가장 적합한 교육을 실시한다면 사교육에 대한 욕구도 감소될 수 있다.

  수월성 교육의 목표는 제도적인 변화만으로 달성되기 어렵다. 그 성패는 사람에게 달려 있다. 전문적인 교사, 자녀의 특성을 이해하고 이를 최대로 키워 주려는 부모, 다양한 분야의 최고 학생을 선발하고 적절히 교육하려는 대학 관계자들의 노력이 있어야 한다.

  우리나라가 가진 것이라곤 인적 자원밖에 없다. 이제 세계는 '1등이 아니면 꼴찌'라는 생각으로 고급 인적 자원 계발이라는 새로운 전쟁을 이미 시작했다. 여기서 엉거주춤 있을 수 없다. 창의력과 문제 해결력으로 무장한 고급 두뇌를 양성하는 것은 필수적이다. 이 시도가 성공하려면 행정적 재정적 차원에서 특단의 집중적인 지원이 있어야 할 것이다. 〈동아일보 2004. 12. 24.〉

# 공부도 재미있어야 한다

홍후조
고려대 교수, 교육학과

　우리 학생들의 전반적인 학업 성취 수준은 국제 수준과 비교할 때 매우 우수한 편이며, 성취도도 꾸준히 향상되고 있다. 46개국이 참여한 PISA 2003에서 만 15세(고1) 학생들은 문제 해결력 1위, 읽기 2위, 수학 3위, 과학 4위를 차지했다. 또한 41개국이 참여한 TIMSS 2003에서 만 13세(중2) 학생들은 수학 2위, 과학 3위의 성적을 거두었다.

　우리는 이번 성과에서 한발 더 나아가 세계에서 으뜸가는 교육적 성취를 지향해야 한다. 학생·학부모·교육 당국의 교육적 책무성을 강화하기 위하여 교육의 국가 목표를 설정하고 실천해야 한다. 예컨대 모든 어린이들은 만 8세까지 읽기, 만 9세까지 쓰기, 만 11세까지 자연수의 사칙 연산을 습득할 수 있도록 교육해야 한다. 외국어과는 이중 언어를 구사할 수 있는 교사만을 임용하여 청소년들이 누구나

만 17세까지 한 가지 외국어를 기본 수준에서 구사할 수 있도록 해야 할 것이다. 세계화 시대에 외국어를 기초로 한 국제적 능력을 신장해야 미래 세대는 더 나은 배움과 삶의 기회를 열어 갈 수 있다.

이번 국제 교육 성취 비교 연구 결과에서 드러난 우리 교육의 과제도 적지 않다. 가장 두드러진 문제는 학생들의 학습에 대한 태도로서, 학생들은 경쟁 속에서 성적에 대한 불안과 걱정은 높고, 학습에 대한 자신감, 자아 개념, 자기 효능감, 흥미와 동기는 매우 낮은 것으로 나타났다. 마지못해 억지로 공부하여 얻은 성과가 아닌가 하고 염려된다. 자기 주도 학습이 필수적인 평생 학습 사회에서 학습에 대한 흥미와 동기가 높으면 성적이 좀 낮더라도 우리는 희망을 가질 수 있다.

첫째, 무엇보다 공부는 재미있고 유익해야 한다는 가치관을 확립하는 일이다. 공부란 본래 재미없더라도 꾹 참고 '엉덩이'로 하는 것, 진지하고 심각한 것으로 여기는 것은 궁핍한 시대에 굳어진 편견이다. 재미있는 문화와 오락을 늘 접하는 수업, 학습 도중 궁금해서 묻고 '아하!' 하고 깨닫는 기쁨이 있어야 할 것이다.

둘째, 교사의 수업은 더 재미있고 유익해야 한다. 재미있는 수업을 경험해 보지 못한 교사들이 자신의 수업을 비디오로 담아서 되틀어 보면 어떤 느낌이 들까? 학생들에게 무미건조한 내 수업을 정년 퇴임까지만 참아 달라고 해야 할까? 교사들은 자기 수업에 대해 선배와 동료, 학생들로부터 허심탄회한 평가를 들어 애써 고쳐야 한다.

셋째, 많이 좋아졌지만 교과서도 더 재미있고 유익해야 한다. 그런 교과서가 나오려면 교과서 제작 과정에 인지심리학자, 감성공학자, 만화가, 디자이너 등이 더 많이 참여하도록 제도화해야 한다. 초·중등학교 12년 동안 학업과 직업 세계의 전모를 곳곳에서 접할 수 있도록 교과서가 꾸며져야 교육은 인생의 길잡이 구실을 할 수 있다.

넷째, 학생들이 배우는 과목과 내용을 더 줄이고 정선해야 한다. 특히 영어와 수학에 주눅 들지 않도록 교과 교육을 바꾸어 가야 한다. 다(多)교과 피상 학습에 학생들의 호기심은 멈추고, 흥미와 동기는 위축되고, 학습 에너지는 분산 소진된다. 적게 가르쳐서 도리어 많이 배운다는 소(少)교과 집중 심층 학습을 지향해야 한다.

교육의 참된 성과는 무한히 넓은 학업과 직업 세계를 잘 안내하고, 학생들의 흥미와 호기심을 존중하여 학습 동기를 북돋워 주는 데 있다. 학업 성취를 더 높이 달성하는 것도 중요하지만 좋아서 공부하여 즐거움과 보람을 느낄 수 있도록 제도와 환경을 바꾸어 가야 할 것이다. 고품질의 교육을 향한 국가의 투자가 늘어나야 할 때다.

〈조선일보 2004. 12. 28.〉

## '엘리트 교육' 성공하려면

김혜숙
연세대 교수, 교육학과

며칠 전 아는 이들과 점심 자리에서 교육인적자원부가 발표한 '수월성(秀越性·엘리트) 교육 종합 대책'을 놓고 논란을 벌였다. 그것이 무엇이냐는 가장 기본적인 물음부터 평준화 논쟁까지 다양했다. 수월성은 우수성, 탁월성, 경쟁력 등과 통하는 교육학적 개념으로 학생 개개인의 잠재력을 최대한 끌어내 교육에서 최대 성취를 달성하는 것을 말한다. 어느 정도의 경쟁은 불가피하다. 대신 보편성은 교육의 공공성을 기초로 교육 기회의 균등을 실현하는 것으로, 능력에 따른 기회의 평등을 의미하는 형평성과 연계된다.

두 가지 가치는 교육 정책에서 똑같이 중요하게 추구해야 하면서도 어느 하나를 버릴 수 없기 때문에 고민이 있다. 선진국들은 대체로 초·중등 교육에서는 보편성을, 고등 교육에서는 수월성을 우선시하는 제도를 기반으로 하되 초·중등 교육에서도 영재 교육을 통해 엘리트를 양성하는 방식을 갖고 있다. 이스라엘이 3%, 영국이 5~10%, 미국이 1~15%의 엘리트 양성 교육을 하는 게 그것이다.

### 선진국 이미 제도로 안착

교육에서 우선적으로 추구해야 할 가치가 수월성인가, 보편성인가의 문제는 어느 나라, 어느 시대나 갖고 있는 고민이다. 역사의 수레바퀴는 소수의 엘리트에 의해 움직인다는 믿음 아래 어느 사회나 사회 주도 세력 양성을 포기한 적이 없는 것이 사실이다. 또 산업 사회 이후 민주주의, 사회주의를 막론하고 교육 기회의 평등을 위한 노력을 확대해 왔다. 두 가치의 충돌은 어쩌면 예견된 것인지도 모른다.

우리나라도 현재 초·중등 교육은 보편성에, 대학 교육은 경쟁과 수월성에 기초한 운영 형태를 띠고 있다. 그중 초등 및 중학교의 방식에 대해서는 이론 제기가 크게 없었다. 그러나 고등학교에 대해서는 1974년 고교 평준화 정책이 시작된 이래 이를 교육 발전을 막는 만악의 근원이라며 폐지를 주장하는 시각과 유례없고 독특한 학벌주의 문화에서 중학교까지의 교육이나마 입시 교육의 심각한 병폐로부터 보호하기 위해서는 불가피하다는 관점이 충돌하고 있다.

이러한 상황에서 나온 수월성 교육 대책은 우리나라의 초·중등 교육에서 보편성을 기저로 하되 수월성도 적극적으로 추구하겠다는 의지의 표현이라고 할 수 있다. 이번 안은 지식 기반 사회에서 국가 경쟁력 제고에 직접 영향을 미칠 수 있는 상위 5%의 학생들에게는 수월성을, 나머지 95%의 학생들에게는 보편성을 우선 추구하도록 돼 있다.

선진국의 사례에 비추어 볼 때, 우리 교육이 평준화 틀의 유지에 따른 수월성 저하 문제를 시급히 해결해야 하는 상황에 당면하고 있다는 점에서 옳은 방향이라고 본다. 또 현재의 특수목적고, 영재 학교 등을 확대 개편하는 방식이어서 적어도 양적 목표 달성 측면에서는 실현 가능성이 높아 보인다.

하지만 넘어야 할 산도 만만치 않다. 우선 상위 5%에 들어가기 위한 입시 경쟁과 사교육 횡행을 어떻게 줄일 수 있느냐가 문제다. 입시에 목숨을 거는 문화로 미뤄 간단한 일이 아니다. 이를 해결하려면 상위 5%의 수월성 교육, 최상위 1%의 영재 교육 대상자를 판별하는 데 있어 입시 위주 사교육으로는 결코 선발될 수 없도록 고도의 전문성을 갖춰야 한다. 지필 고사나 1회의 단순 선발 과정이 아니라 여러 차례의 관찰 등을 활용해 진정한 영재의 선발이 이루어지도록 해야 한다.

또 선발된 학생들에 대한 적절한 교육 과정과 교수·학습 방법이 뒤따라야 한다. 우수한 학생들끼리 모아 놓았으니 '과거 명문 학교처럼 알아서 잘하겠지'라는 안이한 방식은 안 된다. 당연히 이들을 위한 특별한 전인 교육 프로그램과 그들을 가르칠 전문성 있는 교사가 있어야 한다.

### 철저한 준비가 성패 관건

나아가 일반 학생들에 대해서도 잠재력을 최대한 끌어내는 의미의 수월성 제고를 위한 노력을 기울여야 한다. 정부는 영어, 수학 과목을 수준별로 반을 편성하고 수준에 맞는 과정을 따라가면서 이수하는 트래킹(계열화) 제도를 실시하겠다고 했다. 이는 학업 성취도 평가, 대학 입시는 물론 대학에서의 교육 과정과 어떻게 연계되도록 하느냐가 성패의 관건이다.
  우리는 과연 수월성과 보편성 두 마리 토끼를 잡을 수 있을까. 이는 제도 마련이 아니라 이를 가능케 하는 철저한 준비와 실천에 더 달려 있다. 〈경향신문 2004. 12. 29.〉

환 경

## 서울 죽이는 그린벨트 해제

양장일
서울 환경연합 사무처장

　서울시의 한 연구 기관이 조사한 내용 중에 충격적인 것이 하나 있다. 그 연구 결과는 아직도 공식 발표되지 않고 있는데, 서울의 수용능력을 고려할 때 적정 인구는 315만 명이라는 것이다. 많게 보아도 600만 명이다. 서울은 이미 과포화된 인구가 난개발을 자초하며 스스로의 생명을 단축시키며 살고 있는 형국이다.
　서울의 대기 오염은 연간 수만 명의 사람들을 암에 걸려 죽게 하는 수준이다. 독일의 한 잡지는 서울을 잠자리조차 날지 못하는 괴물 도시로 표현한 적도 있다.
　서울에 산다는 것은 문화적, 교육적으로 혜택이다. 그러나 생명체의 입장에서는 곤욕스러운 선택이다. 하루 걸러 시야를 가리는 스모그는 이제 서울의 상징이 되었고, 그로 인한 피해는 주로 약자들이 받는다. 어린이, 임산부, 노약자 등 생리적 약자들은 자신들이 원하지도 않은 채 오염물을 몸 안에 축적해 가고 있다.

이러한 상황에 대해 2000년 서울시가 만든 약속인 「서울의제21」은 이렇게 표현하고 있다. '이제 서울의 하늘은 스모그와 오염 물질로 덮이고, 하천은 인간과의 교류가 끊어진 지 오래입니다. 나무가 자라던 자리에는 커다란 회색 빌딩이 들어서고, 새들의 지저귐은 시끄러운 자동차 소음으로 바뀌었습니다.'

작년 산림청이 발표한 서울의 1인당 도시 녹지 면적은 3.4제곱미터로 뉴욕의 9분의 1, 런던의 8분의 1, 스톡홀름의 23분의 1이다. 서울은 경제적으로 활력이 넘치는 도시일지언정, 생물학적으로 죽음의 도시인 것이다.

그나마 지금까지 서울을 지켜온 것이 그린벨트다. 그런데 완충 녹지로서 시민들에게 산소와 휴식 공간을 제공하고 도시의 생명력을 지켜 왔던 그린벨트가 이제 송두리째 무너지려 하고 있다. 성탄절에 공개된 78만 평 그린벨트 해제는 서막에 불과하다. 더구나 중요한 것은 그린벨트 해제 계획은 구체적인지만, 녹색 공간 확보 계획은 사실상 전무하다는 것이다. 인공 녹지를 얼마 늘린다는 것이 전부다.

자연 녹지를 파괴하며, 인공 녹지를 조금 늘리는 것이 무슨 소용인가? 이미 서울시는 25개 뉴타운 계획을 수립하고 있고, 구별로 개발 촉진 지구 계획도 세워 놓고 있다. 관악산과 우면산을 파괴하는 계획도 추진 중이다. 서울시 전체를 들었다가 놓는 수준이다. 서울의 사막화를 걱정해야 할 판이다.

그린벨트 해제는 난개발을 조장한다. 지가 상승 및 부동산 투기를 부채질할 수 있다. 아무리 수도권에 주택을 공급해도 부족한 악순환이 계속되어 온 현실에서 수도권 과밀 억제 정책과 국토의 균형 발전 등 중앙 정부의 정책에 반하는 서울시의 이번 계획은 인구 과밀화를 초래할 수 있다.

그린벨트는 도시의 확산 방지와 자연환경의 보전을 통해 도시민의 건강한 생활환경을 조성하는 것이었으나, 이번 계획은 시가지를 확대하여 자연환경을 위협하고 파괴하는 결과를 초래할 것이다. 특히 서울시의 계획에 따른 교통 혼잡과 대기 오염, 도시화에 의한 토지의 불투수면의 증가 등은 결국 지하수위를 낮추고 하천의 건천화를 가져오며 자연적인 물 순환 과정에까지 영향을 미칠 것이다. 결국 서울은 더욱 살기 싫은 도시로 전락하게 될 것이다.

거대 도시 서울에서의 그린벨트는 생명 공간이다. 따라서 그린벨트 해제는 신중을 기해야 한다. 또한 도심의 과도한 개발 방지와 녹지 공간 확보의 대안이 충분하지 않다면 강행할 이유가 전혀 없다.

〈한국일보 2004. 01. 08.〉

## 국민 건강, 대기 오염 관리에 달렸다

민만기
녹색교통운동 사무처장

통계청의 사망 원인별 통계 연보에 의하면 요즘 우리나라 국민은 암으로 가장 많이 죽고, 암 중에서도 폐암 사망이 가장 많다. 폐암 사망자는 1992년에는 위암과 간암 다음 순위였지만 2002년에는 인구 10만 명당 26.2명으로 10명 가까이 급증하여 최고가 됐다. 의료 기술의 발달 등으로 위암 등의 사망이 감소하고 흡연도 줄어듦에 따라 나타난 현상이다.

이는 국민들의 흡연이 최근 분명하게 감소하고 있는 상황에서 나타난 현상이다. 의료 기술의 발달 등으로 위암 등의 사망이 감소하는 것이야 설명도 필요 없는 것이지만, 폐암 사망의 증가 현상은 우리의 주의를 요구한다.

도시 아이들이 감기를 달고 살고, 천식 환자들이 급증한 것은 이미 알려진 사실이다. 최근 경기개발연구원은 수도권의 대기 오염으로 인한 조기 사망자가 연 1만 1천 명에 이른다는 연구 결과를 발표하기도 했다. 이제 국민의 생명과 건강이 대기 오염 관리에 달렸다고 보아야 할 상황이다.

이런 결과는 심각한 오염 물질인 미세 먼지(PM10)와 질소 산화물(NOx)의 오염도가 뉴욕, 파리, 동경의 2~3배가량이나 높은 수도권의 실제 측정치에서도 확인된다. 아황산 가스나 비산 먼지가 줄고 탄화 수소, 질소 산화물, 미세 먼지가 증가하는 것에서도 알 수 있듯이 수도권 대기 오염의 주범은 자동차다. 2003년 우리나라의 자동차는 1980년의 52만 8천 대보다 무려 27배나 증가한 1,458만 대를 넘어섰다. 더 오래전부터 더 많은 자동차를 이용해 온 선진국보다도 문제가 심각한 것은 서울과 수도권의 면적 대비 자동차 운행 밀도가 실제로 가장 높기 때문이다. 세계 최고의 인구 밀도와 자동차 대당 운행 거리, 여기에 상대적으로 낙후된 자동차 환경 기술과 연료 품질이 상황을 악화시켰다. 자동차 중에서도 모든 미세 먼지와 질소 산화물을 대량 배출하는 경유차는 최근 전 차량의 34%까지 급증, 대기 오염의 주범이 되고 있다. 결국 본격적으로 자동차를 이용한 지 불과 20년 만에 세계 최악의 현실을 맞이한 것이다.

대기 오염과 그 피해가 눈에 보이지 않는 것이라고 하여도 작금의 현실은 방치할 수 없는 상황이다. 정부도 지난해 많은 반발 속에서도 '수도권 대기 환경 개선 특별법'을 입안 제정하였다. 이제 수도권 대기질을 10년 후 오늘의 도쿄 수준으로 개선하기 위한 강력한 특별 대책이 추진된다.

하지만 우리가 달성하겠다는 현재의 도쿄 공기에 일본은 심각한 우려 속에 이미 수도권법보다도 강력한 대책으로 개선을 추진하고 있어 10년 후에는 더 큰 격차를 보일지도 모른다. '노 디젤(No Diesel) 작전'으로 불리는 도쿄의 조례는 운행 중인 차라도 오염 기준을 초과하면 도쿄 내에서의 운행을 금지시킴으로써 고가로 개조하거나 다른 지방에 팔지 않는 이상 사실상 폐차하도록 유도하고 있다. 세계가 자동차로 인한 대기 오염에 얼마나 심각하게 대처하는지를 보여 주는 한 사례다.

우리가 가장 먼저 추진할 것도 오염의 주범인 중대형 경유차의 전면 교체다. 현재의 심각한 현실에 비춰 볼 때 이미 세워 놓은 천연가스 보급 계획도 미흡하고, 더욱이 이마저도 충전소 설치 반발 등으로 실적이 낮다는 점에 유의해야 한다. 따라서 천연가스만이 아니라 LPG 차량이나 전기를 함께 쓰는 하이브리드 차량 등으로 대상과 보급 지원 정책을 확대해야 한다. 또한 오염 하중이 큰 경유 가격을 휘발유 가격과 대등한 선진국 수준으로 시급히 인상하여 경유 차의 이상 급증을 막아야 한다.

시민 생활에서도 일대 전환이 이루어져야 한다. 세계에서 가장 조밀하게 살고 있는 형편에서 자동차 대당 운행 거리가 가장 길다는 것은 어불성설이다. 자동차에 대한 의존을 줄이고 대중교통과 자전거 등 녹색 교통 수단을 이용하며, 공회전을 부끄러운 일로 여기는 생활의 혁명이 일어나야 한다. 〈국민일보 2004. 02. 03.〉

## 폭설을 통해 본 기후 변화

이상훈
환경운동연합 정책기획실장

이번에도 '기상 관측 사상' 최대의 폭설이었다. 요즘에는 '기상 관측 사상'이라는 표현이 자주 등장한다. 지난해 9월엔 초속 60m라는 사상 최고의 최대 순간 풍속을 기록한 태풍 매미가 경상도를 할퀴었고 2002년엔 하루 870mm라는 사상 최대의 비를 쏟은 태풍 루사가 영동 지방을 휩쓸고 갔다. 비단 우리나라에만 이런 현상이 나타난 것이 아니다. 2003년 8월 초에 공식 통계로 프랑스에서만 1만 5천여 명의 생명을 앗아 간 살인 더위가 서유럽을 강타했다. 2002년엔 100년 만의 홍수가 유럽을 휩쓸어 프라하와 드레스덴, 잘츠부르크 등 유서 깊은 도시들이 물에 잠겼다.

최근 국내외에서 나타난 일련의 기상재해는 기후 변화가 가속화되고 있음을 웅변한다. 관측 결과를 보면 지난 140년간 인간 활동의 결과로 지구의 평균 기온이 약 0.6도 상승했다. 이렇게 작은 지구 온

난화만으로도 해수면이 상승하고 열대성 전염병이 확산되고 있으며 수많은 생물 종이 멸종 위기에 처하게 되었다. 뿐만 아니라 기후 변화의 영향으로 더욱 강력해진 기상재해는 직접적으로 인간의 생명을 위협하고 수많은 재산 피해를 낳고 있다. 보험 업계의 통계에 따르면 1960년대에 비해 1990년대는 대형 기상재해가 네 배나 많게 발생하여 피해액은 일곱 배로 늘어났고 보험손실액은 열한 배나 급증하였다. 그런데 세계 곳곳에서 발생하는 극단적인 기상 현상은 기후 변화가 몰고 올 재앙의 시작에 불과하다. '기후 변화에 관한 정부 간 협의체(IPCC)' 3차 보고서에 따르면 지금 추세라면 2100년이면 지구 평균 기온이 추가적으로 5.8도, 획기적인 온실 가스 감축 조처를 신속히 취하더라도 1.4도 더 상승하리라 전망한다.

 기후 변화를 억제하기 위해선 온실 가스를 배출하는 화석 연료 소비를 줄이고 재생 가능 에너지를 확대하여야 한다. 그러나 '기후 변화에 관한 정부 간 협의체'의 제안처럼 지금 당장 온실 가스 배출량을 80%까지 줄인다고 해도 이미 진행 중인 기후 변화를 중단시키는 것은 불가능하다. 대기 중에 배출된 온실 가스가 상당 기간 영향을 끼칠 것이고 기후 변화의 관성이 작용하기 때문이다.

 우리가 온실 가스 저감 못지않게 기후 변화 적응에 노력해야 하는 이유가 여기에 있다. 온실 가스 감축에 힘을 쏟는 것도 중요하지만 기후 변화 협약과는 별개로 기후 변화 적응조처도 강력히 추진되어야 한다. 적응이란 새로운 기상 현상에 대비하고 사회 자체가 익숙해지는 것이다. 섭씨 40도의 유럽의 살인 더위나 얼음도 얼지 않았던 홍콩의 살인 추위는 그런 기상 현상에 익숙하지 않았던 시민들에겐 심각한 재해였지만 다른 나라에선 대수롭지 않은 것이었다. 눈에 적응한 러시아는 이번 폭설보다 더 많은 눈이 내려도 피해가 거의 없다. 다시 말해서 기후 변화 적응이란 기후 변화가 초래하는 강풍, 폭우, 폭설 등 극단적인 기상 현상에 대한 인식과 대응을 바꾸는 것이다.

그러나 아직 우리나라의 방재와 재해 대책엔 '기후 변화 적응'이라는 개념이 빠져 있다. 기록을 깨는 기상재해가 나타날 때마다 재해 관리 시스템을 강화해야 한다는 둥 판에 박힌 소리만 등장한다. 이제는 극단적인 기상 현상이 왜 발생하는지, 한반도의 기후가 어떻게 변화되고 있는지, 변화된 환경에서 생존하기 위해 국가적 차원의 방재 대책을 어떻게 수립해야 하는지 등 포괄적이고 종합적인 기후 변화 적응 대책을 마련해야 한다. 먼저 기후 변화 관측, 극단적 기상 현상 연구, 기후 영향 조사 등과 관련한 예산, 인력을 크게 늘려야 하며 이를 위해 선진국처럼 국가 기후법 같은 법률의 제정도 필요하다. 그리고 국토 계획, 도시 계획, 구조물 설계 등에도 기후 변화의 영향이 고려되어야 한다. 무엇보다도 기상재해에 따른 인명과 재산 손실을 줄이기 위해선 '사상 최대'의 극단적인 기상 현상까지 고려한 방재 체계와 재해 관리 시스템이 마련되어야 한다.

〈한겨레신문 2004. 03. 10.〉

## 폐광 오염 근본 대책 만들라

장재연
아주대 교수 · 시민환경연구소장

경남 고성군 폐광 지역 주민들의 혈액과 소변에서 카드뮴이 일반인에 비해 훨씬 높은 농도로 검출됐고, 주민들이 과거 일본 도야마(富山)현에서 발생한 이타이이타이병과 비슷한 증상을 호소하고 있다고 한다. 환경성 질환의 규명은 학문적으로 쉽지 않은 일이기 때문에 정밀한 역학 조사가 필요하지만 이번 사건을 통해 환경 행정의 문제점이 다시 한 번 확인됐다.

폐광의 환경오염 문제는 어제 오늘의 일이 아니다. 중금속을 함유한 산성 폐수, 광산 폐기물과 먼지, 제련 과정에서 생기는 광미(鑛尾) 등은 주변 토양과 하천 · 지하수를 오염시키고 나아가 농작물을 오염시킨다. 현재 환경부는 전국 900여 개의 휴 · 폐 금속 광산 중 150여 개를 특별 관리하고 있다.

이번에 문제가 된 고성군 지역의 광산들도 이미 토양 오염 정밀 조사가 실시된 바 있다. 그 결과를 보면 토양 중 구리·납·카드뮴 오염이 기준을 초과했고 갱내수의 카드뮴 오염도 매우 높았다. 이처럼 오염원이 확인됐다면 주변 농작물이나 식수를 수십년간 섭취해 온 주민들의 건강 피해 가능성을 염려하는 것이 당연한데, 주민들을 상대로 건강 피해 조사나 노출 평가는 실시되지 않았다. 물·공기·토양을 대상으로 오염 물질 관리에 치우치다 보니 정작 궁극적 목적인 국민 건강은 뒷전으로 밀리게 됐던, 환경 정책의 허점이 이번 사태를 불러온 주요 원인이다.

지금까지 환경 문제로 인한 건강 피해 사건이 늘 그래 왔듯이 이번에도 민간 단체에 의해 문제가 제기됐다. 주민들이 환경 문제로 인한 피해를 호소하고, 그런 민원을 처리할 정부 기관이 없기 때문이다. 이곳 주민들도 오랫동안 질환을 앓아 오다 결국 환경 단체를 찾게 됐고, 마창환경연합 수질 환경 센터가 자비를 들여 조사했다는 것이다. 재정도 열악한 시민 단체가 주민들을 위해 환경 피해 조사를 하고, 정부는 그 결과를 폄하하거나 부인하는 일이 반복되고 있다. 노동부에서 노동자들이 제기하는 직업병 문제를 확인해 주는 센터가 운영되고 있는 것과 극명하게 대비된다.

환경부의 소극적 자세는 이런 사건이 일어나면 전년도에 예산이 편성되지 않아 일을 하기 어렵다고 변명하는 것을 통해 확인할 수 있다. 환경 문제로 인한 건강 피해가 토목 공사처럼 전년도에 미리 계획을 세워 놓았다가 일어나는 것이 아니고, 이런 사태가 반복되고 있음에도 불구하고 개선 대책을 마련하지 않는 것은 직무유기가 아닐까 싶다.

소각로 건설이나 수도관 교체에는 수천억 원씩 투입해도 환경 문제로 인한 건강 피해 사건에는 자체 예산을 쓰지 않는 것이 환경 정책의 현실이다. 폐 금속 광산 주변의 토양 오염 문제만 해도 방지 사업비로 1995년부터 2003년까지 22개 광산에 350억 원을 투입했지만 주변 주민들의 혈중 중금속 검사라도 했다는 이야기는 들은 바 없다. 이런 환경 행정을 어느 국민이 이해할 것인가.

이번에 문제가 된 지역에 대해선 정확한 환경오염 실태와 피해 범위 확인을 위한 역학 조사가 이뤄져야 한다. 그러나 카드뮴 중독 의혹이 제기됐다고 해서 조사 대상을 카드뮴만으로 제한해서는 안 된다. 과거 환경부 조사에서도 구리·카드뮴·납·크롬 등의 중금속이 토양이나 농작물에서 높은 농도로 검출되는 등 다양한 복합 오염의 가능성이 큰 지역이기 때문이다. 정부는 주민 피해와 폐 금속 광산으로 인한 환경 문제를 확인하는 자세로 접근해야지, 주민이나 환경 단체의 주장을 반박하려는 태도로 접근하는 것은 문제 해결의 길이 아니다.

문제가 되는 폐 금속 광산이 고성군만이 아니라는 사실은 정부 자료도 인정하고 있다. 지금까지 오염이 확인된 지역에 대해서는 인근 주민들의 건강 피해 가능성을 조사해야 한다. 그리고 주민들의 지속적인 노출을 막기 위해 안전한 식수를 공급하고, 오염이 심한 경우 농산물 경작을 제한하고 대신 보상하는 방안을 강구해야 한다. 이번 사건을 통해 폐 광산으로 인한 환경오염 문제를 근본적으로 해결하는 것이 수십년간 피해를 본 주민들의 희생을 보상하는 길이다.

〈중앙일보 2004. 06. 07.〉

# '광릉 숲'만은 지켜야 한다

김형광
국립수목원장

  광릉은 600여 년 전에 조선 제7대 임금 세조의 능인 광릉이 자리 잡으면서 이름이 붙었다. 그리고 이 능을 둘러싼 2,240여ha의 숲을 우리는 광릉 숲이라고 부른다. 조선 시대에는 광릉 숲을 능의 부속 림으로 지정하고 능림(陵林) 내부와 외부에 적송·잣나무·전나무 등의 나무를 심었다. 특히, 능 경계 부근에서는 경작을 하거나 매장을 일절 하지 못하게 하고 불을 놓지 못하게 했을 뿐만 아니라 땔나무도 채취하지 못하게 하였다.

  세조 사후 600년간 온전히 보호받고 있는 광릉 숲은 한국 최고의 극상림으로 일제 시대에 시험림으로 지정됐으며, 6·25 전쟁의 혼란기에도 훼손되지 않고 그대로 잘 보전돼 왔다. 조선조의 엄격한 보호 정책이 지금의 광릉 숲이 있게 한 밑바탕이 되었다고 할 수 있다.

  이렇게 수백 년을 보호해 온 덕택에 광릉 숲에는 광릉골무꽃·광룽물푸레 등 특산 식물 14종을 포함한 796종의 자생 식물이 자라고 있어 세계의 식물학자들도 부러워하고 있다. 식물뿐만 아니라, 크낙새·장수하늘소 등 20종의 천연기념물을 포함한 수류 29종과 조류 157종, 곤충 2,349종이 서식하여 한국 생물 다양성의 보물 창고다. 이처럼, 광릉 숲은 수백 년 동안 나라의 관심과 많은 사람들의 보호 노력에 힘입어 이뤄 낸 보배로, 그 가치를 결코 돈으로 환산할 수 없는 우리 민족의 자산이다.

광릉 숲은 1983년부터 일부에 광릉수목원을 조성하여 1987년부터 일반인들에게 공개하기 시작했다. 광릉수목원 개원 이후 관람객이 급증하고 숲 주변이 무분별하게 개발되자 광릉 숲 보전 대책을 세워야 할 필요성이 제기되었다. 그로부터 10년 뒤인 1997년, 정부에서는 광릉 숲을 보전하기 위해 '광릉 숲 보전 종합 대책'을 확정, 추진해 오고 있다. 그동안 무제한적으로 자유 개방하던 수목원을 조사·연구와 학습의 장으로 주중에만 제한적으로 개방하고, 사전 예약제 실시로 입장객의 일시 집중을 규제하여 보호·관리해 오고 있는 것이다.

우리나라 생물 자원의 보고(寶庫)인 광릉 숲도 서울과 수도권의 많은 도시와 인접해 있어 지속적으로 개발 압력을 받아 오고 있다. 앞으로 대기 오염과 소음 공해도 계속 늘어날 것이다. 이러한 위해 요인들을 그냥 보아 넘긴다면 우리의 후손들은 지금의 광릉 숲과 같은 모습을 볼 수 없게 될지도 모른다.

특히, 우리나라의 다른 숲들은 대부분 한 번 파괴된 뒤에 이뤄진 2차림이다. 이들 숲이 광릉 숲과 같은 모습을 갖추려면 앞으로 적어도 200년 이상의 기간이 더 걸릴 것이다. 이 숲을 후대에까지 그대로 물려줄 수 있도록 잘 보호해야 한다는 당위성은 더 말할 필요도 없다.

　그러나 아무리 역사적인 중요성과 보전 명분이 크다고 할지라도, 보전의 주체인 광릉 숲을 찾는 관람객과 지역 사회 주민, 환경 단체들과의 공감대를 형성하지 못한다면 광릉 숲 보전의 성과를 기대할 수 없을 것이다.

　관람객들은 광릉 숲을 찾아 다양한 생물들을 관찰하고 숲을 즐기기에 앞서 광릉 숲이 가지고 있는 역사적인 중요성과 보호 필요성에 대해서 한 번 더 생각해 봐야 할 것이다. 지역 사회 및 환경 단체들도 광릉 숲의 생태적·교육적·문화적인 가치의 중요성을 부각시켜 국민적인 공감대를 만들어 나가야 한다.

　우리는 다양한 생물이 서식하는 광릉 숲의 자연 생태계를 잘 보존하여 후손에게 넘겨 주어야 할 막중한 책임을 안고 있다. 광릉 숲에 대한 애정을 가지고 앞으로 유용하게 이용하여 더불어 살 수 있는 아름다운 숲을 만들어 가야겠다.　〈문화일보 2004. 07. 21.〉

# 온실 가스 감축 미리 대비를

강승진
한국산업기술대 교수, 에너지대학원

온실 가스 배출을 억제하기 위한 교토 의정서가 조만간 발효될 전망이다. 러시아 정부가 9월 30일 교토 의정서를 승인하고 의회에 비준을 요청함에 따라 이제 세계는 교토 의정서 체제에 접어들게 되었다.

온실 가스 감축을 주요 내용으로 하는 교토 의정서는 1997년 채택되었다. 그러나 미국이 2001년 경제에 피해를 준다는 이유로 거부했으며, 러시아도 비준을 미뤄 왔다.

현재까지 120여 개 국가가 비준한 상태에서 이번에 러시아가 비준하게 되면, 미국과 호주 등이 불참해도 의정서는 효력이 발생하게 된다. 즉, 비준한 선진국들은 1차 공약 기간(2008~2012)에 온실 가스 배출을 1990년 대비 약 5% 감축해야 한다.

한국은 온실 가스 감축 의무가 없는 개발도상국 지위로 교토 의정서를 비준하였지만 남의 일이 아니다. 선진국의 온실 가스 감축 문제가 일단락됨에 따라 다음에는 개도국 감축 문제가 본격적으로 논의될 전망이다.

우리나라 온실 가스 배출은 세계 10위권이며, 경제 규모나 1인당 온실 가스 배출 및 소득 수준이 상당수 선진국보다 앞서 있으므로 2013년부터 시작되는 2차 공약 기간에 온실 가스 감축 의무 부담은 피할 수 없을 것으로 보인다.

우리나라는 1990년 대비 온실 가스 배출이 약 80% 증가하였으며, 이중 80% 이상이 에너지 사용에서 발생한다. 적절한 대책을 시행하지 않을 경우 이산화탄소 배출을 줄이려면 소비 생활의 에너지도 줄이고 산업 생산도 축소해야 한다.

선진국보다 5~10년 늦게 감축하더라도 2010~2020년에는 정상적인 배출 전망에 비해 30~50%를 감축해야 한다. 이는 단시일 내에 이루기는 불가능하다. 상당한 시일과 투자가 필요하며 경제·사회 구조 개편이 필요하기 때문이다.

에너지 공급 측면에서는 신·재생 에너지, 수력, 원자력, LNG 등 저탄소 에너지 공급 확대, 소비 측면에서는 에너지의 효율적인 이용이 중요하다. 지금부터 에너지 절약 및 기술 개발 투자를 적극적으로 시행하고, 온실 가스 배출권 거래제 등 교토 의정서 메커니즘을 활용해 미리부터 충분히 대응하면 온실 가스 감축에 따른 경제적 충격은 완화시킬 수 있다고 본다.

정부는 국무총리실에 '기후 변화 협약 대책 위원회'를 구성하여 분야별 온실 가스 저감을 위한 종합 실천 계획을 마련하고 있다. 하지만 더욱 효율적으로 온실 가스를 줄이기 위해서는 에너지 및 산업 정책에 변화가 선행되어야 한다.

에너지 정책 방향은 안정 공급 위주에서 벗어나 에너지의 효율적인 이용을 강화하는 쪽으로 바뀌어야 한다. 국제적인 환경 규제에 능동적으로 대처하기 위해서는 에너지 절약 및 환경을 개선하는 방향으로 에너지 가격 구조 개편도 필요하다.

산업 구조도 이에 맞춰서 개편해야 한다. 성장의 견인차였던 철강 및 석유 화학 산업은 에너지 다소비 산업이며 국제적인 환경 규제에 취약하다. 단기간의 산업 구조 조정은 어렵다. 그러나 정부가 장기적인 비전을 제시하고 지속적으로 정책을 추진해 나간다면 기업들도 이에 대비할 것이다.

기업도 뒷짐만 지고 있을 때가 아니다. 민간 부문에서도 에너지 및 온실 가스 저감 기술, 신·재생 에너지 개발 등에 대한 종합적인 기술 개발 프로그램을 마련하여 적극적으로 투자를 증대시키는 전략이 필요하다. 그것만이 온실 가스 감축에 따른 경제적 충격을 완화할 수 있는 지혜다. 〈한국일보 2004. 10. 04.〉

## 경제 발등의 불 '교토 의정서'

오대균
에너지관리공단 온실 가스 감축실적등록소장

이달 초 러시아의 푸틴 대통령이 의회가 비준한 기후 변화 협약의 실천을 위한 교토 의정서에 서명했다는 소식이 전해졌다. 기후 변화 협약과 교토 의정서가 길고 긴 여정 끝에 새로운 시작을 위한 출발선에 들어서고 있다.

교토 의정서는 일본 교토에서 1980년대 초에 시작해 1992년 브라질의 리우데자네이루에서 채택됐다. 일부에선 아직도 지구 기후가 변화한다는 것이 과학적으로 불확실하다고 주장하지만 이제는 비로소 전 세계의 다수가 동의했다. 우리도 교토 의정서가 우리 경제에 미칠 영향이 무엇인지, 무엇을 준비해야 하는지 철저히 분석해 대비해야 한다.

근년 들어 우리는 이상 기후의 영향과 피해를 톡톡히 보고 있다. 10년 만에 찾아온 더위 말고도 게릴라성 호우와 태풍은 몇 년 사이에 매년 여름이면 겪는 당연한 일로 알고 있다.

우리가 즐겨 먹는 명태를 동해에서 찾기 어렵게 된 지는 이미 오랜 일로 대부분 북태평양산임을 모르는 주부가 없다. 유엔의 기후 변화를 위한 정부 간 패널 보고서는 지구의 평균 기온이 인류의 산업 활동으로 상승하고 있다고 결론지었다.

기후 변화 협약은 지구 온난화의 완화를 위한 예방적 조치로 채택되어 역사적으로 차별화된 책임을 부담하도록 하였으며, 1997년 일본 교토에서 열린 제3차 당사국 총회를 열어 역사적 책임이 큰 선진국들이 2008년부터 2012년까지 1990년에 배출한 온실 가스 배출량의 평균 5.2%를 감축하는 교토 의정서에 합의해 상당한 진전을 이뤘다.

그러나 2001년 3월 미국이 자국 경제가 짊어질 부담을 피하고자 기후 변화의 과학적 불확실성과 우리와 같은 개발도상국들이 동참하고 있지 않음을 들어 교토 의정서의 비준을 거부하였다. 그럼에도 불구하고 1990년 기준 온실 가스 배출 감축 의무를 가진 나라들의 배출 총량 가운데 17.4%를 차지하고 있는 러시아가 비준함으로써 교토 의정서는 내년 1/4분기에 발효될 것으로 전망된다.

다음 달 아르헨티나에서 열릴 제10차 당사국 총회는 미국의 비준 거부에도 불구하고 러시아의 비준으로 실질적인 실천 단계로 들어가기 위해 분주하게 움직일 것이다. 비록 미국이 수소 경제로의 이행을 위한 국제 협력을 주도하고 국제적인 기술 협력을 강조하는 등 기술 옵션을 통한 기후 변화 문제의 해결을 시도하고 있지만, 교토 의정서의 실천을 중시해 온 유럽 연합(EU)에 러시아가 동참하여 미국은 어려운 처지에 놓이게 되었다.

교토 의정서의 발효는 비록 우리나라가 경제 협력 개발 기구(OECD) 회원국이지만 교토 의정서상 개발도상국으로 분류되고 있으면서도 온실 가스를 세계 10위 수준으로 배출하고 있어 배출량 감축에 동참하라는 국제 사회의 요구가 거세질 것이다. 온실 가스 감축량은 협상에 따라 달라지겠지만 우리 경제가 감내할 수 있는 수준 이상이 될 것으로 예상되며, 2013년 이후 실질적으로 온실 가스 배출량을 줄여야 한다.

우리나라는 석유, 석탄 및 가스와 같은 화석 에너지의 연소에서 83% 이상, 산업 공정 부문을 포함하여 94% 이상의 온실 가스를 배출한다. 산업 부문은 경제 성장과 함께 1990년부터 2003년까지 연평균 에너지 소비 증가율 7.4%를 기록하고 2003년 현재 화석 에너지는 우리나라 총 에너지 사용의 55.5%를 차지한다.

최근 고유가 상황에서 나타난 바와 같이 우리 경제는 외부의 에너지 충격에 취약하며 기후 변화 협약은 추가 부담으로 작용하여 국민 소득 2만 달러 시대로 가는 길에 가장 큰 걸림돌이 될 수 있다. 지금부터 산업 부문부터 시작하여 온실 가스를 배출하는 근원을 철저히 파악하고 배출원별 온실 가스 배출 목록을 작성해야 한다. 이어 추가적인 온실 가스 감축에 요구되는 감축 한계 비용을 정확히 파악해 나가야 한다. 최근 급증하는 수송 부문의 온실 가스 배출량을 줄이기 위해 수송 체계의 정비와 함께 교통량을 감소시키려는 국민적인 노력도 뒤따라야 한다. 〈세계일보 2004. 11. 15.〉

# 환경은 이제 뒷전인가

권혁범
대전대 교수, 정치외교학과

개혁적 시민 단체들이 '반(反)노무현 정부'를 선언하는 일이 벌어졌다. 11월 10일 출범한 '환경 비상 시국 회의'는 현 사태를 '환경 비상 상황'으로 규정하고 1만인 서명 운동을 벌이기 시작했다.

이들이 반환경 정책 철회와 환경 문제에 대한 전면적 재검토를 요구하게 된 것은 사필귀정이다. 집권 이후 노무현 정부가 추진한 각종 정책은 대통령, 정부 및 여권 엘리트의 머릿속에 '녹색'은 애당초 없었음을 보여 준다. 핵 폐기장 문제로 발생한 부안 사태, 고속철과 연관된 천성산 터널 문제, 새만금 간척 사업 등 굵직한 현안에 대한 정부의 갈팡질팡 대응은 결국 비전을 상실한 퇴행적 결정으로 이어졌다. 오죽하면 비상시국이라는 구호를 내걸었겠는가.

최근 크고 작은 반환경적 정책이 봇물 터지듯 쏟아져 나온다. 시국 회의가 열거한 것만 해도 수도권 내 공장 신설 증설 허용, 골프장

230개 건설 및 규제 완화, 토지 수용권과 개발 이익을 보장하는 기업 도시 특별법 제정 추진, 경유 상용차 배출 가스 기준 유예 조치 등 이루 말할 수 없다. 한국판 뉴딜 정책은 그 압권이 되지 않겠는가.

물론 이런 탈규제 바람이 정부만의 책임일 수는 없다. 경제가 어렵다는, 정쟁을 그만두고 민생을 돌봐야 한다는 구호 하에 정부 엘리트, 여야 정치인, 재벌, 대기업 산하 연구소, 경제학자에서 대다수 언론에 이르기까지 모두들 '경기 부양'만을 목소리 높여 강조하고 있다. 공정한 시장 규칙을 만들기 위한 약간의 공공적 제약마저 '반시장', '좌파적 발상'으로 매도된다. 당연히 '녹색 마인드'는 안중에도 없다.

환경을 문서상의 수사로만 생각하는 정책 결정 집단들은 이 기회에 반환경적 정책을 밀어붙이려는 기세다(행정 수도 이전을 둘러싼 첨예한 갈등 속에서도 그것이 야기할 환경 파괴적인 결과에 대한 사회적 논의가 없었다는 사실은 놀라운 일 아닌가). 그나마 어렵게 쌓아 온 환경 인프라는 안에서부터 무너지고 있다. '개발 독재'에 대한 향수는 그 위험한 증후다.

여론 주도층은 '먹고사는 문제'가 제일 중요하다고 얘기한다. 과거에 귀 따갑게 들었던 구호들이 '먹고사는 데' 전혀 지장이 없는 사람들 입에서 퍼져 나간다. 무한 경쟁 시대의 국가 경쟁력 강화, 2만 달러 시대 등의 부국강병적 언설이 한국 경제의 문제점을 질타하며 환경 파괴를 정당화하는 암묵적 합의를 쉽게 넓힌다.

지구의 생태적 용량을 고려할 때 개발 독재형 산업화나 선진국형 산업화 모두 '지속 불가능한' 삶의 양식이라는 게 환경론의 상식이다. 깊이 생각해야 할 점은 성장주의, 반환경적인 정책으로는 인간

자체도 온전한 삶을 살 수 없다는 것이다. 인간과 자연, 인간과 다른 생명들 간의 유기적 관계망이 파괴될 때 영혼도 마음도 몸도 황폐해진다(개별적 이기적 차원의 대응이지만 도처의 '참살이' 바람도 이 고리를 사람들이 무의식적으로라도 깨닫고 있다는 증거다).

또 그 파괴의 결과로 개발 업자들의 이익은 늘어나지만 불평등은 심화된다는 점이다. 1997년 말 경제 위기 후 본격화된 '경제 살리기' 정책에 의해 과연 어떤 현상이 벌어졌는가. 그 부담은 비정규직 노동자, 중소 영세 산업, 여성, 노인, 신빈곤층, 이주 노동자 및 실업자에게 고스란히 넘겨졌고 중산층마저 급격하게 붕괴되었다. '살려 낸 경제'는 중산층과 서민의 경제를 되레 파괴하는 역설적 결과를 초래했다.

현재 맹위를 떨치고 있는 '경제 위기'의 담론에는 '경제 성장 숭배'의 이데올로기가 깔려 있다. 그것은 경제에 대한 근본적 질문을 던지지 않으며 이를 중립적이고 공평무사한 가치로 전제한다. 누구를 위한, 무엇을 위한 경제인가. 민주주의와 규제로부터 해방되고 싶어 안달하는 경제는 사람, 생명, 자연과의 관계, 부자와 빈자의 관계에 어떤 영향을 미치는가. 경제 성장 숭배라는 이 시대의 우상은 이러한 질문들을 인식론 입구에서부터 봉쇄하고 있다. 그 문밖에서 환경은 파괴되고 주변부 사람들의 삶은 벼랑 끝으로 몰리고 있다.

〈동아일보 2004. 12. 01.〉

## '불가피한 선택' 원자력

방기열
에너지경제연구원장

　정부는 최근 원전 수거물 관리 시설을 중·저준위 및 고준위로 분리, 중·저준위 수거물을 우선적으로 해소하는 방안을 강구키로 했다. 이를 계기로 원전 수거물 관리 시설 설치 문제가 해결의 실마리를 찾게 되기를 기대한다. 원전 수거물 관리 시설은 기존 원전을 계속 운전하고, 기존 수거물을 일관되고 안전하게 관리하기 위해서도 필요하다. 지금처럼 발전소별 임시 저장 시설에 무한정 보관하는 것은 합리적 방안이 아니다.
　이와 관련, 원전 추가 건설의 필요성에 대해 많은 이의가 제기되고 있다. 그러나 우리나라는 전력 수요가 빠르게 증가하고 있고 향후로도 지속적 증가가 불가피하다는 점, 대체 전원으로 언급되는 신·재생 에너지의 한계, 기후 변화 협약 의무 부담 참여의 불가피성, 수요 관리의 한계 등으로 인해 원전의 추가 건설 없이 전력 수요를 충족시키기는 어려운 실정이다.

원자력을 천연가스로 대체할 경우 비용이 2배 이상 늘어나므로 이에 따른 전기 요금 부담에 대해서는 국민적 합의가 필요하다.

우리 경제는 최근 10년간 연평균 7.6%씩 성장한 데 비해 전력 수요는 8.7%씩 증가했다. 제2차 전력 수급 기본 계획(안)에 의하면 강력한 수요 관리에도 불구하고 전력 수요는 2017년까지 연평균 2.5%씩 증가할 것으로 전망된다. 이에 따라 13.3%의 수요 관리를 전제로 해도 2017년 발전 설비 규모는 지난해 대비 45%나 커져야 한다. 이러한 발전 설비 증가 소요를 원자력을 제외하고 충족시키는 것은 쉬운 일이 아니다. 원자력 발전이 전체 발전량의 40%나 되는 상황을 감안하면 더욱 그렇다.

원자력의 대체 전원으로 LNG나 신·재생 에너지가 거론되고 있으나, 천연가스를 전적으로 수입하면서 발전에서 천연가스 의존도가 40%를 초과하는 국가는 없다. 천연가스의 가격이 석유 못지않게 높기 때문이다.

신·재생 에너지도 원자력을 대체할 가능성은 낮다. 2011년까지 9조 원을 투입, 1차 에너지의 5%를 신·재생 에너지가 담당토록 한다고 해도 발전에서의 점유율은 7% 수준에 그칠 전망이다. 신·재생 에너지의 개발 및 보급에 많은 노력을 쏟고 있는 일본의 경우에도 발전에서의 기여율이 현재 11%에서 2030년 14%를 넘기기 힘들 것으로 전망된다.

따라서 균형된 전원 공급을 위해서는 원전의 추가 건설이 긴요하다. 일본은 원전 9~12기 추가 건설로 원자력의 발전 기여율이 현재 34% 수준에서 2030년에는 37~47%로 상승하고, 미국도 원자력 발전량 규모가 2020년까지 연평균 0.3%씩 증가할 전망이다. 따라서 선진국보다 높은 전력 수요 증가가 예상되는 우리나라가 원자력을 포기하는 것은 합리적인 선택이 아니다.

게다가 우리나라는 기후 변화 협약과 관련한 의무 부담을 어떤 형태로든 부여받을 가능성이 높다. 교토 의정서가 2005년 발효 예정이고, 미국도 개도국의 의무 부담 참여를 지속적으로 요구하고 있는데, 우리나라 온실 가스 배출 규모가 세계 9위에 달하기 때문이다. 이에 신·재생 에너지나 에너지 효율 향상으로만 대처하기에는 경제적 부담이 너무 크다.

따라서 온실 가스 배출이 없는 원자력이 신·재생 에너지 및 LNG와 함께 상당한 기여를 하도록 하는 것이 필요하다. 이를 위해선 원전 수거물의 안전한 보관 시설이 불가피하므로, 중·저준위 수거물 관리 시설만이라도 조속히 설치되도록 힘을 모아야 할 시점이다.

〈한국일보 2004. 12. 21.〉

## 원전 수거물 시설 이번엔




황병준
한국수력원자력㈜ 방사성폐기물사업본부장

　한동안 평년 기온을 웃돌며 12월 중순인데도 한낮은 봄 날씨 같더니 갑자기 기온이 뚝 떨어지니 몸으로 느끼는 추위는 훨씬 더 심하다. 평년 기온을 웃도는 겨울철의 이상 고온 현상은 중태평양 부근에서 발생한 엘니뇨 현상으로 인해 한반도 주변 해역의 수온이 평년보다 섭씨 0.5~1.5도 높아진 이상 고온 때문이라고 한다. 이상 고온으로 고유가 시대에 춥지 않은 겨울을 보낼 수 있어 다행이기는 하다. 하지만 따뜻한 겨울을 마냥 반길 수만은 없는 게 지구 환경 변화다.
　내년 2월 교토 의정서가 발효되면 당사국들은 이산화탄소 등 온실 가스 배출량을 1990년도 배출 기준 5%를 줄여야 한다. 우리나라는 1997년 당시 대상국에서 제외됐으나 현재 온실 가스 배출량이 세계 9위를 차지하고, 경제 협력 개발 기구(OECD) 회원국 가운데 이산화탄소 배출 속도가 가장 빨라 2013년 이후에는 규제 대상국에 포함될 개연성이 매우 짙다.

 앞으로 기후 변화와 고유가 시대를 어떻게 대응하고 극복하느냐에 따라 각 나라의 명운이 결정된다고 봐도 지나치지 않다. 특히, 산업 구조가 제조업 위주로 되어 있고 에너지 해외 의존도가 97%에 이르며, 장차 온실 가스 감축 압박을 심하게 받게 될 우리나라로서는 원자력 발전의 중요성을 새롭게 인식하지 않을 수 없다. 그동안 원전에 대해 부정적이던 유럽 연합(EU)도 최근에는 원전을 온실 가스 감축을 위한 대안의 하나로 여기고 있으며, 미국 등 일부 국가에서는 신규 원전 건설을 적극적으로 추진하고 있다.

 이 같은 상황에서 우리나라는 아직도 원전 운영으로 발생하는 원전 수거물을 관리할 시설을 확보하지 못한 채 현재 각 발전소 부지 안에 임시로 보관하고 있다. 이마저도 2008년쯤이면 울진 원전을 시작으로 포화 상태가 될 전망이다. 따라서 더 이상 원전 수거물 관리 시설 확보를 늦출 수 없는 형편이며, 원전 수거물 관리 시설의 건설 준비 및 건설 기간을 감안하면 늦어도 내년에는 부지를 확정하여 본격적으로 추진해야 한다.

 이를 위해 정부는 지난 17일 원자력 위원회를 개최하고 당초의 중저 준위 수거물 영구 처분장과 사용후연료 중간 저장 시설을 같은 지역에 설치하는 종합 부지 추진 방침을 변경키로 했다. 즉, 세계적으로 이미 안전성이 충분히 입증된 중저 준위 원전 수거물 영구 처분장을 분리하여 우선 추진하기로 한 것이다. 또한 사용후연료 문제는 각계 전문가, 시민·사회 단체, 주민 등이 참여하는 사회적 공론화 과정을 거쳐 도출되는 합의에 따라 해결해 나가기로 결정했다.

 이에 대해 일각에서는, 원전 수거물 부지가 선정되면 정부 방식대로 원전 위주의 전력 정책을 펼 것이기 때문에 에너지 정책을 전면 재검토하라고 주장한다. 그리고 원전 및 사용후연료에 대한 정부 정책이 확정될 때까지 기존 원전 부지 안에 임시 저장고를 증설하여 현행처럼 관리하자고 목소리를 높인다. 그러나 이는 올바른 문제 해결 방법이 아니다.

원전 내에 임시 저장고를 추가로 증설하는 일은 시설의 중복 투자로 비효율적이다. 또한, 지역적 분산으로 인한 체계적 관리의 어려움과 건설 허가 취득에 대한 어려움이 만만치 않을 것이다. 뿐만 아니라, 결국 이 저장고도 처분 대상이 되는 수거물이라는 점이 더 큰 문제이다.

중저 준위 원전 수거물 영구 처분장은 미국 등 원자력 선진국에서 이미 30~40년 전부터 별 문제 없이 안전하게 운영되고 있으며 원전은 없지만 처분장을 운영하고 있는 나라도 호주 등 14개국이나 된다. 현재 전 세계적으로 원전을 운영하고 있는 나라는 모두 31개국이며 원전 운영이 활발한 상위 10개국 가운데 원전 수거물 관리 시설이 없는 나라는 우리나라뿐이다. 따라서 이러한 현실을 있는 그대로 받아들여 이번에는 이 모든 문제가 원만히 해결될 수 있도록 전 국민적 관심과 협조가 있기를 간절히 바랄 뿐이다.

〈문화일보 2004. 12. 22.〉

## 기상 예측에 극지(極地) 데이터 활용을

허창회
서울대 교수, 지구환경과학부

 이달 초 서울대에서는 지난해 남극 탐사 도중 불의의 사고로 숨진 전재규 씨의 뜻을 기리기 위한 추모 학술 대회가 열렸다. 전 씨는 서울대 지구환경과학부 대학원생으로 남극 연구를 자원해 월동 대원으로 탐사에 참여했다.
 학술 대회에서 한국해양연구원 부설 극지연구소 김예동 소장을 만났다. 김 소장은 극지 연구소에서 남극과 북극의 기상을 관측하고 있는데, 이 자료를 우리나라가 어떻게 효율적으로 활용할 수 있을지 걱정했다. 자료는 쌓이는데 한국에서 이를 받아 적절히 활용할 파트너가 없기 때문이다.
 필자는 김 소장에게 극지 기상이 우리나라 겨울철의 한파, 그리고 여름철 강수량 및 북서태평양의 태풍 활동에 상당한 영향을 끼치고 있음을 설명했다.

남·북위 각 60도 이상 지역을 극 지역이라고 부른다. 이 지역은 사람이 거의 살지 않기 때문에 최근까지 대기 과학자의 관심을 받지 못했다. 그런데 1998년 미국 워싱턴 대학 기상학과 존 월러스 교수가 중위도와 극 지역 사이에 거대한 대기 순환의 변동이 있음을 발견했다. 그는 이를 '극 진동'이라고 불렀다. 그리고 열대 태평양에서 발생하는 엘니뇨가 열대 지역 및 북미, 중미 지역의 기상에 영향을 끼치는 반면 극 진동은 중위도와 고위도 기상을 지배하는 주요 요인이라고 설명했다.

극 지역은 우리가 살고 있는 북반구뿐 아니라 남반구에도 있기 때문에 극 진동은 '북극 진동'과 '남극 진동'으로 나뉜다. 이 극 진동은 중위도와 고위도 간에 해면 기압의 크기가 서로 엇갈리며 평년보다 높아지고 낮아지는 현상이다. 즉 고위도 기압이 평년보다 낮으면 중위도의 기압은 평년보다 높아진다. 그와 반대로 고위도 기압이 높아지면 중위도 기압은 낮아진다. 그런데 이들 기압의 변화는 대체로 위도에 평행하게 나타나기 때문에 북극 진동은 북미, 유럽, 그리고 아시아 넓은 지역의 기상에 동시간적으로 영향을 끼칠 수 있다.

고위도에서 해면 기압이 평년보다 낮고 중위도에서 해면 기압이 높은 시기를 북극 진동의 '양의 상태'라고 한다. 이 시기에 북유럽에서는 많은 비와 눈이 내리고, 남유럽에서는 건조한 날씨와 고온이 지속된다. 한편 유라시아 지역에서는 해양으로부터 따뜻한 공기가 평년보다 많이 불어오기 때문에 온도가 높아진다.

북극 진동은 시베리아 고기압의 활동에도 직접 영향을 끼쳐서 러시아뿐 아니라 몽골과 중국 북부 지역의 대기 순환도 조절하고 있다. 이 영향은 여름을 제외한 모든 계절에 나타나고 있다. 우리나라의 겨울철 한파와 여름철 강수량도 북극 진동의 크기에 따라 변한다. 극 진동과 동아시아 기상 간의 관련성에 대한 역학적인 설명, 그리고 장기 예측 활용에 대한 연구가 우리나라와 중국 학자를 중심으로 활발하게 이뤄지고 있다.

한편 여름철에 북서태평양의 태풍 활동은 우리나라 정반대편에 놓여 있는 남극 주변의 대기 순환과도 밀접하게 관련돼 있음이 최근 밝혀졌다. 올해는 남극 진동이 강한 해였으며, 일본에 무려 10개의 태풍이 상륙한 것도 이와 관련된 것으로 여겨진다.

이처럼 우리와는 전혀 상관이 없을 것 같은 남·북극의 기상이 우리나라의 기상에 큰 영향을 미치고 있다. 우리의 기상 예측 능력을 향상시키기 위해서는 극지 관측 데이터에 대한 적극적인 연구가 시급하다. 그러나 아직까지 국가의 지원이 거의 없어서 아쉽다.

〈동아일보 2004. 12. 25.〉

## 재해 위험 지도 서둘러 만들어야

김계현
인하대 교수, 환경토목공학부

이번 동남아의 쓰나미(지진해일)로 인한 사망자가 8만 명이 넘을 것으로 예상되고, 인도네시아에서만 4만 5천 명이 넘을 거라는 예측이다. CNN 뉴스를 보니 부시 미국 대통령은 백악관에서 이번 자연재해로 인한 사망자에 대한 조의를 표하고 아울러 국제 사회의 재해에 대한 조기 경보망 구축을 위한 협조의 중요성을 역설하는 장면이 나왔다. 회견에서 부시 대통령에게 한 기자가 질문하기를 미국의 캘리포니아나 플로리다, 알래스카 등의 해안 부근에서 이번과 같은 쓰나미가 발생할 경우 조기 경보를 충분히 발령할 수 있느냐는 질문에 입심 좋은 대통령도 전반적인 사항을 검토해 봐야 하며, 뭐라 한마디로 단정키 어렵다는 표현을 했다.

사실 미국이나 일본의 경우에는 경제력도 그렇지만 재해 대처에 있어서도 단연 선진국이다. 다양한 자연재해의 유형별로 유사시 주민 대피 요령이나 행동 지침, 대피 경로, 과거 피해 사례 등을 보여 주는 재해 위험 지도가 전국적으로 홍수, 지진, 쓰나미, 산사태 등에 대하여 구축되어 있다. 나아가 화재와 같은 재난 발생 시에도 주민의 대피 경로 등을 보여 주고 화재에 대한 경각심을 일깨워 주는 화재 위험 지도가 제작되어 있다.

이러한 재해 위험 지도는 관공서는 물론 초등학교에까지 배포되어 유사시 인명 피해의 최소화에 일조를 하고 있다. 따라서 선진국의 경우 주택을 구입할 때 집값이 오를 가망보다는 주택의 위치가 재해 재난에 얼마나 안전한가를 많이 따지는 실정이다. 이번과 같은 초대형 자연재해 발생 시 인명 피해를 최소화하기 위해서는 이러한 재해 재난에 대한 위험 지도를 구축하여 평소 국민의 경각심을 일깨우고 여기에 국가적인 혹은 국제적인 재해 조기 경보망을 구축하여 관민이 유기적으로 재해 재난에 대처하는 시스템이 구축되어야 한다.

국내에서도 소방방재청이 노력하여 국가 안전 관리 시스템 등을 구축하여 가동하고 건설교통부 등이 노력하여 홍수 위험 지도 등을 제작하고 있으나 예산 지원이 부족한 까닭에 극히 일부 지역만 제작된 실정이다. 이마저 대상 지역 주민의 부동산 가격에 대한 우려 때문에 홍수 위험 지도를 국민에게 제대로 보급하고 있지 못한 실정이다. 홍수 위험 지도가 이럴지니 지진이나 산사태, 쓰나미, 화재 등의 경우에는 아직 생각도 못하는 수준이다.

이러한 위험 지도 제작에는 몇십억에서 몇백억이 넘는 국가 예산이 소요되는 만큼 추진이 쉽지 않은 것은 사실이나 재해 재난 시 발생하는 인명 피해를 줄일 수 있다는 점에서 하루속히 이루어져야 할 시급한 사업이다. 특히 쓰나미의 경우 우리나라 해안에서도 발생한 경험이 있으며 원전 등의 안전성 고려시 대단히 중요한 사항이다.

현재 경기 회복을 위한 뉴딜 사업의 일환으로 추진되는 디지털 국력 강화 사업에서 이러한 재해 위험 지도를 제작함으로써 경제 활성화와 함께 국민의 생명과 재산 보호에 기여할 수 있는 원원 정책이 될 수 있지 않을까 한다. 국회에서 여야가 당론을 가지고 오랫동안 논의한 법안에 대한 처리도 중요하나 이러한 재해 위험 지도의 제작과 나아가 동북아 국가 간의 재해 공동 대처를 위한 동북아 재해 조기 경보망 구축을 위한 논의가 시급한 시기이다.

〈조선일보 2004. 12. 31.〉

### 신문 명칼럼 ⑥

초판 1쇄 인쇄일 · 2005년 12월 5일
초판 1쇄 발행일 · 2005년 12월 10일
엮은이 · 편집부
펴낸이 · 임성규
펴낸곳 · 문이당

등록 · 1988. 11. 5. 제1-832호
주소 · 서울시 성북구 동소문동 4가 111번지
전화 · 928-8741~3(영) 927-4990~2(편)
팩스 · 925-5406
ⓒ 문이당, 2005

홈페이지 http://www.munidang.com
전자우편 webmaster@munidang.com

ISBN 89-7456-317-7 03300

값은 뒤표지에 표시되어 있습니다.

잘못된 책은 바꾸어 드립니다.
저자와의 협의로 인지는 생략합니다.
이 책의 판권은 지은이와 문이당에 있습니다.
양측의 서면 동의 없는 무단 전재 및 복제를 금합니다.